中觀金鑑

——上冊

——詳述應成派中觀的起源
與其破法本質

——孫正德老師 著

ISBN:978-986-5655-01-3

目次

第四章 假藏傳佛教應成派中觀思想否定如來藏之主要論點……225

中冊：

下冊：

平實導師序

此書篇幅之所以鉅大者，實因應成派中觀廣作佛法名相攀引所致，亦由其廣作誤引與扭曲故，亦由其歷代著作極多而皆錯說故，必須一一檢視及辨正，篇幅即無可避免的增加，故不得不分爲上、中、下三冊。

自古以來不承認　佛說八識心王同時並存者，最有名者厥爲六識論者，此類人假借中觀爲名，否定八識心王並行運作之法界事實與聖教，只承認有六識並行運作，世稱六識論者，與常見外道異口同聲否定　佛說八識心王並存之聖教。如是六識論者，大分爲二派，謂應成派中觀及自續派中觀，密宗諸「法王」皆屬此二派所攝，皆無能自外於此二派邪見。時至今日，此二種六識論之中觀邪見已流毒於顯教之中，台灣、大陸顯教大法師俱皆修學此二邪見而落入意識心中，咸以意識離念作爲證悟標的，永無實證第八識如來藏之可能，自無實證涅槃本際之日，則將永遠自外於般若中道觀之實證，永沈生死苦海而無出期，皆坐此二種六識論中觀邪見所致；當代之代表人物，即是被台灣慈濟、佛光、法鼓等三大山頭奉爲導師之印順法師。而今應成派中觀師佛護、月稱、安惠……等人之著作，已被後代未具慧眼的編輯者列入大藏經中；自續派清辨等人的著作亦已同被列入大藏經中，以致流毒至今猶在全面肆虐中。以古方今、以今鑑後，知彼影響必然深遠，遺毒後人將無窮盡，信其法者皆將永無實證解脫道及佛菩提道之可能，故必須正視此一後果；印順之中觀實即西藏密宗之中觀，觀乎密宗所有中觀見，除古時覺囊派的如來藏他空見中觀以外，都不外於常見、斷見戲論，故必須廣破之，以免繼續遺毒今人與後人。

又密宗雙身法之邪理，既自稱爲遠超於顯教般若、種智，標榜爲報身佛境界，自稱遠高於 釋迦佛之智慧及證量，又何須以彼所貶更低境界之釋迦佛所說顯教經典乃至菩薩論著引作證明？何須以此「低階」之經論證明其「高階」之實證？爲何不能直接顯示自身之勝妙而必須援引彼所謂低階之顯教經論用以自高？豈非多此一舉？密宗之作爲顯然不合邏輯且自相矛盾！更何況密宗自稱爲最高階之實證者，爲何卻處處誤會彼所謂低階而易懂之顯教經論眞義，悉皆不能實證而處處誤會、扭曲其義？顯然是對彼等所宣稱爲「低階」之顯教經論，都尚未能親證，則彼等所說密宗爲最高階、遠勝顯教之說法，以及密宗解釋顯教經論之言論……等，皆成小兒牙牙學語之戲論；甚而宣稱必須完成顯教法義之修證以後才有資格修學密教，所說之理自相顚倒、殊爲可笑，亦皆無可利益學人！故密教專有之「經、續」，學人顯然已無一閱之必要，唯除貪著淫樂一心追求閨房技藝之世俗人。

近年密宗喇嘛私下常有是言以告初學之密宗信徒：「法尊喇嘛及餘人所譯之密宗經、續，並不正確，故正覺同修會根據彼等所譯而作之種種破斥，都無意義。」果眞如是，則彼等喇嘛說此語已，即應迅速針對百年來普皆錯譯之西藏密宗中譯書籍加以指正，以正視聽，並應以大量新譯廣爲流通，拯救廣被「錯」譯書籍誤導籠罩之現代密教學人。然而密教諸法王、活佛、喇嘛等人，顯然都無此意圖，並且仍然放縱「錯」譯之書籍繼續誤導學人，彼等也都繼續依「錯」譯之書籍傳授錯誤之六識論中觀邪見，亦仍繼續有「妄」傳雙身法而爆發性醜聞之事件常常發生；可見錯譯、錯傳之說，只是密教無法面對正覺同修會所作法義辨正的狡辯飾詞，由此證明法尊等人所譯密教書籍，並無不符密教法義之處。今時及可以預見的未來，密教仍將不會針對「錯」譯諸書提出更正及新譯，也不會改變常見外道六識論的中觀邪見，更不會摒棄雙身法的繼續實修及傳授，因爲法尊等人的翻譯其實並未違背密教原有的經、續。

而密宗當代掌權的黃教達賴喇嘛也常常私下傳授雙身法，並已公然載於自己所寫的書中；其創教始祖宗喀巴所著的《密宗道次第廣論》全部內容，及《菩提道次第廣論》中的止觀內容，在在處處都已指稱雙身法的樂空雙運是密宗的中心主旨，是一切密宗法王、喇嘛自始至終想要達到的目標；證據明確而無可抵賴，是故密宗仍將以口頭流傳方式宣稱雙身法不是密宗的教義，卻將繼續實傳實修雙身法，繼續以此雙身法及六識論中觀常見外道法來取代佛教八識論正法，仍將以李代桃僵的手法蠶食佛教乃至最後完全取代佛教，如同古時的天竺密宗手法無二。

如今密宗邪說隨著達賴的流亡而廣爲流傳，全球普布；爲救護諸方已被密教誤導的大師及學人，應將正確的中觀正理廣爲宣揚，引用密宗自傲的凡夫古人佛護、月稱……等人所造「中觀」論著，作爲顯示邪說之教材，宣示眞正中道觀行之正理，故應造此書，以為中觀學者邁步中道之資。正德老師此一著作，直探中觀學派創始之本源，細論誤會中觀之代表人物及其法義，所述中觀正理既深且廣，允為修學中觀正理者之寶鑑，故余名之為《中觀金鑑》。

佛子 **平實** 謹序

公元二〇〇七年秋分 於竹桂山居

自序

佛法中觀之立論乃至中道之履踐，皆是眞實可證、務實可行而有其不可攻破、不可毀壞、常不變異之眞實理爲根基。此眞實理無論佛出世或不出世，皆常常時、恆恆時，法性安住、法住法界，而有其法爾如是、永不顚倒之理成就性與如成就性。眞實法性如是安住於法界，在在處處所呈現者皆是其無二之實性，有二者則非實性，有二者則落於兩邊之一邊，或具足兩邊而不涉中道；若不能處中而含攝兩邊，並且不落於一邊者，即非實性。意即具有實性之法性，方能處中而含攝兩邊，不餘一法而不墮一法，才是中觀立論之依據，才是中道履踐之行跡，才是佛於經中所說之古仙人道、古仙人逕、古仙人道跡。

所謂二法者，例如：常、無常，生死、涅槃，有、無；或如空、有，我、無我等等，皆是二法，凡是因緣所生法皆是落於二法中者，不涉中道；五蘊、十二處、十八界、四念處等三十七道品皆是因緣所生法，皆不是能夠含攝二法而不落於一邊者。例如色受想行識五蘊，是無常之法、是生死之法、是世俗之有、無眞實我之法。因爲，五蘊是因緣所生念念生滅變異故爲無常法，五蘊乃本無今有而有生相與死滅相故爲生死法，五蘊乃三界中之有法故爲世俗有，五蘊乃爲人我法故有妄計之我相、眾生相、壽者相，非無相之無我法。五蘊之法相既是無常生滅有爲，從其無常、不住、不自在、不堅固、緣生緣滅之體性，以比量而說五蘊之體性爲緣起性空，故一切有爲法之緣起性空仍然是落於有爲法屬性之一邊，此中道理乃是運用世間之邏輯思考即可輕易歸類而得知者，並非親證實相者所得之般若智慧。五蘊法無有眞實常住之實體與自性，故五蘊法落於無常邊，從五蘊法之生滅現象歸類而得之緣起性空，必然是依附於無常的五蘊而存在的法性，當然不可能超越五蘊法之體性，故緣起性空不可能反而成爲有眞實體與自性之常住不壞法，緣起性空更沒有道理成爲能夠含攝空有二法不落於空或有一邊之無二中道法性。

若以緣起性空爲中道法，則緣起性空應屬於實體法之體性，亦應是出生五蘊等法而可表顯爲世出世間法之實相，是則應當不屬於因所作之法，應是能持諸業種不壞隨眾緣之聚集而成就諸法者，才能雙具常與無常、生死與涅槃、空與有等無二實性。然而色受想行識五蘊法中每一法皆不離因所作，皆無有常住之實體以及自性，故五蘊法中無有一法常住而能成爲緣起性空究竟所依之實體；故緣起性空雖依五蘊而存在，而五蘊實依另一能出生五蘊之實體而存在，此實體方是緣起性空之究竟所依；所以者何？若無五蘊即無緣起性空故，若無實體如來藏心即無五蘊故。

緣起性空純粹是有爲法之現象，依於無常有爲之五蘊而存在，是能依之法，所依爲五蘊；故不能憑空想像其另外具有常、涅槃等無爲體性，故緣起性空無有堪能成爲中觀之立論根本。一切法緣起故無有自體性之無自性空，並非常住不滅之空性；無自性空乃是緣起法不可改變之本質，然而無自性空並無任何功能與體性可稱爲空性，乃是諸有爲法緣起無常生滅、無自體性之現象，故緣起性空乃是依無常生滅之法而存在者，並無自體性，不應建立爲萬法之根本，當然不可說爲實相或中道。若說緣起諸法之生住異滅是由於無自性空卻有法性作用而產生，則無自性空應爲緣起諸法生起之所依，亦應當能夠持緣起諸法，應當是世尊於經中所說能遍興造一切趣生之如來藏，則如來藏成爲緣起法、成爲無常之法；然無常之法如何可稱爲如來之藏？無自性空又如何能出生萬法？故緣起法是無有自性之無常空，並非有眞實法性而能出生萬法之空性，空性乃是指如來藏所具有無二實性之眞如佛性。

具有無二實性者，表示此法體同時具有我與無我之眞性、生死與涅槃之眞性、空與有之眞性，雙照二邊而不墮二邊、眞實不虛理不顚倒，才可稱爲具有中道性之法體，才可使實證此法體者能現前觀察其不落於兩邊之中道性而稱爲中道觀行——中觀。何種法性可稱爲我之眞性？應知即是具有眞如體性者，此心體性非因所作而得，此心體性常不變異，於一切境中從不動心，永遠如如不動而自在，並能應物現形而生萬法，具有此眞實與如如體性者方可稱爲眞如之法，方屬常住不壞之眞我。要須法體本身猶如金剛不可沮壞燒滅，理體眞實不虛非假名安立不妄倒者始稱爲眞；法體本身要能隨順一切業緣而成就呈現業果，不於所呈現之業果內容有所欲貪或厭捨，要恆隨順眾生、不於一切六塵中見聞覺知，不與種種煩惱相應、體性不受染污，清涼寂靜涅槃體性常不變異，故稱爲如。

十方諸佛皆說具有眞如體性者，即是各各有情皆有之如來藏阿賴耶識，又名異熟識、阿陀那識、無垢識，或稱爲本識、入胎識、第八識，或稱爲心、眞如。故具有眞如體性者乃是心體，如來藏心體因爲具有眞如性與佛性，故於經中世尊以眞如佛性稱爲眞我。此如來藏心體非從因所作，而眼耳鼻舌身意六識，皆需要依止根塵觸之方便才能生起，若有一緣不具足則無從現起，六識現起後才有接續之受想思心所法運行，非能獨自存在者；五根更需要藉父精母血、業緣、四大養分及心眞如之運作才能成熟長養，染污意根末那識亦需無明、我執煩惱爲因及心眞如之流注種子，才能現前不斷；故五蘊皆是從因所作，五蘊無有常住之體性，則依五蘊而有之緣起性空亦非常住法，當知絕非眞如。非因所作之法體乃是本來無生者，既無有生則無有滅，不生不滅者才是常住法體，常住法體不可毀壞，故能任持各各有情無始劫以來所造一切善惡業種而不壞不失，故能貫穿三世而如實成就因果，故常住法體具有眞如佛性才可稱爲眞我。

如來藏心體即是常住法體，其眞如佛性常不變異，而心體所持之有漏法種隨於所生現之五蘊十八界法之熏習而變異，故如來藏心體含攝了常法與無常法，卻不墮於單純之常邊或者無常邊。如來藏心體本來無生故無有死，不生不滅故無有生死；而如來藏心體執持藉業緣所變生之五蘊，使之生住異滅而顯示五蘊之緣起性空，故緣起性空是枝末法而非實相法。由於如來藏心體不生不滅，故五蘊得以生死、死生不斷，故說涅槃與生死皆是因如來藏心體而施設，故如來藏法性即是涅槃與生死不二之實性。而如來藏心體之眞如體性同時具有二種無我之眞性，如何是無我之眞性？人無我與法無我即是無我之眞性，本來具足而非經由修除煩惱才生現者方爲眞性。繫於三界之五蘊乃是因爲人我執未斷故不能止息於生，若將緣於五蘊而得之人我執斷除，於此出生五蘊人無我之解脫智慧，因此而斷除後有五蘊出生之因；如是之無生乃攝屬滅而無生，所生人無我之智慧與滅而無生，皆屬從因所作者，故不得稱爲人無我之眞性。如來藏阿賴耶識藉眾緣變生五蘊人我法，心體自身不於五蘊人我執爲實我，僅是隨順於五蘊人我等法而運行，一向如是從不改易之體性稱爲大乘人無我，或稱爲人我空所顯眞如，才是所說之人無我眞性。單純五蘊本身僅爲人我之範圍，經論中所說之法我皆與阿賴耶識性與異熟性有關，故法我執即是屬於染污末那識遍計執如來藏心體之各類功能體性爲我與我所相所產生；如來藏心體一向離於言說與諸想，自心如來藏所現之似能取與所取諸法本來即無常住不壞之實我相，故此隨緣生現諸法之離言法性，即是大乘法無我眞性，或稱爲法我空所顯眞如。

由於如來藏心體之眞如法性常不變異，故以此而稱爲我之眞性；此我之眞性即是勝義有而非世俗有，又眞如法性即是人我空與法我空所顯之實性，故以此而稱爲無我之眞性；此無我之眞性即是勝義空性而非世俗有之緣起性空，故說如來藏心體之眞如法性雙具實我之眞性與無我之眞性，同時具有實我與無我無二之性、空有無二之性，此無二之性才是實性，才是永遠不墮斷常二邊之中道性。實證如來藏心體之所在，而能夠現前觀察如來藏心體實我與無我無二之性、空有無二之性者，方能眞正遠離空有二邊而雙照空有二邊，才是眞實之中觀行者。眾生依止於五蘊中眼等六識之見聞覺知，而分別五蘊爲我與我所，五蘊法乃生滅無常，無有眞實自在之體性，非眞實我。故緣於五蘊妄分別爲實我與我所者即稱爲我見，我見乃惡見煩惱所攝，是因爲無明而顚倒分別所得者。二乘聖者斷除我見我執以後所得之無我智慧，乃至所證之有餘依涅槃與無餘依涅槃，皆是依於如來藏心體—阿含中說爲住胎出生名色之識—而施設者，因爲五蘊法滅後之無生乃是空無，空無即是斷滅，空無本身無有實體與法性可稱涅槃，若空無與滅相本身即是涅槃，則世尊不應訶責外道之五現涅槃，何以故？若以空無爲涅槃之實際，是爲戲論；若明知是戲論法，外道已皆不能接受，如何能夠接受世尊訶責彼等尚存世俗有之五現涅槃？又戲論法，佛弟子亦不能接受，若非實有如來藏心體之本來涅槃法體爲涅槃之實際，則緣起性空即難免墮於斷滅戲論，則世尊所宣說之苦滅解脫道有本際、眞實、法、如……不生不滅，即成妄說；如是必無佛弟子願意滅除五蘊中識蘊之我見，亦必定無有佛弟子能證阿羅漢果而於捨報入無餘涅槃，故知常住不滅之實體方是二乘解脫道所證涅槃之根本依，能令二乘涅槃不墮斷滅空故，法界實相本來如此故。

眞如佛性眞我之性，自從世尊於二千五百多年前示現於天竺，對佛弟子開示悟入而流布於世間，未能實證如來藏心體者對於此眞我之性百般思惟揣測之後，或有以大自在天爲常住能生一切法之眞我，或有以老母娘爲常住能生一切法之眞我，或有以極微爲常住能生一切法之實體，或有以意識心所受、所想、所思之境界爲眞我等等。眞如佛性中道之性爲一切於無常有爲法中欲尋求依止者所思慕著，古來儒家、道家亦崇尚於理想之中道無我境界而作詩興文；然而皆未能如實了知五蘊虛妄之內涵，仍不具五蘊無我之佛法正知見，往往認取五蘊中之意識爲眞實不壞我，非是能斷我見、具足初分解脫知見者；如是諸人所思、所想、所說之無我境界，皆不離於我見所繫之妄想所成，故將意識處於種種差別境界之心境稱爲無我眞如空性者，古今大有人在。意識心境界乃是一般我見堅固難壞而錯悟之凡夫所能到之最終邊際，若欲隨於般若經、方廣唯識經典說般若空乃至三界唯心、萬法唯識，僅能以意識或者六識領受六塵之粗細差別，作爲想像具有空有不二之般若空性境界。

世尊於經中處處宣說般若空性不生不滅，而意識心於現實面之體驗與醫學常識經驗中，皆認定是可中斷之法，世尊於三轉法輪中皆說意識是意法爲緣所生之法，或說意識是根塵觸三法方便所生；在這樣的前提下，以意識爲中心宗旨者，即不得不想像著有較細之意識存在，稱其爲細意識。說此細意識不生不滅，能夠執持業種從過去世入胎來到現在世，又能從現在世持種去到未來世。隨即住於意識之境界中想像著有細意識存在，於是有主張於定中一念不生之意識、離念靈知之意識、領受虛空粉碎或者大地落沉境界之意識、放下我所煩惱之意識等等即爲不生不滅之細意識，妄言實證此等意識細心者即是實證般若空性，堅持般若空性即是細意識之清淨體性。實質上，意識乃是緣起所生之法，此乃一切南傳北傳學人所不能否定者，卻又無法理解及接受，於是矛盾地將此意識之緣起想像而歸屬於細意識所具般若空性所生之自體；故自世尊大般涅槃以來，由於聲聞佛教部派之發展演變過程中，一直未能如大乘佛教諸菩薩們實證如來藏之存在，而以六識論作為佛法實相最終之論述者，即對於五蘊緣起法大加推崇，否定另有眞實如來藏阿賴耶識之存在，所說緣起性空之內容，皆不離於意識乃緣起所生，而想像細意識具般若空性不生不滅，當他們如是誤會解脫道而歌頌著緣起甚深極甚深之時，卻不知是完全墮於意識境界之我見繫縛中，此乃千年以來令一切大乘護法菩薩悲憫不忍之處。

無著菩薩、世親菩薩、龍樹菩薩、提婆菩薩、玄奘菩薩等人，皆於其所處之年代中，以其實證如來藏並發起道種智而欲護法救濟眾生之悲勇胸懷與聖智，致力於破除如是六識論惡見、惡取空法者。其中龍樹菩薩所造之《中論》，即是以如來藏阿賴耶識本來具足之眞如佛性中道空性為立論之根本，論述辨別有為法之緣起無自性空、無為法之勝義無自性空，以破斥彼等惡取緣起之五蘊有爲空爲不生不滅之法者。然而，卻有傳承於聲聞部派佛教，認取六識爲佛法根本之清辨、佛護、安慧等人，以其惡取空法之惡見而造論扭曲龍樹菩薩之《中論》義，以意識心之境界曲解其義而妄說中觀，將意識境界想像之緣起中觀推崇爲最究竟。復有天竺密教之月稱繼承於佛護釋義龍樹菩薩《中論》之諸多主張，並造《入中論》推崇彼等所錯解之中觀爲成就佛道之究竟法義，並公然毀謗如來藏阿賴耶識爲方便說而非實有，後由宗喀巴另造《入中論善顯密意疏》作爲推廣之傳承；傳至今時，由印順主動繼承其六識論邪見，反而誣衊眞正中道實相之如來藏心爲外道神我。實修雙身法之月稱及其傳承者寂天、阿底峽、宗喀巴、達賴等人，以及未修雙身法之印順法師，皆欲以彼等所錯解之中觀非破他人於佛法之正確主張，藉著破斥他人之過失來凸顯自宗無他人之過失，宣稱彼所立中觀之宗旨能夠成立，如是而稱其所宗之中觀爲「**應成派中觀**」。

應成派中觀由實質爲西藏喇嘛教之蓮花戒、阿底峽、宗喀巴等接續傳承下來，以練寶瓶氣、明點脈氣、拙火、虹光身、男女雙身合修等種種索隱行怪之修法爲行門（詳細內容請參閱平實導師所著《狂密與眞密》共四輯），卻以其應成派中觀惡取空法來破壞佛法之本質，攀緣於佛教般若中觀教理，打著大乘佛教之旗幟，成爲現代無眼凡夫所推崇之「藏傳佛教」，本質全與佛教教義及實修無關，屬於「非佛教」。應成派中觀自月稱以來（尤以宗喀巴爲甚），慣常於抄襲彌勒、龍樹、無著等菩薩論著之文字作爲彼等著作之內容，再加以曲解，成爲彼等意識境界妄想所成之法義，並且大膽的妄下定論說是龍樹等菩薩之眞意，如是使一切無擇法眼之顯教阿師信以爲眞，紛紛熱衷於修學彼等以意識爲宗旨之應成派中觀邪論。佛陀以如來藏眞如佛性般若空性中道爲根本之教法，由西藏喇嘛教（西藏密宗）披著佛法之外衣吸取佛教之資源，而由顯教出家法師受大眾對如來生信所給予之供養，以佛教僧寶之身分否定如來藏阿賴耶識正法，其所依據之根本即是應成派中觀以意識爲宗旨之種種謬論。近年已故之印順比丘即是弘揚應成派中觀之集大成者，所著《成佛之道》、《唯識學探源》、《中觀今論》等妙雲集之書籍，皆是以應成派中觀之理論爲基礎，再予以傳承流布，現今臺灣與內地之佛學院所修學者，多數是印順比丘爲弘傳應成派中觀六識論所寫之著作，如是惡取空破壞佛法之藏毒幾乎將佛法破壞殆盡，此絕非受到藏密應成派中觀所攀緣附會之彌勒、龍樹、無著、世親等菩薩樂於見到的。

應成派惡取空中觀已滲入臺灣及內地各大寺院及大山頭，弘揚世尊如來藏阿賴耶識正法者，反而受到彼等之抵制與非毀；然由於世尊如來藏正法之威德力，正覺同修會大力弘揚如來藏正法而不鬆懈，使得各大寺院及大山頭之名聞利養受到動搖，彼等爲鞏固既有之勢力，一律禁止信眾閱讀平實導師所著弘揚如來藏正法之書籍，並以邪魔外道之稱妄加於平實導師，迫使信眾生起恐懼心而不得親近正法聽聞熏習與修學之，如是皆是以意識爲宗旨之應成派中觀藏毒所引生之病徵。應成派中觀之立論與月稱、蓮花戒、阿底峽、宗喀巴彼等所寫之書籍，夾雜著諸多大乘菩薩修學無生法忍道種智與大乘止觀之種種名相，將深妙法予以淺化俗化，再將彼等錯解之聲聞解脫道妄說爲成佛之道，以純意識之想像曲解佛法名相，顚倒妄說與想像之極成，即是應成派惡取空中觀的六識論邪見。由於月稱等人並非對佛與佛法有基本之正信，對於經典中佛所宣說之法義並不完全信受與認同，若遇經中提到如來藏、阿賴耶識、一切有情有第八識心等與彼等之立論不符者，即以彼經爲不了義或者隨意轉計爲非眞實經義，企圖模糊焦點及籠罩他人，是屬於嚴重缺乏佛法正知見之流，尤其匱乏阿含解脫道之基本知見，故彼等之信念中上師之地位高於佛教三寶，自創非佛法之法與禁戒（三昧耶戒——受密灌以後若有一日不修雙身法，即是犯戒），亦是彼等輕毀佛法之手段。

一切歸依佛教三寶、依止佛戒之顯教寺院，皆應回歸世尊如來藏阿賴耶識正法之教，首要即應將破壞佛法最嚴重之應成派中觀邪論予以揭露，並將長期以來被彼等混淆似是而非之一切法空、一切法無自性、有因有緣之緣起性空等眞實理予以辨正分明，以救護受到惡取空法矇騙而隨著誹謗菩薩藏——如來藏阿賴耶識之諸多無知受害者，能於今世因閱讀此書之緣而遠離惡見，並能懺悔所犯誹謗菩薩藏，成就一闡提罪之無間地獄業，發起善根護持正法、修學正法以求實證如來藏，奠定菩薩道正修行之根基，增長擇法覺分以驅逐密宗外道法於佛門之外，不令世尊正法受到玷污。爲令閱讀者能一覽應成派中觀立論根本皆屬意識境界之全貌，茲於序中略舉重點簡述如下：

一、主張我見之所緣爲細意識而非五蘊

公然違背世尊於阿含四部所說五蘊爲我見之所緣，只因未曾了知我見之

內容，一向受到我見煩惱之繫縛與作用故。

二、主張分別所稱之假名我乃是源自於細意識

欲將分別所得之五蘊我與世尊所說之如來藏我混為一談，只是要將意識細分之細意識偷天換日，取代世尊所說常住之本住法如來藏心。

三、主張細意識不可摧破，故依止細意識所假立之我性空唯名

認取細意識為眞實常住法，稱五蘊假立之我唯有名無眞實自體性，欲以純虛妄法顚覆世尊所宣說之——以本識第八識眞實如來藏阿賴耶識（異熟識）所幻化之法為假法的萬法唯識說。

四、主張意識及五識之能取境界自性為本住法性，以成立其性空唯名而有作用之中道說

認為我之名稱可破而六識之見聞等性不可破，故於受用男女邪淫身觸為樂時，心中安住於無自性空之作意的當下，即稱之為無我之樂空雙運境界，此乃一切欲界有情最粗重之欲界繫縛相貌，解脫且不得，何有般若中道可得？

五、主張外境實有，有極微實體為六識所緣

不許實有阿賴耶識故妄想六識能緣極微而變現外境，妄想六識具有阿賴耶識心體所具之大種性自性，然而六識實爲依他起性，無有眞實之自體性。

六、主張見聞等性無有假名我之無真實能取所取性故空

假名我唯有其名而無眞實體性，故而認取見聞等性能取與所取爲眞實，更無有異體爲能取與所取；此乃倣效世尊宣說本識第八識能生現七轉識見分與六塵相分，六識無有眞實之能取與所取性，六識所分別唯第八識所現非眞實外境。心體標的完全不同，法義完全濫用扭曲，見聞等性僅是六識之識性故，無有眞實常住之自性，非是般若空性，與本識第八識如來藏之眞如佛性體性截然不同故。

七、主張細意識是空性心能持業種入胎結生相續，能生能持蘊處界

細意識仍然是意識，屬於五蘊中識蘊所攝，是有生有滅之有爲法。而世尊說能持業種入胎結生相續之識，能興造變生及執持蘊處界者乃是第八識，不是意識乃至意識再細分之細意識。

八、主張意識之一分細意識假說為阿賴耶識

經中世尊處處宣說阿賴耶識，彼等為維護其以意識為宗旨之六識立論，否定實有阿賴耶識而以意識之一分細意識妄說之為實，以誑騙他人。

九、主張緣起無自性空——有空性，假說為如來藏

推崇緣起為究竟，骨子裡卻是暗將意識擴充其永不可能具有之中道空性，妄想意識為不生不滅，故否定實有如來藏以保其宗。

十、主張證得細意識我、破除假立之我性，即是破除法我執證得解脫成佛

自身陷於煩惱障與所知障中，妄想彼藏密之行門能夠即身成佛，妄想能夠於極短時間成佛故而勝過顯教三大阿僧祇劫之修證，不信受佛而所說非佛法並自許超越佛者，誠可信乎？

應成派中觀主張一切法緣起性空而有作用即是中道之法，此說與其所立「一切法空、無有纖毫自體性」之宗旨完全相違背。因為，見聞覺知性之作用亦是因緣所作而無有常住性，必定要有所依、所緣才能成就之自性，無有堅固性的緣故；因此，彼等之一切法緣起性空而有見聞等作用，全然屬於有爲有作之無常法，違背了彼宗自教所立中道之依憑，自宗已乖，所立又如何順成？見聞等性若是本住法性，亦與現量相違背，因爲現量中可知有情夜夜眠熟無夢時或者頭部受創悶絕時意識皆已斷滅，稱爲無有意識或失去意識，此時已無見聞覺知現前故；若屬本住法性則應有不生不滅之體性，故主張見聞等性爲本住法性者，於自相共相皆有現量相違之過失。應成派惡取空中觀所立宗旨不僅與自教相違、與現量相違，亦經常自語前後相違，對於意識時而說爲即蘊、時而說爲離蘊，反反覆覆，更與至教量相違，何以故？世尊於經中處處宣說意識乃意法爲緣所生、意識攝屬五蘊中之識蘊、眼見耳聞等覺知性皆屬於人我法，故意識以及見聞覺知性無有絲毫之本來自在性，意識以及見聞覺知性非常住之本住法性；應成派中觀所主張既然違背世尊之至教量，則不能入於佛法之流，違佛所教即不能歸屬於佛教之宗派。

惡取空者亦同時墮於增益執與損減執。於五蘊法中增益其中之意識具有常住之本住法性，又妄想緣起性空有能作用之空性不滅，故以五蘊法性空唯名有作用而稱中道，此即是增益執，因爲五蘊法自身之範圍是純有爲法而無有不滅之空性存在故。而增益執最主要的原因即是遍計執性所攝我見之作用而產生，由於我見之作用使得彼等應成派諸人難以否認意識之常住性，因此不許實有第八識如來藏阿賴耶識心體存在，皆以性空爲宗旨而將如來藏阿賴耶識心體及其無量功德法皆撥爲方便稱名所說，實無如來藏及其功德法，如是又墮於損減執中。既已損減如來藏阿賴耶識心體之眞實性，則所說之一切法空無有自性，皆成爲無依無憑之戲論；復將見聞覺知性增益爲不滅之空性，以此而妄行月旦一切正法，則已墮於惡見與見取見中。如是之應成派中觀既無中道之實質根本理體，所說之義，後不順前、義不符體，故應稱爲「喇嘛教應成派惡取空偏論」，方是彼等之正名。

承蒙佛菩薩之冥助與攝受，以及護法菩薩種種善巧之護持，正德得能以此不堅固之身命，運用平實導師傳授之種智知見，透過申論辨正佛菩薩經論之眞實意旨，將應成派諸多夾雜冒用世尊解脫道與佛菩提道正法名相，使人混淆不清、似是而非之鍍銅假金眞相，據實公諸於世，救護有緣佛子得以遠離彼等惡見；冀望佛之如來藏正法弘傳，能因遠離應成派藏毒之戕害而回歸正確之解脫道與佛菩提道之眞修實證，一切受到世尊正法攝受之眾生，能因此遠離三惡道之苦因與業報，正法法脈能於世間永不失滅，直到當來彌勒尊佛降生人間。願以此護持正法功德供養釋迦世尊，並期望能以供養世尊之功德，報答平實導師此世傳授如來藏正法之恩於千萬分之一；繫緣於正法，依止如來藏眞如佛性「空、無相、無願」所行之中道性，於涅槃生死無二、我無我無二之中觀履踐當中，行難行能行、難忍能忍之菩薩大行。

菩薩戒子 **正德** 謹序

公元二〇〇七年處暑 於正覺講堂

中觀金鑑——詳述應成派中觀的起源與其破法本質

第一章 從部派佛教之發展，正觀中論緣起

二千五百多年前，世尊於天竺示現大般涅槃以後，聲聞法中的摩訶迦葉尊者觀察到：須跋陀羅摩訶羅比丘認爲可以不必再聽從世尊關於淨或不淨、應作不應作之言教，隨著世尊之涅槃示現，從此以後自己可以隨欲造作或不作。看到同行比丘有這樣的想法，促使摩訶迦葉尊者思惟著：有這種想法之比丘能導致惡法生起，應該趁惡法未興起之前結集世尊言教爲法藏，讓世尊正法能夠住世久遠以利益有情眾生；世尊亦教導弟子，於世尊涅槃以後應以世尊所說之法及戒爲師。摩訶迦葉尊者爲護持世尊正法，遂邀集聲聞法中共五百位阿羅漢與

凡夫，同聚於王舍城，以持律第一的優波離尊者爲首而誦出毘尼藏（律藏），以多聞第一的阿難尊者爲首而誦出法藏，此法藏函蓋了四部阿含之修多羅藏（經藏）及阿毘曇藏（論藏）。此經、律、論三藏或名戒、定、慧藏，於世尊涅槃以後不久而作初次結集，師資遵守相傳不絕。[1]

世尊涅槃後一百一十六年，長老離婆多及薩婆迦，爲斷除於毘舍離所生起之十事非法及消滅諍法，邀集七百位通達三藏之比丘重新誦出毘尼藏，此是聲聞法中的三藏法教第二次結集，只結集十事非法的聲聞律藏，無關法藏及大乘律、法。[2]

世尊涅槃後一百一十八年，阿育王統領閻浮利地；阿育王自從信受佛法以後，於所統領之八萬四千國廣興塔寺，佛法大興。[3]當時諸多外道逐漸失去供養利得，四處乞食往往難有所獲，爲飢渴所逼故，遂入於佛門中作沙門；雖然表相已經是佛法中之沙門，但卻仍然以其原有之外道戒律與法義來教化人民，一切威儀進止完全不遵照世尊所規範——不依當時眞正佛門比丘應當遵守的律儀而行。到了布薩（誦戒、懺悔）的日子，這些表相佛法之假名沙門也到場參與布薩，可是當時所有善守佛門律儀之比丘們卻不願與他們一起布薩，因爲那些人是犯戒的不淨者，依律不應允許他們參加布薩，於是律藏內容正訛之諍即從此生起。時阿育王經過目揵連子帝須之教導：何法是佛說，何法非佛說；何者是佛法之戒律，何者爲非。據此而過濾了那些說佛法「是常、是斷、是非想、是非非想、是世間涅槃……」之外道假名沙門，並予以逐出僧團。之後，以目揵連子帝須爲上座，邀集通達三藏之一千比丘再重新誦出毘尼藏及法藏，猶如第一次結集與第二次結集，此是聲聞三藏法教第三次結集。[4]

世尊涅槃後，以摩訶迦葉尊者、富樓那尊者、優婆離尊者及阿難尊者等爲首而結集佛說之聲聞三藏法教，當時五百結集之法會內爲首者，皆爲世尊在世時已親證解脫果、通達聲聞三藏，並能夠攝受、教導新進比丘之上座比丘，而所結集下來之聲聞三藏法教——四阿含諸經的法義，就由此等大阿羅漢與其所帶領之弟子等師資共五百位，互相遵守而傳下來，即依這個系統之師資傳承而稱爲「**上座部**」，是依爲首的阿羅漢等上座而立名故。而結集法會外之聲聞弟子雖然沒有參加法藏結集，同樣的以其在佛座下所修學的聲聞三藏法要帶領著大眾修學佛法；這個系統的師資所傳承下來的法脈，就被稱爲「**大衆部——摩訶僧祇部**」。這兩大部在世尊涅槃後百年，雖存在著不同的部名，但是法義上並未有任何異執。而佛滅後由文殊、普賢、彌勒、維摩詰、摩訶迦葉、童女迦葉等菩薩繼續弘傳的大乘佛教，仍然外於聲聞摩訶迦葉、富樓那、優波離的聲聞乘佛教繼續弘傳著。

直到阿育王時代，聲聞法中的上座部及大眾部才開始對戒律的主旨與布薩有了諍論，以及對於生死及涅槃等法有了不同的見解。有說世尊涅槃後將近二百年時，大眾部將文殊與阿難等人結集的華嚴、般若等大乘經摻雜於聲聞三藏中而說，當時有人信受，也有人不信；緣於此，大眾部又分成一說部、出世說部、灰山住部（或名雞胤部）。於將近二百年時，又因爲法義深淺之異執，大眾部再次分出多聞部；甫屆二百年時，又於多聞部中再分別出不同法義，此等異信者又新成立多聞分別部。到了滿足二百年時，更因爲有外道爲利養而於佛門中出家，因受戒得戒之諍論，此等外道又分出支提山部及北山部。如是，大眾部因內部法義諍議及外道違戒等緣故而分出七部。[5]

聲聞法中的上座部，從摩訶迦葉尊者以來二百年內都沒有異部，直到第三個百年的初期，有以經爲正而弘法者，有以毘曇爲正而弘法者，因此而分成正弘契經之**上座弟子部**（又名雪山住部），及以毘曇爲勝而正弘毘曇之**薩婆多部**（又名說一切有部）。薩婆多部中，以舍利弗之法相毘曇爲主之弘傳者，亦另成一部稱爲可住子弟子部（又名犢子部）；第三個百年中期時，有嫌此法相毘曇不足，又各各造論，取經中之義理而補足之，各自所執不同的緣故，犢子部又分出法尚部、賢乘部、正量弟子部、密林部等四部。第三個百年即將屆滿時，因所執義理不同的緣故，從薩婆多部分出正地部（又名化地部），不久又從正地部分出法護部（又名法藏部）。同一時期亦因異執故，另從薩婆多部分出善歲部及說度部（又名經量部）。上座部因各部異執的緣故，共分出十一部。[6]

上座部與大眾部是聲聞法的根本二部，及所分出之十八部，總共有二十個部派，皆屬於聲聞法中的部眾，皆未脫離世尊先前所作之預測，如同五百結集後隨即展開的大乘法結集（七葉窟外的千人大結集）的經典《文殊師利問經》卷下中所說：【爾時文殊師利白佛言：「世尊！佛入涅槃後，未來弟子云何諸部分別？云何根本部？」佛告文殊師利：「未來我弟子，有二十部能令諸法住，二十部者并得四果，三藏平等無下中上，譬如海水，味無有異，如人有二十子，眞實如來所說。文殊師利！根本二部，從大乘出，從般若波羅蜜出，聲聞、緣覺、諸佛悉從般若波羅蜜出。文殊師利！如地水火風虛空，是一切眾生所住處，如是般若波羅蜜及大乘，是一切聲聞、緣覺、諸佛出處。」……佛說此祇夜：摩訶僧祇部，分別出有七；體毘履十一，是謂二十部。十八及本二，悉從大乘出；無是亦無非，我說未來起。】

根本二部就是**上座部**（體毘履）及**大衆部**（摩訶僧祇部），佛說都是從大乘法中分出而說，從般若波羅蜜分出而說，這是表示：三乘菩提皆是佛陀施教方便而從唯一大乘的佛菩提中，分為三個時期說法而施設聲聞乘、緣覺乘、大乘；聲聞乘與緣覺乘合併在第一轉法輪時期宣講，大乘法則分在第二、第三轉法輪時期宣講，第二轉法輪講般若諸經，第三轉法輪講唯識諸經，是故上座部與大眾部的聲聞法也是從大乘法中分出的。上座部就是結集四阿含的五百結集等人，從法藏結集以後演變到部派之成立前後，皆是遵循於世尊所說之正法——從大乘法中析出而猶如化城之二乘解脫道以及含攝解脫道之佛菩提道，是大乘教與二乘教併行弘揚的情況。但是聲聞教因於各部之所執不同、信受者不同、外道的滲入，而有聲聞法分裂後的十八個部派產生，連同根本部的上座部與大眾部，共有二十個聲聞部派；大乘佛教則因有諸大菩薩的妙法及傳承不斷而繼續一脈相傳，並未分裂，前後一貫都以如來藏實相般若智慧及如來藏的一切種子智慧而弘傳不輟，並且由於法教及實證境界俱皆勝妙，引生學人更大的興趣而日益擴大其影響力。但二乘化城的聲聞法則是從大乘佛法中析出，後來卻因誤會大乘經教及誤會二乘法、律，故漸次分部。佛又說般若波羅蜜及大乘是一切聲聞、緣覺、諸佛出處，這也表示聲聞、緣覺所證之解脫道，是以大乘法中菩薩所親證之如來藏阿賴耶識（異熟識）之本來自性清淨涅槃爲根本、基礎；聲聞、緣覺所證之有餘、無餘涅槃，即是因於如來藏阿賴耶識（異熟識）的本來自性清淨涅槃而施設。

菩薩從三賢位修證到十地、等覺，最後妙覺地究竟佛所證之無住處涅槃，也是不離如來藏阿賴耶識（異熟識、無垢識）之本來自性清淨涅槃。親證如來藏阿賴耶識（異熟識），現觀此識與其所生之五陰和合運作、不一不異，現觀此識所生現之五陰法界與涅槃法界空有不二、不一不異，如是現觀五陰眾生常住於本來自性清淨涅槃，所得之智慧就是般若波羅蜜，這是必須親證第八識以後才能生起的大乘智慧；依憑此般若波羅蜜才可以進修一切種智，斷除分段生死苦及斷盡變易生死苦，究竟清淨煩惱障及所知障，最後成就佛道，這就是大乘法——並非只修解脫道就能成佛。在大乘法一直都與聲聞法同時弘揚的狀況下，聲聞部派佛教中對大乘法產生種種臆測的想法，也對聲聞解脫道及戒律有了種種不同的見解而逐漸分部；大乘佛教則數百年間始終如一而未分部，漸傳而到今天亦仍然只有二種現象：此錯悟者說法與他錯悟者所說有異（當然一切錯悟者的說法也都與眞悟者所說有異），而大乘法中的古今眞悟者所說始終前後不二、法同一味。是故古天竺乃至今日全球佛教的眞悟菩薩所傳之法，是始終一味、同一法乳而不曾有所演變的；有所演變的，永遠都只是聲聞凡夫僧對解脫道法義及大乘法義誤會以後，不斷的「**改進**」而產生的演變現象，這種現象從來都與歷代眞悟菩薩所弘傳的大乘法義無關。如同現代大乘法中的錯悟者所說，互有異同而都與眞悟者所說全然不同，這些錯悟者在弘法過程中，必須一再地修正其說法而不得不演變，但眞悟者的說法是始終如一而不可能會有演變的，因爲法界實相必然是古今如一而不可能被演變的。

聲聞、緣覺畏懼生死，以爲生死涅槃實有，而努力修道斷除與三界生死相應之我見與我執，以滅除五陰苦爲目標而求涅槃法；定性聲聞、緣覺不證如來藏阿賴耶識（異熟識），然而佛以究竟解脫於三界又能於三界自在之一切種智巧設方便，教導聲聞、緣覺離欲、愛盡，到達生死苦之邊際。聲聞、緣覺聖者如說而行，除去其如來藏阿賴耶識所執藏，能牽引眾生於三界生死輪迴之染污種子，使其如來藏之「阿賴耶識性」滅除，只留存異熟性而證阿羅漢果；此時雖然仍不知不證自心如來，卻能於現法中證得無爲寂滅法樂（其實仍是自心如來藏所顯，而聲聞羅漢不覺不知如來藏心所在），捨壽前得以安住於不受後有之涅槃法中，因此佛說聲聞、緣覺皆從般若波羅蜜出。所以說聲聞人從佛受學聲聞法、緣覺法以後，所結集出來的法藏，乃至後來各有所執而分出之各部派，都是從大乘法而出；因爲佛法本來唯是一佛乘之法，之所以被分成三乘教而次第教授，乃是釋迦世尊度眾之方便善巧，以契合根器陋劣之娑婆眾生。《妙法蓮華經》卷三中佛說：【於是眾人前入化城，生已度想，生安隱想。爾時，導師知此人眾既得止息，無復疲惓，即滅化城，語眾人言：「汝等去來！寶處在近，向者大城我所化，作爲止息耳。」諸比丘！如來亦復如是，今爲汝等作大導師，知諸生死煩惱，惡道險難長遠，應去應度。若眾生但聞一佛乘者，則不欲見佛，不欲親近。便作是念：佛道長遠，久受勤苦乃可得成。佛知是心怯弱下劣，以方便力而於中道爲止息故，說二涅槃。若眾生住於二地，如來爾時即便爲說：「汝等所作未辦，汝所住地近於佛慧，當觀察籌量，所得涅槃非眞實也；但是如來方便之力，於一佛乘，分別說三。」】

既然聲聞、緣覺、諸佛的出處都是般若波羅蜜及大乘，而佛滅後聲聞部所演變之上座部、大眾部二根本部，及從二部分出之十八部所弘傳的聲聞法，也都是從大乘法中方便析出，表示佛法於佛未入涅槃以前，就已經把含攝聲聞、緣覺解脫道之大乘佛菩提道圓滿具足演說了，而究竟法的大乘法與方便道之二乘法，本質從未經歷任何演變；只有學法者之智慧差別與心量差別，以及對法義修證、我見我執及我所執之認知差別而錯會、錯證。在三乘正確法教仍然繼續弘傳的過程中，錯證者必然會不斷地修正其錯誤或互起諍論，所以產生諸部異執之部派演變；如果能夠以大乘法及般若波羅蜜爲根本來解說二十部各別所執之法義，而且所解說是正確的，就可以達到佛所說的：「三藏平等無下中上，無是亦無非。」然而，由於聲聞、緣覺未能悟入大乘法，尚未證解般若波羅蜜所依止之自心如來藏故，所以聲聞、緣覺所解說之法要，不能含攝大乘法修證之究竟法義，對於大乘人無我、法無我以及生死與涅槃不二之深義，自始至終都無法觸及，只能住於臆想猜測之中。而上座部等聲聞五百聖、凡之第一次法藏結集，所產生之四阿含諸經；乃至百餘年後的聲聞法教第二次結集等律藏戒經，對於二乘學人而言，最多也只能讀到佛所教導修證二乘解脫道之部分法要，而於第一結集的四阿含諸經中佛所隱說的大乘法之根本—**般若波羅蜜的部分**—卻一無所知，這也是必然的現象。因爲他們未證如來藏而不能勝解佛所說義，無法生起對於大乘法義的念心所，故無法憶持大乘法。

依照般若經中的記載，佛將般若波羅蜜囑累於阿難尊者，期許阿難尊者不可忘失、不可作最後斷種人。由此也可以確定，大乘法之般若、方廣唯識經典，一定是由阿難尊者與諸菩薩將佛所傳授之究竟微妙甚深義理共同結集出來，如同《大智度論》卷一〇〇中所說：【**問曰：若佛囑累阿難是般若波羅蜜，佛般涅槃後，阿難共大迦葉結集三藏，此中何以不說？答曰：摩訶衍甚深，難信、難解、難行，佛在世時，有諸比丘聞摩訶衍不信、不解故，從座而去，何況佛般涅槃後！以是故不說……佛滅度後，文殊尸利、彌勒諸大**

菩薩，亦將阿難集是摩訶衍。又阿難知籌量眾生志業大小，是故不於聲聞人中說摩訶衍，說則錯亂，無所成辦。】

而所謂的摩訶衍，就是大乘的般若波羅蜜，早於阿含部之《央掘魔羅經》中，世尊已說一切眾生皆有如來藏，若有人以滅除五陰當作是究竟之出世間法，認為即是佛所說之無我法全部，正是不知如來隱覆所說無我性之眞我如來藏一乘中道教義者。是故佛般涅槃以後五百年之正法時期中，由於聲聞人阿羅漢只是斷除煩惱障所攝之五陰人我執，尚有菩薩道中無始無明所知障相應的法我執未知未斷，因此在未證解般若波羅蜜、未能眞實了知佛隱覆所說之中道、尚有煩惱障習氣種子隨眠及所知障法執隨眠的情況下，雖然能夠如實依佛之遺教修斷而證得解脫，成為阿羅漢，但是迷於五陰異熟及涅槃法界之一乘中道義理，迷於眞實第一義空而偏執於蘊處界法上說有說無，聲聞教中便有諸部異執而產生之部派，也隨其師資相續而發展下來，成為聲聞法所攝的部派佛教；窮究這些部派所說大乘、二乘法義的演變，都屬於聲聞人對法義的臆測與演變，實與大乘佛教的法義流傳無關。

例如，說一切有部所執：「一切有唯十二處，十二處依名色而有，實有過去現在未來之名色、十二處；五蘊假我雖剎那滅，由於煩惱與業的勢力，因此剎那滅之五蘊能爲緣，使得因果無間展轉相續，至後世生起新的名色五蘊；實有虛空無爲、擇滅無爲、非擇滅無爲，說一切有通三世無爲。」[7]又例如犢子部所執：「補特伽羅自體實有（衆生非假名），其自體與蘊不一不異；涅槃有『學、無學、非學非無學』三性。」[8]又有外道摻雜滲入於佛門中，以存著人我法之惡見而曲解人我空之二乘解脫道，亦曲解人我、法我畢竟空之般若波羅蜜；而聲聞人亦不能了知「世尊以般若波羅蜜爲根本而說二乘解脫道」之眞實義，亦往往對自己所不懂之大乘法橫加註解或評論，如同安慧、清辨一類人，各依二乘凡夫六識論見解而造大乘論，凡此皆屬聲聞部派佛教的所作所爲，與大乘佛教中眞悟菩薩弘法時所說的法義全無關聯，不能代表大乘菩薩所弘揚的法義。部派佛教各部聲聞人皆執五陰生死與涅槃眞實有，在這種情況下，對於大乘佛教般若波羅蜜畢竟空，則不能生起信心。

如來藏一乘中道般若實相法，是佛法之根本；佛弟子若不能於此法生信，所學二乘解脫道正法也將落於邪執邪見中，非唯取證無期，乃至不免被外道法所取代；於正法期終，進入像法期之初，馬鳴菩薩爲了要發起衆人對大乘法之清淨信，為了斷諸眾生之疑暗邪執，為了令佛種性能相續不斷，因此造了《大乘起信論》。馬鳴菩薩於論中，以含攝一切世間、出世間法之眾生心—**如來藏阿賴耶識**—一心含攝八識之體、相、用，顯示摩訶衍之義理；並以一心二門之心眞如門及心生滅門廣為解說，顯示摩訶衍之眞實義，以對治二乘聖、凡眾人對大乘一切法畢竟空無之邪解，及因未證解如來藏而錯解生死與涅槃，互諍「**涅槃後有、無**」而墮於常見或斷見中的聲聞部派凡夫四眾，得以消除所妄執的大乘人我空及法我空的誤會，兼令大眾能於大乘發起信心。

繼馬鳴菩薩之後，又有龍樹菩薩有感於聲聞各部派教團之異執，已漸漸失去佛之眞實意旨；復有九十六種外道死灰復燃、競相興起，更使二乘部派未能以如來藏中道實相般若為根本而產生了偏執；如是經由師資相傳下來，很容易落入邪見之中而淪為外道斷、常邪見，使小乘聲聞易遭外道的破壞；為破邪見並顯示佛之正法，龍樹菩薩造了《中論》、《十二門論》、《大智度論》，其中之《中論》廣破外道所計之邪因邪果、無因有果、有因有果及無因無果等見解；並對未知解一切法根本因—**如來藏中道般若**—之聲聞法二乘部派等六識論者，破斥其為形同無因論之立四緣生萬法之偏執；同時辨別聲聞所證之空，非大乘之即空觀有、即有觀空之畢竟空；同時責難執著法相毘曇之學人於世俗諦求決定相，及學大乘之凡夫執於邪空而失世俗諦之理。

當時之外道，經由通達外道僧佉論、毘世師論、尼犍子論，[9] 以神我或極微為常住法、無我法，獲得以此類外道論之辯才，以為究竟，使得純粹修學二乘解脫道者，以及不能通達大乘種智之佛門僧徒，在尚未如實了知二乘無餘涅槃之本際乃是眞實常住、具足人我空與法我空之如來藏之時，不能了知外於如來藏所計執之常住法與無我法之過失所在，導致智慧未生，而與外道辯論時屈居下風，一再墮於負處，以致十二年間不能擊揵椎召集學人論議佛法。龍樹菩薩之大弟子提婆菩薩，欲摧邪見山、燃正法炬，乃請求龍樹菩薩扮演敵方而假立外道義，由提婆菩薩隨即造文分析破斥；龍樹菩薩扮演外道而嘗試扶立外道義，但是提婆菩薩緊接著依龍樹菩薩所授佛法而破斥外道謬理，七日之後龍樹菩薩終亦難免失去所立之外道宗旨。最後龍樹菩薩允許提婆菩薩擊法鼓，聚眾與外道論議，隨外道所說而一一予以析破無餘，[10] 提婆菩薩所造之《百論》及《百字論》，皆是破斥外道法之重要歷史論典；後來的天竺左道密教便是依此而仿造，以雙身法的淫猥境界造出《百字明》，混淆《百字論》。由於龍樹菩薩與提婆菩薩師資之間，已對外道義作了建立及破斥，又於龍樹菩薩所造之《中論》中，亦處處可見此種立義與破斥；末學未來於《中論正義》釋論中將一一舉示說明之。

馬鳴菩薩及龍樹菩薩如是造論為人說大乘、破有無見，於《摩訶摩耶經》卷下中，世尊已預為授記這樣的發展，阿難尊者如是引述：【我於往昔曾聞世尊說，於當來法滅之後事云：佛涅槃後，摩訶迦葉共阿難結集法藏，事悉畢已，摩訶迦葉於狼跡山中入滅盡定。我亦當得果證，次第隨後入般涅槃。當以正法付優婆掬多，善說法要如富樓那廣說度人；又復勸化阿輸迦王（阿育王），令於佛法得堅固正信，以佛舍利廣起八萬四千諸塔。二百歲已，尸羅難陀比丘，善說法要，於閻浮提度十二億人。三百歲已，青蓮花眼比丘，善說法要度半億人。四百歲已，牛口比丘，善說法要度一萬人。五百歲已，寶天比丘，善說法要度二萬人，八部眾生發阿耨多羅三藐三菩提心，正法於此便就滅盡。六百歲已，九十六種諸外道等，邪見競興破滅佛法；有一比丘名曰馬鳴，善說法要降伏一切諸外道輩。七百歲已，有一比丘名曰龍樹，善說法要滅邪見幢，然正法炬。】

龍樹菩薩所造《中論》內容，未來將於拙著《中論正義》中分別闡釋其眞實義；《中論》以離於斷常二邊之如來藏般若中道爲根本，回歸世尊所說**佛法實爲一佛乘**之正理，論述一切法空之眞實義，破斥惡取空及邪執空，是對治外道及小乘部派佛教諸多不信眞正大乘法之小乘論師而作。他們不能了知如來藏阿賴耶識（異熟識——四部阿含中說的本識）爲生死及因果相續主體，亦爲有餘涅槃及無餘涅槃之根本；因此，龍樹菩薩在論中多數以五陰十八界法之幻生幻滅、無自性等予以立破，凸顯出五陰十八界本身之空相法相，顯示陰界處之緣起性空並非中道。當時爲防小乘人甫聞如來藏之名即排斥、拒讀，故論中並未以如來藏、般若、實相等字句正面申論；以此緣故，後代沒有般若智慧、不具擇法眼之聲聞乘部派佛教論師，一旦修學大乘法的《中論》或《百論》時，即認定《中論》是依阿含而造，說是以緣起法爲最勝、爲第一義諦。[11]

將佛於四阿含中所說五陰十八界緣起性空、一切法有爲空，誤認爲大乘第一義諦般若空之後代小乘部派論師，每當註解龍樹菩薩之《中論》時，則所立之宗旨、所舉之譬喻、所論述之語意，皆是以解脫道緣起性空作爲般若，以如是兔角法而引生、興起百家爭鳴之中道觀；各以自家所立陰界入緣起性空，假說爲第一義般若之宗旨，自行攀附於龍樹菩薩以第八異熟識最勝空性爲第一義中道之《中論》，妄攀龍樹菩薩爲其謬法之傳承祖師；自續派中觀及應成派中觀，就是此類小乘聲聞部派佛教論師所發展下來，謬解第一義般若、曲解《中論》以後所演變出來之兔角法中觀，後面諸章、節，將針對此點加以舉證說明。

1 《善見律毘婆沙》卷一〈序品〉第一，《大正藏》冊二十四。
2 《善見律毘婆沙》卷一〈跋闍子品〉第二集法藏，《大正藏》冊二十四。
3 《善見律毘婆沙》卷一〈阿育王品〉第三集法藏，《大正藏》冊二十四。
4 《善見律毘婆沙》卷二〈阿育王品〉第三集法藏，《大正藏》冊二十四。
5 《三論玄義》，《大正藏》冊四十五。
6 同上註。
7 《阿毘達磨藏顯宗論》卷十三〈辯緣起品〉第四之二、卷二十六〈辯隨眠品〉第六之二，《大正藏》冊二十九；《異部宗輪論》，《大正藏》冊四十九。

8 《阿毘達磨大毘婆沙論》卷十一〈雜蘊〉第一中〈智納息〉第二之三，《大正藏》冊二十七；《阿毘曇毘婆沙論》卷十七〈雜揵度愛敬品〉中，《大正藏》冊二十八。

9 《提婆菩薩破楞伽經中外道小乘四宗論》，《大正藏》冊三十二。

10 《大唐西域記》卷八，《大正藏》冊五十一。

11 《般若燈論釋》卷一〈觀緣品〉第一之一，《大正藏》冊三十。

第二章　應成派中觀之演變

應成派中觀，乃是西藏密宗黃教創教者宗喀巴，以及宗喀巴以後的歷代達賴喇嘛極力弘傳的中觀學說，是攀緣附會佛教教理，以意識境界推斷而出生的藏密黃教中心思想。乃至傳承而下之歷代達賴喇嘛，也都是以應成派中觀之意識境界作爲般若；認定意識覺知性不落二邊，認定意識覺知性是常住不滅法，成爲彼等修證上所追求最高證量樂空不二之依附根據或基礎。宗喀巴宗奉之應成派中觀思想，是由阿底峽傳入西藏，追溯而上則是傳承於天竺密教的月稱論師；從宗喀巴所造之《入中論善顯密意疏》、《辨了不了義善說藏論》及《菩提道次第廣論》中，可以清楚了知其傳承脈絡。而月稱所造之《入中論》乃宗本於佛護論師對《中論》註解所立之義理。佛護所造之《根本中論註》對《中論》所作之註解，並未流傳漢譯本，但是與佛護同時期之清辨論師，是自續派中觀的代表；而自稱傳承於佛護之月稱，所弘應成派中觀諸多論點，卻與自續派之清辨論師主張雷同。佛護及清辨所弘的二種中觀見，同樣是六識論者，故都未斷我見。於清辨所造《般若燈論釋》對龍樹菩薩之《中論》註解中，提到佛護論師有不同論辯之蛛絲馬跡，亦可以看出自續派與應成派於主要法義雷同之中別出異議互諍之處。本章將從清辨之思想脈絡中，尋找其自行宗本於佛護之應成派中觀立論，並將於月稱、宗喀巴等之主張中予以驗證，以期完整的呈現應成派中觀興起之源頭思想。

第一節 清辨之中觀思想

在《大唐西域記》中，玄奘菩薩將清辨論師直翻為婆毘吠伽，而翻譯《般若燈論釋》的波羅頗蜜多羅，則將清辨論師翻為分別明菩薩。然而清辨論師是以何等思惟理路來註解龍樹菩薩之《中論》？以何等法性立為般若實相中道第一義？佛護論師又是以何等法性立為般若實相中道第一義？佛護論師與清辨論師之異同何在？今從清辨論師註釋《中論》開宗明義所說，就能夠清楚其思想之方向，今舉示其所說重要文句如下，以供辨別。《般若燈論釋》卷一：【我師聖者，如自所證，於深般若波羅蜜中審驗眞理，開顯實義，為斷諸惡邪慧網故。彼惡見者雖修梵行，以迷惑故皆成不善，今欲令彼悟解正道，依淨阿含作此中論，宣通佛語。論所為者，其相云何？謂婆伽婆見彼無明眾生，世間起滅斷常一異來去等諸戲論網稠林所壞，起第一悲，發勇猛慧，於無量億百千俱胝那由他劫，為利益他，捐捨身命，無厭倦心。能擔無量福慧聚擔，鑽般若境界海，斷一切戲論網，非他緣無分別，得一切法眞實甘露。於彼趣壽分齊性處時等，攝受利益，不共一切聲聞緣覺及諸外道，唯為進趣第一乘者，依彼世諦、第一義諦，施設不起等諸名字句，此緣起實說中最勝，我阿闍梨亦於不起等文句，開示如來如實道理。」

清辨以其源自於聲聞部派佛教發展小乘法所執之見解，論定龍樹菩薩所造《中論》中所開顯之般若波羅蜜眞義是依據阿含聲聞解脫道而造；近代釋印順以小乘解脫道法義取代大乘成佛之道，亦肇因於此。清辨又認為世尊所說第一佛乘中最殊勝的法要，就是以世俗諦緣起性空為第一義諦，認緣起性空就是眞性，一切世俗有為法以此緣起性空故無有自性，認取有為法無自性空為究竟了義空性。在後續之釋論中，呈現出清辨個人所宗小乘思想背景之文句，可從其對涅槃之釋義、以緣起性空無自性空為法無我空智、以緣起性空爲第一義眞實無分別、錯認能取境界相之意識爲取後有之識等論點，斷定清辨確實是聲聞部派佛教小乘異執發展下來之承接者，純以聲聞法中諸凡夫所執的六識論，及蘊界處不實之有爲生滅法，假借般若名相而說爲般若中觀，曲解了龍樹菩薩之《中論》。以下將分別舉證論述之。

一、清辨以諸法緣起無自體性爲涅槃

二乘聖者雖然能證無餘涅槃，然而卻不知不證涅槃本際爲何，僅是信受佛語八識爲根本的大前提而安住其心，如實斷盡五陰之人我見及人我執，安住於有一不生不滅之如、法，是無餘涅槃的本際，故無餘涅槃中「**寂滅**、**清涼**、**清淨**、**眞實**」，如是而斷盡蘊處界我執，證得解脫。〔作者案：聲聞解脫道仍屬八識論正法，非六識論之法義。《雜阿含經》卷二：【解脫已，於諸世間都無所取，無所著。無所取，無所著已，自覺涅槃：我生已盡，梵行已立，所作已作，自知不受後有。我說彼識不至東、西、南、北、四維、上、下，無所至趣，唯見法；欲入涅槃，寂滅、清涼、清淨、眞實。】〕[1]但清辨論述涅槃時，卻是以不知不證涅槃本際，不知無餘涅槃中的本際第八識是常住法之背景，立足於六識論而寫作了以「大乘」爲名之論著，依其聲聞法想像之「諸法無自體性，不能自行生起」而說爲涅槃。清辨這麼說：【第一義中生死涅槃一相無差別，如虛空相故，無分別智境故，不集不散，非實法故，是故不應作是分別，捨離生死安置涅槃。若立若謗者，皆分別智自在可得物境界故，若是可得物境界者，此等皆是集散法故。復次，或有眾生堪以涅槃而教化者，誘引彼故說有涅槃。云何安立？但於未來不善諸行分別不起，煩惱息相，是則名爲寂滅涅槃，故名安立。又爲令彼厭離生死，作如是言：生死苦多，汝應捨離。何以故？諸行展轉從緣起者，自體無實，如幻夢焰，即說此等名爲生死，捨離此故名爲涅槃。世諦門中作如是說，非第一義，何以故？第一義中諸行空故，煩惱息相名涅槃者，此等亦無，不應置立別有涅槃。由彼諸行自體無起，本來寂滅如涅槃故。】[2]

清辨若眞懂得般若，解釋涅槃時即不應純以聲聞法的煩惱息滅相而說，不應以「諸行展轉從緣起而生，自體無實、諸行不自生」而說涅槃；諸行自體不自生，皆是展轉從緣起，正是有爲生滅法之流轉共相，都屬於世俗法蘊處界所顯示的現象：因緣集故謂之有，因緣散故謂之無。如此解說，全屬解說現象界生滅法之世俗諦所攝，與法界實相第一義諦無關，因爲法界實相第一義諦是蘊處界的根源——能生蘊處界的第八識如來藏——四阿含中說的入胎、住胎時能出生名色的本識，法界實相不是生滅有爲法之蘊處界名色的緣起性空，而識陰六識都攝在本識所生的名色之內，故本識並非佛護的應成派及清辨的自續派等中觀所認定爲常住不壞之意識心。諸緣集而生諸行，彼等諸緣僅是諸行之生緣而非生因，從生緣之角度來看待諸行自體無生，皆是虛妄想像虛構者，因爲諸生緣皆無自體；無自體之法於諸行未生起之前必定同樣無自體，無有自體者即是所生法而且無常故空，如何有眞實不壞法性可說爲寂滅性如涅槃？而且佛說的涅槃是**常住不變**，是常住法而非緣起性空的空無法。諸行未生前或生起而後壞滅，皆是無常空無之法；將空無之法想像成第一義之生死與涅槃無二、無分別智之智境，純屬戲論，與法界實相、涅槃本際無關故。

諸行皆有生緣，也有生因，能藉生緣而生起諸行之因，即是生因；如是生因才是第一義諦，是法界實相故；而諸行之生緣仍由生因（第一義諦所依之眞實法性）所生，故皆非第一義諦。能生諸法之生因，必定是本來不生不滅、本來無生之法；必有此一本來無生之眞實法體存在，才可依止此一法體而說本來寂滅、不來不去、不增不減、不垢不淨之常住性之涅槃體性。二乘聖者滅除五陰後有之生緣，使無後世，不生後世五陰，此乃是將滅止生之法，並非菩薩所證本來無生之寂滅涅槃，故是方便法；倘若聲聞將滅止生即是涅槃，則涅槃即是有生之法，必非常住不變法，亦與本來自性清淨涅槃非同一法體，則成爲三乘涅槃各有不同的法體；三乘聖人所證之涅槃若非由同一法體所施設，則涅槃將有多法，二乘解脫道與菩薩道、佛道之間將毫無關聯，成爲支離破碎、各自不同之涅槃，則違佛所說之一乘佛道。

五陰滅而無生，是經過修道之因與緣而有，非本來性、非五陰之自性性故；五陰滅而無生乃是空無之法，故並非以此五陰滅而無生可以說爲眞實涅槃，而是以本來無生之眞實法體涅槃本際（本識如來藏獨住之境界）而施設三乘聖者所證之涅槃：二乘聖人斷除我執而滅盡蘊處界，入無餘涅槃，全無一分一毫自我存在；但全然無我的無餘涅槃中，卻是菩薩所證的本來自性清淨涅槃中的本識如來藏自住境界。而二乘聖人不知、不證涅槃中的本際眞識，所以無法生起實相般若智慧，不能與證悟之菩薩對話般若。清辨宗本於二乘聖人所證的五陰緣起性空觀，卻不認同二乘聖人以八識論爲前提而證得緣起性空觀，基於六識論見解而刻意認定意識是常住法，與二乘聖人認定意識是生滅法的實證，完全不同；他以煩惱息滅相，以諸行自體緣起故不能自生，施設為寂滅涅槃，乃是以五陰生滅有為法墮於斷滅之際而虛妄想像，完全不具涅槃本際的本來自在性、自性性、清淨性、涅槃性之眞實不虛體性，故他的中觀是想像而不可知、不可證之法，非眞實可知可證之佛法。

二、清辨以緣起無自性空為法無我空智

法無我乃是指大乘菩薩以實證自心如來所得之般若實相智為根本，現觀自心如來運行於所親生、幻生之蘊處界諸法，遠離於蘊處界等世間法假說自性之增益執，亦遠離於損減諸假說自性所依之眞實性……等事，於一切法中如實了知自心如來之清淨、離言、眞如法性，以眞如慧具平等心觀察一切處皆無差別，此即是大乘菩薩所證入之法無我最勝空性；乃植基於第八識常住不滅之中道性，現觀蘊處界諸法緣起性空而斷我執、法執。清辨則是以諸法緣起無自體性之自性空，解說為眞實無戲論之最勝空性，係植基於蘊處界緣起性空而返執生滅性之意識心為常住心，未離現象界之蘊處界範疇，我見具

在。茲舉清辨所說供大眾檢討：【諸佛世尊知眾生已，爲息彼苦斷我執繩，於五陰中爲說無我。復有眾生善根淳厚諸根已熟，能信甚深大法，堪得一切種智，爲彼眾生宣說諸佛所證第一甘露妙法，令知有爲如夢如幻如水中月，自性空故，不說我，不說無我。……云何無我？謂於身根聚中無我，諸佛於一切法得了了智，如前偈中佛不說我，不說無我。何故不說我無我耶？由證解一切法眞實無戲論故，無戲論已斷我、無我執，我、無我執斷已，起我、無我境界亦無。何以故？妄置色等爲我、無我種，是執不起故。如般若經中說：極勇猛！色非是我非是無我，受想行識非我非無我，若色受想行識非我非無我，是名般若波羅蜜。如上說見空戲論滅者，今還重釋，云何得戲論滅？謂一切體自相不可得，如虛空相，如是不見，是名見空。】[3]

清辨不解佛意，曲解佛所證、所宣說之第一甘露妙法，將佛於般若經中所宣說如來藏之實相般若、眞如法性第一義空性，扭曲成有爲法蘊處界之緣起性空，及無有自體性之有爲空、無常空，以此墮於斷滅邊之有爲空虛妄想像，如何能夠成就眞實性與無戲論性？有爲法蘊處界無自體性、無自性空，乃是有爲法之世俗法相，雖爲世間極成之道理，然而卻非實相勝義之眞實道理，何以故？有爲法存在時，經由無常、變異顯現其無自體性故；然而，當阿羅漢入無餘涅槃而使有爲法滅盡不生時，此依附於有爲法而顯現之無自體性、無自性空，即已不復存在；一切法無自性空，必須依附於有爲法蘊處界才能同時存在；若有爲法緣散而壞滅時，此無自性空即隨之而滅，不能常住不滅，故不眞實，不眞不實即非第一義諦空性。佛於般若經中所說色受想行識非是我，非是無我，乃同於佛在阿含中所說非我、不異我、不相在，所說乃是指本識如來藏與五陰和合似一，故說眞我非即五陰，即是本識如來藏；而眞實、有自性，是與五陰和合似一之本識如來藏之法性，五陰之不眞實、無自性體性，全無絲毫之第一義眞如法性可言；如是實證第一義諦者方能生起實相般若智慧，此實相智慧方可說爲般若波羅蜜。然而清辨所誤解，以見色受想行識無有自體相，了知色受想行識無有自性之自性空，則是想像現行之色受想行識如虛空相，基於五陰無常空之見解，故假裝不見色受想行識而稱爲見空。這是以虛妄想像之見空而解釋爲能破除我見及無我見之執，乃是不可能成就般若之戲論，何以故？清辨所謂之不見色受想行識，乃是於意識心中安立一切法無自體相猶如虛空相之施設，以如是施設而說不見五陰、而說見空；縱使清辨如此施設可以成就現觀，也只是虛相法，因為所觀都是於虛妄無常的蘊處界上面所觀的無常空、無自性空，不曾涉及萬法本源的實相——如來藏心；縱使清辨對五陰無常空的觀行可以成就，也只是虛相法成就而成為聲聞阿羅漢，仍然不涉菩薩所證的實相法界，當然不是實相般若，最多只是憑藉意識思惟所得虛相法的相似般若。然而實證本識如來藏者，以現觀本識如來藏心體出生了五陰，並且同時同處與五陰互動運作、和合似一，以此而說「色不異空、空不異色」，即是阿含所說「五陰非我、不異我、不相在」之意涵；而如來藏心體無色受想行識之自相與自性，以此緣故而說「空中無色，無受想行識」，此乃可知、可證、可現觀之眞實法，非想像之戲論境界，方屬實相智慧。

清辨依先入為主的觀念，執著六識論的邪見在先，自然不想求證第八識如來藏；未能實證六根、六塵、六識所由的本識如來藏，則未能如實勝解般若波羅蜜之眞義，未能以般若實相智生起諸法無我之第一義空性眞如智慧，純於一切法緣起無自體相、自性空之有為空等法相上，虛妄想像、曲解般若波羅蜜以及第一義空性甘露法，將無有眞實法性可證之有為法終歸壞滅的自性空，推崇爲眞如無分別、法無我境界，純屬虛妄戲論而不可採信。

三、清辨以緣起性空為第一義真實無分別

第一義之無分別，指的是一味眞如無差別。如來藏心體不生不滅、不可毀壞故稱爲眞，如來藏心體緣於自己藉眾緣所生之蘊處界諸法時，恆是清淨無染一味無差別，此清淨性、一味無差別性即是「如」，故稱眞如勝義法無我。如來藏心體之眞如勝義法無我性始終不變，恆時顯現其眞實性與如如性，處於五蘊、十八界、十二處中皆是一味相：無有人我、善惡、順逆……等心境差別可分別，故稱爲無分別。實證如來藏心體者現觀、領受此眞實不虛之眞如無分別，由此實證及現觀所得之智慧即稱爲無分別智。故無分別智是意識覺知心所證得，此智所觀者即是第八識心之恆無分別性；此無分別智的證得，則是由意識親證如來藏心體，現觀祂的無分別性而生起的；所以無分別的自性是如來藏本來已有的，有分別的自性是意識心本來已有的，有分別與無分別的自性都是本來已有的，不是修行以後才有的。由有分別性的意識心來證得如來藏的無分別性，由此而使意識心獲得無分別智；無分別智的

智仍是具有分別性的，無分別則是指被證的如來藏心的自性；此無分別智是了知如來藏的無分別性而生起的智慧，依所證如來藏的恆無分別性故名爲無分別智。如來藏是被證的心體，如來藏的無分別性是被觀的自性；意識的無分別智是所證的智慧，意識是能證無分別智的心。對此正見不能了知的人，會把能證的意識心與所證的如來藏心，會把無分別心與無分別智，混爲同一個意識心體所有，於是想要將所有法聚集於同一個意識心上，成爲妄想要把永遠會分別的意識變成永遠無分別的如來藏心；永遠住於凡夫智慧中，永遠不能斷除我見，更無可能生起實相般若智慧——永遠不能證得無分別智，永遠處於二種生死無明的漫漫長夜中。

如來藏心體之眞如無分別體性，不是經由任一因所生，乃是常常時、恆恆時，永遠如是；不論如來出世或不出世，皆如是安住不變，此等眞如無分別才是第一義無有上之眞實法。清辨卻以世俗虛妄法的蘊處界等一切法從緣而起之無自體性，想像其猶如虛空而不可見故無境界可分別，以如是主張爲眞實無分別。今舉示其論點如下：【復次，內外諸入色等境界，依世諦法說不顚倒，一切皆實；第一義中內外入等，從緣而起，如幻所作體不可得，不如其所見故，一切不實。二諦相待故，亦實亦不實，修行者證果時，於一切法得眞實無分別故，不見實與不實，是故說非實非不實。……如論偈說：寂滅無他緣，戲論不能說，無異無種種，是名眞實相。釋曰：無他緣者，是眞實法，不以他爲緣，故名無他緣，所謂不從他聞亦無保證，自體覺故。寂滅者，自體空故，非差別分別物境界故，名爲寂滅。戲論不能說者，戲論謂言說，見眞實時不可說故，而不能說。無異者謂無分別，無分別者，謂無一境界可見分別，以分別無境界故名無分別。無種種義者，謂一味故，無體義故，無差別故，是名無種種義。此謂眞實相也。】[4]

清辨主張**內外諸入**等境界**依世俗諦**而言實有不顚倒，正是小乘諸部異執中薩婆多部（或名說一切有部）所執之論點，認爲五陰剎那滅之「滅」自能持種，使因果相續無間，不許另有本識心體如來藏阿賴耶識以及意根末那識之存在，否定世俗諦四阿含諸經中佛說的本識阿賴耶，熟習印順學的密宗應成派中觀見者，對此見解應該都不陌生，這是密宗二派中觀見明顯的相同處。源於此純世俗諦所攝六識論之論點而解說第一義，就僅能從虛妄性的世俗法蘊處界的諸法緣起無有眞實自體之緣起性空，來想像第一義了；這與佛所說執持萬法種子的本識作爲第一義的基礎，完全不同；因此清辨每逢申論第一義空性時，皆離不了諸法緣起自體不可得之無自性空，想像著一切法於緣起無自性空中不見其實，如是將蘊處界執牛有角之見（執蘊處界法實有不顚倒），強說實有不存在之兔角（以現行可見之蘊處界卻執言蘊處界不可見）以後，再執兔無角（執無自性空終歸壞滅是眞實第一義空）爲實相常住法，正是世尊於《楞伽經》中所訶責「觀牛有角而言兔無角，執兔無角爲實相」之妄想者。

兔無角固然是不可推翻的道理，但只是世俗法中的眞諦，不是法界實相的眞諦；兔無角是基於對牛有角的認知而產生的，是相待法而不是絕待法，所以兔無角法不是自在法，是相待於牛有角而施設存在的眞理；若不曾見牛有角，則見兔之時即不會產生兔無角之想，但牛角是虛妄法，牛有角是依無常之牛角而安立的觀念，已是虛妄法；兔無角則是依虛妄之牛有角而再次安立的更虛妄法，故兔無角並非實相，只是依無常的世俗法牛角而漸次安立的虛相法。同理，蘊處界有（牛有角）是依蘊處界（牛角）而安立，蘊處界的緣起性空、無自性空（兔無角），則是依蘊處界有（牛有角）而再次安立的，本源仍是植基於蘊處界牛角，而蘊處界牛角是生滅無常的虛妄法，故緣起性空、無自性空（兔無角）是虛相法而非實相法。實相法是蘊處界的源頭，是宇宙萬法的根源——如來藏心；證得萬法根源、名色根源的如來藏心，生起了法界實相的智慧以後，能現觀實相法界的如來藏心的眞如性、中道性，才是實證第一義諦，才是中觀的實證。故說清辨的說法，只是以意識思惟所得而將佛法名相堆砌起來組合解說而已，只是佛法名相的研究與解釋，與實證並無關聯。

清辨認爲一切法皆是緣起無自性空，若得此無自性空而安立，則於一切法皆以此無自性空而不見其實與不實，即得眞實無分別；如是全屬現象界中之蘊處界空相之內容，不涉及法界實相與中道第一義空性之法義意涵。何以故？蘊處界諸法皆是所生法，緣生而有，無常、有爲、生滅、變異，終歸壞滅，不能常住不滅故稱爲空相法；而法界實相乃是一切法生起之根源，非他因所能作、非因而成，常住不滅；名色等萬法悉由實相法如來藏中藉緣而出生，推究至此實相法之前，迴無一法可得，**世**、**出世間最爲第一**，故此能生萬法之法界實相心本即具足之清淨眞如法性，才是**第**一**義**空性無分別法性。蘊處界等空相法是從第一義法中出生，無自體性、自性空，即是詮釋著蘊處界諸法之不眞與不實；十二入則是依無自體性、自性空之空相法蘊處界而有，故十二入亦是緣生而無自體性的空相法；但清辨竟然起顚倒想，認取虛妄的十二入爲實有不顚倒法，將十二入生滅現行之緣起性空現象，執爲有眞實法性之第一義空性，以現象界中的無常法、虛相法，取代現象界萬法根源的第一義法，如是解釋《中論》、建立他的般若中觀理論，可謂一盲引眾盲，迷航永難返。

《中論》所說之寂滅無他緣，正是敘述般若實相心如來藏之不來不去、不增不減、不生不滅、不垢不淨之本來寂滅涅槃體性，此種涅槃體性不從他因他緣而有；其言語道斷之離言法性，非一切意識所能思議想像乃至言說，唯有親證實相心如來藏者，方能眞實領納此一本來寂滅涅槃的無境界境界。而此種本來寂滅之涅槃體性，於蘊處界諸法中皆同一味，於六凡四聖中皆平等平等無有任何差別，此乃如來藏心體之眞實法相。證如來藏而成爲大乘聖者以後，雙照虛相法蘊處界的緣起性空及法界實相如來藏心的本來寂滅涅槃，方能成就第一義諦觀；此是雙照世俗諦虛相法與第一義諦實相法，非如二乘聖人只能觀照世俗諦而不能觀照第一義諦——以未證實相心如來藏故不能雙照。而墮於空相法一邊之清辨，連世俗諦斷我見的智慧功德亦無，卻以聲聞道的一切法無自體性空，來曲解爲佛菩提道的法界眞實相寂滅涅槃法相，妄想生滅變異中之蘊處界諸法以及未來終歸壞滅之比量境（兔無角法），已無有蘊處界諸法之差別境界可分別，如是以意識心之立場虛妄想像無一境界可見分別，竊取大乘如來藏心體之無分別名相而自稱爲已證已知無分別。清辨緣於一切有情蘊處界皆是緣起無自體而稱爲一味，皆是無自體而稱無差別，將不眞不實之空相法扭曲妄解爲佛法之眞實相，而清辨依此邪見所寫之僞大乘論《大乘掌珍論》、《般若燈釋論》，竟被無智的藏經編輯者收錄於大藏經中魚目混珠，貽害後人，眞是可悲可嘆！

四、清辨認取能取境界相之意識爲取後有之識

舉凡純粹於有爲生滅之空相法中，說有我及無我，說眞實及不眞實者，其實都是落於斷滅本質中而成爲戲論，更何況清辨所否定的如來藏心體是佛說的涅槃本際—是三乘涅槃之所依，是佛於四阿含中所說之識—本識、入胎識、住胎識，是佛於阿含中說的出生名色（含意識等六識）的本識；清辨、月

稱、安慧……等人將六識論建立爲佛法所說之一切心，建立意識爲常住的、一切法的本體，絕對不願承認意識覺知心是緣生緣滅的虛妄法，不肯讓意識覺知心消滅；並且妄加諸多功能體性於意識心上，使之成爲因果業種相續之主體、空性之主體、般若之主體、常住不壞之主體，乃至建立爲未來成佛之主體。如是將虛妄不實、藉緣而生之意識心增益而深重地執著，正是世尊於阿含中所說之「**人我見**」者，墮於增益執之中；清辨正是此種人我見、人我執堅固者，在否定了常住的本識如來藏心以後，隨即於佛所說「**意識是意、法爲緣生**」的生滅法之聖教中，意解到入涅槃時滅盡**意識**將會成爲斷滅境界而生起恐怖心；由於恐懼墮於斷滅中，於是主張能取境界相、能分別境界之意識心爲不生滅之法，公然違背佛說聖教，以生滅性的意識公然取代世尊所宣說之入胎識如來藏阿賴耶識，如是將有爲生滅之意識建立爲常住不壞，建立爲執持一切業種、法種的常住心，正是常見外道之落處，與常見外道殊無差異。茲摘錄清辨之主張如下，供大眾檢查：【**取後有識者，謂施設我，是故說識爲我。如般若經中偈言：調心爲善哉，調心招樂果。又如阿含經偈言：我與己爲親，不以他爲親，智者善調我，則得生善趣。此謂世諦中假說有我，是**

諸外道分別所執悉皆遮故。……我佛法中名識爲我，聲如其義，名爲實我；若於色等諸陰名爲我者，是則爲假。如阿含經中所說，依眾分故得名爲車，我亦如是，以陰爲因假說爲我，有如此經。又復識能取後有，故說識爲我。】5

清辨之說法，正是否定色陰，說色陰非我、無常空，卻以識陰中的意識取代入胎而住的本識如來藏心。但意識心是本識入胎、住胎後，製造了五色根以後才能出生的心，住胎初期意識心出生的所依緣（五色根）尚未被本識出生，故當時意識心尚且不能生起，何況能住胎？何況能出生名色五陰？由此當知意識不是入胎而住的本識。在入胎、住胎的前期四個月中，五色根尚未被造出，或尚未具備基本功能，「意、法爲緣生意識」之意識的生緣—五塵—尚未出生，而使意根無法觸覺五塵上所顯之法塵，故使意識無法生起，故彼時尚無意識生起或存在，故意識絕非入胎取後有而能住胎的本識。意識是入胎後永滅的法，前世中陰身中的意識入胎時，捨離前世中陰身的微細五色根與法塵後，即無可能繼續存在而入住母胎中；是故於捨棄了前世中陰境界的微細五色根與法塵而入胎時，前世意識即告永滅，不可能住入此世的母胎中。要依本識如來藏執取受精卵住胎後，從母血中攝取四大製造當世的五色根以後，才有法塵再度生起；要依此世全新的五色根、法塵來與意根和合相觸時，才能再度生起另一個全新的此世意識心，故說意識不是取後有識；理上如此，實證般若者的現觀也是如此。但清辨妄將意識取代本識而建立爲佛說的取後有識，是移花接木的不誠實行爲；如是指稱其虛妄說法爲佛之所說，則是謗佛的行爲，因爲佛陀從來不曾如此說的緣故。

造作後有名色生起之因、出生來世之有漏業諸行，乃是緣於五陰而生起人我見、人我執之意識覺知心，不能如實了知意識自我虛妄不實，不能如實了知意識乃是根塵觸三法方便所生，不知意識依附於五根身而有，是僅有一期之生死存續——不能去至後世；而於五陰產生貪愛執著或者虛妄計著意識自我，由此無明而造作有漏諸行，必然引生後有。然而，意識自我乃是因爲無明而虛妄分別計執爲常住之自我，並非由於意識能夠於此世五根身毀壞時持業種入母胎而取後有，才施設意識爲眞實常住之自我；此乃清辨以及所有六識論者對佛法之一大誤會，乃古今同調悉墮常見而無所異。

經中世尊宣說善調於心、善調於我，皆是指善調意識心之貪瞋慢等，以避免造作十惡業、得三惡道果報；善調於意識心，使去惡向善，得生善趣，是說意識爲能修行、能造業者，並非是說意識心能夠持一切善惡業種、能持種入胎取後有而貫穿三世；因爲意識心乃是於根塵觸處方能生起之法，若於離根、離塵之處，或雖有根、有塵而二者不相觸，意識都不能生起及存在，故不可能入於母胎中獨住，當知不是取後有識。又意識於每日眠熟無夢時斷滅而不能見聞覺知，意識既然是於根塵觸處生起之法，必定不遍十二處、十八界，如何能夠持蘊處界以及所造作之一切善惡業種？前世之意識於前世五根身毀壞時即不能現起，雖於中陰身又持續現起，卻是依附中陰身的微細五色根與六塵才能生起、存在；然而入於母胎以後，隨著中陰身之毀壞，即使前世意識永滅不現，故意識非但不能去至後世，連入住母胎都不可能。同樣的，此世之意識亦非清辨所說由前世之意識入母胎而延續至今世；如果清辨所說意識來往三世而常住持種之理能通，則一切人皆應能知所有入胎、住胎以及出胎之詳細過程與內容，一切人皆應本具宿命通而於過去世了了能知，不需等待修成宿命通而後能知；則一切人皆應向善而了知造惡之後果，然世間法現行之道理卻非如此；一切人皆可如是現前觀察得知此理，故意識非取後有之識，清辨所說不符佛說教證與世間常識。

佛於經中所說之實我，乃是指如來藏眞我——迴無蘊處界假我體性之眞實心，即是阿含中所說之識、本識、入胎識——阿賴耶識（異熟識），而不是指五陰中識陰所攝之意識。依解脫道而言，於色受想行識五陰中稱爲我者，乃是意識虛妄分別所成之我，誤認此意識爲眞我而成就之我見，即是生死輪迴之根本；意識純屬識陰所攝，然五陰無有自在之自體與自性，由於無明使得意識生起顚倒想，不知自我虛妄而認爲眞實常住，住於色受想行之受用而妄計有實我、執取自己爲實我；修解脫道者一心趣向出離生死，純緣於五陰法斷除我見與我執，以求不受後有五陰、滅除五陰之出生——當然亦滅除來世意識，以如是滅盡後有、不受後有所得之無生爲解脫生死之方便道。依佛菩提道而言，聲聞涅槃只是方便說斷盡生死，實非斷盡生死，故仍應迴心大乘修學而斷盡一切生死；如是於五陰稱爲假我者，乃是針對實證本識、入胎識——阿賴耶識（異熟識）者，雖然能現觀五陰皆是本識阿賴耶識所親生、幻生，由於阿賴耶識尚執藏著我見與我執及煩惱隨眠、習氣隨眠諸多染污種子，一切有情—補特伽羅—壽者、眾生、我、人之五陰，皆是因緣假合虛妄無常，無有眞實法性，依常住不壞之如來藏而以世俗法假名五陰爲眾生人我；此乃大乘人無我之智境，不同於二乘純以五陰觀察人無我之粗淺世俗智慧。清辨尚且不能如實了知解脫道之五陰人無我，將聖教中說爲緣生緣滅之意識執著爲名色之根本，妄說爲能出生名色五陰的取後有識；殊不知識蘊所含攝之意識也是生滅法而不應執著、必須認清其爲虛妄，如是斷除我見進而斷除我執以後，才能夠解脫於五陰人我執之繫縛而出離三界；如今清辨處處認取能覺知自我之意識爲取後有之識，認定意識爲常住不壞法，就是墮於我見中之常見外道，連聲聞初果斷我見的智慧都沒有，已確定是聲聞法中的凡夫。從何處可以了知清辨所主張「取後有之識爲意識」？除了上面所舉示的清辨文句以外，請再詳閱以下所舉示之內文：

【以諸行因緣，識託於諸趣，識相續託已，爾時名色起。

釋曰：云何爲識？於一一物分別取境界，故名識。託者言生，行緣者，謂行與識爲緣故名行緣，亦非獨諸行與識爲緣，彼識生時亦有諸心數法共生，以是故亦以諸心數法爲緣。】6

龍樹菩薩《中論》論頌所說，託於諸趣之識指的是本識住胎識，入胎而住的識就是如來藏阿賴耶識，如來藏心體從無始劫以來本已存在故無生，非從一因或多因而生，亦非如意識必須有如來藏因及根塵等緣方能出生，法爾本有；本無生故，未來亦無滅之時，執藏一切有漏諸行所造善惡業種而隨緣酬償業報。如來藏心體不因五陰之毀壞而毀壞，於捨離已壞之五根身以後，除了生前曾造作極善之無色界業或極惡之無間地獄業以外，皆隨即依照業力而出生中陰身（或稱為中有身），於入母胎以後中陰隨即壞滅，此時之羯邏藍位（受精卵位）由於有入胎識——阿賴耶識之相續不斷住母胎中攝取四大，才有後世之名色能夠漸次生起，有後世色法五根與五塵之後，方有來世全新意識生起。初住胎時羯邏藍位之「名」，指的是帶著阿賴耶識入胎之意根與相應之心所法（或稱心數法），此時之「色」指的就是受精卵。人間有情能有名、色之生起，能有**名**、**色**在母胎中增長而不毀壞，都是因為有入胎識——阿賴耶識執持受精卵的緣故；假使入胎識—阿賴耶識—中途捨離母胎，名色即不能增長，並且開始爛壞。此時如果是入於人類之母胎，則稱為人趣；若入於餓鬼、畜生之母胎，則稱為餓鬼、畜生趣；依此類推，如是稱為「識託於諸趣」，由此聖教及證悟者所見之事實，當知此識絕非意識。

清辨對託於諸趣之識，解釋為能於一一物分別、執取境界者為識，由此而誤解託於諸趣之識爲意識；而能夠執取境界者乃是不能離於境界者，意即因爲六塵境界而生起，並於六塵境界中能分別者，正是世尊所說根塵（境界）觸三法所生之意識。而六識論者不承認意根與如來藏心識之存在，對於五根爲緣而生五識雖無異議，卻不肯信受佛說的「**意、法爲緣，生意識**」的聖教，因此對於意識存著許多妄計之想像，認定意識心是常住不壞的實相心，認定意識能住胎中出生名色而取後有；故說清辨此時所解釋能於一一物分別並執取境界者，所指必定爲意識。又因爲於前一段文字中，清辨說**以識爲我**，意識正是能分別而取自我、而生我見者，故可證明清辨乃是以意識爲入胎出生後有、攝取後有之識。在後續諸章節中，舉證應成派種種立論主張之文句時加以檢驗，亦可如是證明：自續派中觀與應成派中觀見者，皆是主張意識常住不壞，能持業種入胎而取後有、結生相續。此乃彼等相互認同之觀點，是故久習密宗二種中觀見者，對以上所說清辨的自續派中觀見意涵，應都已經耳熟能詳。

五、窺基大師指名清辨之評論

從清辨於《般若燈釋論》中所立論之宗旨可以了知：清辨認爲十二處有其眞實不顚倒之自體，待緣生起故自性空，以此緣起自性空爲勝義之眞性，意識於一切法安立於無自體之自性空而得無分別，稱此爲眞實之無分別智、無我空智。清辨又認取意識爲取後有之識，故必定否認有阿賴耶識心體異於意識而存在。玄奘菩薩《成唯識論》中不曾指名道姓加以辨正，是因爲窺基菩薩之論中辨正，因爲刪除姓名而效果不彰，致使清辨等人的邪論仍得以繼早期爲求佛教界和諧而勸請玄奘菩薩刪除姓名；但是後來窺基大師眼見玄奘續弘傳，於是一反原來求和諧之作風，反而自己於《成唯識論述記》卷一中，對於清辨此種論點加以指名道姓的評論：【今造此論，為於二空有迷謬者生正解故。……生解為斷二重障故。……由我、法執，二障具生，若證二空，彼障隨斷。……又為開示謬執我法迷唯識者，令達二空。……於唯識理如實知故。……復有迷謬唯識理者。……清辨計言：若論世諦，心、境俱有；若依勝義，心、境俱空。經中所言唯心等者，識最勝故，由心集生一切法故，非無心外實有境也。……或執外境如識非無。……或執內識如境非有。此第二計，即學《中、百》清辨等師，依密意教說諸法空，便亦撥心體非實有。彼立量云：汝之內識，如境非有，許所知故，如汝心外境。清辨俗諦外境許有，今就中道無自違失；又掌珍中依勝義諦，說有爲、無爲並是空等，皆如彼說。】

玄奘菩薩於西元六二九年至六四五年間（唐太宗貞觀三年～十九年），在天竺那爛陀寺跟隨戒賢論師修學《瑜伽師地論》，通達如是正義：第八識——如來藏、阿賴耶識、異熟識、無垢識，乃三界唯心、萬法唯識、空有不二、人我空、法我空、實相中道之義理所歸者。玄奘菩薩尚未到達天竺之前，天竺地區追隨於一切有部、犢子部、正量部等聲聞部派佛教之學人，有轉而修學龍樹菩薩及提婆菩薩之《中論》與《百論》者，也有轉學無著菩薩及世親菩薩之唯識與瑜伽者，其中與戒賢法師之師（護法菩薩）同時期之**清辨**論師及**佛護**論師，是屬於修學《中論》與《百論》之聲聞人，而且是未斷我見的聲聞凡夫。同時期連同護法菩薩在內，共有十位論師先後依世親菩薩（或稱爲天親菩薩）所造之唯識三十頌，各別作了釋義，此十位論師即是護法、德慧、安慧、親勝、歡喜、淨月、火辨、勝友、勝子、智月[7]。其中的安慧論師亦屬聲聞凡夫，所造《大乘廣五蘊論》已被玄奘、窺基師徒所破，平實導師亦造《識蘊眞義》略加破斥。

玄奘菩薩到天竺修學數年以後，已經通達中觀與唯識，對當時同門師兄弟師子光講解《中論、百論》時，以中觀之意旨來破瑜伽的義理，深感不妥；玄奘菩薩認爲唯有迷惑於中觀與唯識者，因不能會通的緣故，才會認爲《唯識、瑜伽》與《中論、百論》所說有所乖違，因此數次向師子光提出辯詰；而尚未證悟的師子光，雖以一切法空來遮遣唯識之依他起性及圓成實性，終究不能酬答於玄奘菩薩之詰問。玄奘菩薩有感於凡夫對中觀與唯識之法義無法會通，不知兩者圓融而不相乖違的正理，乃因傳法者對此二法不能如實通達，或修學者對上師所傳正法的義理無法親證，才會互相乖違，故造《會宗論》三千頌，將中觀與唯識不可互相違背之理予以闡述，其所完成之《會宗論》受到戒賢法師及大眾之讚歎[8]。然而此《會宗論》在玄奘菩薩回到中國後，並未予以翻譯，目前已經失傳，使得凡夫對中觀與唯識之諍持續至今未能平息，此乃後人無福也！

玄奘菩薩回到中國翻譯經論時，其弟子窺基大師亦參與翻譯工作，有關十位論師對於世親菩薩《唯識三十頌》之釋本，玄奘菩薩本來計劃各別予以翻譯辨正，但窺基大師堅決地請求將十釋糅譯為一部，請奘師「綜錯群言以為一本，楷定眞謬，權衡盛則」，玄奘菩薩最後接受了窺基大師的建議，才有今日稀有難得的《成唯識論》留存於世[9]，繼續為後世學人楷定眞謬，成為悟後進修種智之指引（只是文詞簡略而含義深遠，今人已經無法領會）。然而，基於窺基大師以維持教內和諧之建議，故玄奘菩薩於論中並未舉示十位論師之名，只以極多個「有義」別說而替代之，皆未指名道姓；對於當時學習中觀而謬解唯識者，則以「或執」別說而替代之；於進行眞謬之楷定時都未指名道姓，導致佛教界不知論中所辨正之清辨、安慧……等人所說都屬邪見，以致邪見繼續影響當代及後代之假名大師與學人。因有如是過失故，窺基大師於所撰寫之《成唯識論述記》中，一改以往濫好人作風，予以如實的記載，指姓稱名及註明何者為問、何者為答，如是辨正法義，讓後人閱讀《成唯識論》時得以了知何者為問、何者為答；何者為某某論師之謬理，何者為玄奘菩薩之論述，所申論之理為破何者之謬執等等，為不可抹滅之歷史事蹟留下寶貴的記錄。

由前段所舉《成唯識論述記》文中，即可見窺基大師將清辨論師之名字與主張舉示出來，解釋玄奘菩薩於論中所斥責之**迷謬唯識**者爲何人，所計執者又是如何，而稱之爲迷謬唯識者。在《成唯識論》論文中，玄奘菩薩開宗明義地說明爲何要造此論：由於眾生不能如實了知五陰空相的無我，與自心如來藏眞實空之無我，導致對無我法的誤計而產生了我執與法執，使得煩惱障與所知障無法斷除；如果能夠將三界唯心、萬法唯識、人我空、法我空之眞實理開展舉示，因此如實了知唯識眞實理的緣故，使得於二空完全不解了者亦能夠不迷，或邪解於二空之理乃至惡取空者普能生起正解而不謬，進而能夠證得人我空、法我空，斷除煩惱障與所知障，此即玄奘菩薩造作《成唯識論》之目的。

當時哪些論師是屬於迷、謬唯識理者？窺基大師於解釋文中提到：「**清辨論師錯誤計執而如此主張說：若是從世俗諦而言，心與境兩者皆爲眞實有；但是若依勝義諦**（清辨認爲緣起性空之自性空眞性即是勝義諦）**的道理來說，十二處之心與境都是有爲空之法，兩者皆是待緣而生故空。經中所說三界唯心、萬法唯識等，因爲以六識能覺一切法、能了別一切法，而以識最爲殊勝**

的緣故，由六識心的覺受貪愛而能集生一切法的緣故，才偏說三界唯心、萬法唯識；並不是說沒有心外的六塵境眞實存在（清辨違背唯識學所主張的無心外之境界）。」（原文請詳前所舉《述記》之文。）

所以窺基大師評論**清辨**屬於執外境如識非無者，也就是執外境實有者。又有一類反對唯識者，計著言：倘若唯識主張無心外之境，則內識應像外境一樣非有。窺基大師這樣述說：【計著內六識像外境一樣不是眞實有者，就是學《中論、百論》而又誤解《中論、百論》一類的**清辨**等論師（「等」者謂佛護等人），由於佛在經中以自心如來不生不滅，能藉眾緣生萬法，依於自心如來無我、無所得空（無爲空）之密意，說自心如來藉眾緣所親生之蘊處界及蘊處界所生一切諸法是因緣所生法，我、我所、常不變異相不可得故空（有爲空），有爲空、無爲空故一切法空。清辨等論師不能如實了知《中論、百論》亦是依三界唯心之密意而說一切法空，誤解《中論、百論》所說之一切法空爲蘊處界緣起性空、無自性空，不知《中論、百論》並非主張如來藏心空無、不存在，便責難而撥無唯識所說之如來藏心體。因有此種誤會，清辨等如是立量：「**你們唯識家說外境非真實有，說三界唯心、萬法唯識，那麼內六識**

應該要像外境一樣不是真實有，因為豈有離境之識可以單獨存在？這樣的道理是可知的事實，就像你們唯識家說外境離識不是真實有一樣。」清辨論師主張依世俗諦而言，外境就像有作用而能了別之六識一樣，是允許眞實存在的；清辨就自己所立之中道而說許有外境，並沒有過失，因爲依其所言世俗諦十二處自體藉緣生起、眞實不顚倒，而又以緣起自性空觀待十二處無有自體而不眞實，將此見解誤認爲勝義諦，因此清辨認爲世俗與勝義皆同時存在即是中道，事實上是將六識論意識境界所認知的中道，套用在八識論和合八識心王的法界實相中道，以其施設立論而稱說無過失；就像清辨於《掌珍論》中說有爲無爲都是空，都如同他所說的一樣。】

從清辨論師之《般若燈釋論》對於大乘般若中道實相之立量，及窺基大師於《成唯識論述記》對於清辨論師之評論中，可以清楚地看出清辨論師所思、所想、所立之中觀，乃是以十二處緣起性空作爲眞性；本質是以現象界的十二處藉緣才能由自體生起之自性空體性，立爲無生，建立爲勝義空；然此等立空之根源，皆來自於蘊處界之生滅有爲現象，清辨論師即是以此虛相的生滅有爲現象的無常空，作爲根據而自行立量之一切法空及中觀，來解釋龍樹菩薩之《中論》；後人由其自行立宗論述之方式，而說此派學人為中觀自續派，或名自續派中觀。自續派中的最大迷思，是「**十二處藉緣即能由自體生起**」之立論，這是全然不符世間及出世間正理的謬論；因為十二處是要藉緣而生起的生滅法，但十二處自己本不存在，不可能藉緣生起。縱使真能藉緣而生起十二處，即不可說十二處為「**由自體生起**」之實有法，十二處未生起之前並無自體存在故，是無法故，無法不能無中生有，是故不可能由自體生起。十二處自己不存在而成為空無時，如何能由不存在的自己來藉緣相續而生起自己？如同兒子自己並不存在，要假母親才能生起自己，不可能由尚不存在的兒子自己來藉緣生起自己，一定要由母親來生起自己，所以自續派中觀的立論是不符現象界真理及法界實相的。

八識心王。**清辨**論師對於一切法空之立宗論述，不是源自於三界唯心、萬法唯識之八識心王。八識心王匯歸於第八識如來藏阿賴耶識（異熟識），唯識所說六識雖由根塵觸而生起，六識所分別者唯是第八識藉五根觸外五塵境後所變現之內六塵相分境，唯識家即以六識覺知心並非直接攝取外六塵境之立場來說外境非實有，一切有情覺知心所識別的境界唯是第八識所變現的內相分境界，故說外境非實有。清辨未親證此第八識如來藏阿賴耶識（異熟識），更不知六識所識別的相分都是內相分，是不懂唯識學的，也是不懂聲聞十八界法的凡夫（聲聞阿羅漢們都知道十八界內的六塵是內相分，入涅槃時是應該滅除內六塵的，故知六塵是內相分。），是故純粹從蘊處界生滅有爲法上鑽研，雖然瞭解眼等五識乃是根塵觸所生，不是常住不滅之法，然而卻對意識存著增益之執著，妄計意識爲常住心、爲能取後有之識，此乃小乘部派佛教中的凡夫們對六識心所能瞭解之極限；以此極限爲背景來解說大乘依如來藏心體不生不滅之無生而宣揚的中道般若正義，卻落於十二處有眞實自體的常見外道見中，妄想十二處未生起前之無生，因此而與唯識家諍論，主張外境實有，不違背其所立之中道。但這其實是誤解唯識增上慧學而虛妄建立的謬論，所以難逃玄奘列出「有義」而辨正之，亦難逃窺基大師之指名責難。

清辨不能眞實瞭解：十八界中的六塵境是唯心所現，十八界中的六塵並非外境，有情覺知心所觸知的「外境」六塵其實並非外境，故有情所認知的外境非眞實有。清辨不能如實瞭解此一道理，認爲外境眞實被有情六識所觸知，故外境實有；直以「外境若無，則無有離境之識」的道理，反對唯識家所說外境非實的道理，強生諍論。並以此道理而排撥：離外境六塵的心體應如外境亦非實有。其所撥無者即是第八阿賴耶識心體，認爲不了別六塵的阿賴耶識心體應非實有，因爲根塵相觸才能生識故。因爲六識心雖經由六根觸六塵境之方便才能生起，卻是第八識心體藉五根與六塵所幻化之見聞覺知作用，親證第八識心體者絕不撥無六識心體故[10]。窺基大師說清辨等撥心體非實有，於前段已經由清辨自己申論之字句中證明：清辨認取能分別境界之**意識**爲**入胎取後有**之識，即是撥無眞實如來藏心體。在後面談到應成派中觀之立論內容時，亦可以從月稱、宗喀巴所留下之文字再予以確認，也就是確認清辨之自續派中觀及佛護、月稱之應成派中觀，都是撥無或不許有如來藏阿賴耶識心體者。撥無、不許有如來藏阿賴耶識心體之後，卻再從生滅有爲法、緣起性空之十二處中，建立勝義無生、立空有不二之中道，立**有爲空**、**無爲空**、一**切法空**爲中道。此等立論者與從學者，皆不知不覺自己已掉入無因論之泥淖深坑中而不能出離；因爲十二處乃是二乘阿羅漢自身作證慧解脫以後、自覺涅槃以後所必須滅盡之法，已是將滅止生之法，不是本來無生、本來不生不滅之實體法；阿羅漢如是所證，尚且要受菩薩責難爲不究竟法；何況清辨、佛護、月稱等人都以非實體法的十二處，都以尚需藉緣方得生起之意識，建立爲萬法生起之因，即是非因計因之無因論者。

萬法生起之因，必定是本來無生故永無滅之法，是本來無生之法，非如意識是必須假借眾緣才能出生的法。不必等待諸緣而有者才是眞實無生，才是本來無生，才可能是常住法，才堪任爲萬法的本源；唯有函蓋生滅有爲的十八界法，以及萬法本源本無生滅的如來藏，如是具足八識心王的不生滅性與生滅性之時，才有中道之可觀行，才有中觀可說。意識是沒有眞實自性者，也不是無生之法；既然有生則必有滅，有生有滅則非常住不滅法，非常住不滅法則非萬法的本源，是由本識心如來藏出生的法，則不能觸外六塵，只能觸知本識心所出生的內六塵境，故由意識不曾觸知外境六塵而說：意識所觸的外境並非實有，只是本識心所變生的內六塵境。由大乘之本來無生，不同於二乘滅盡十二處後將滅止生之無生，顯示大乘與二乘法之迥異處。舉示《楞伽阿跋多羅寶經》卷四中佛之開示供大眾檢討：

【〔爾時大慧說偈問曰〕：「云何爲無生？爲是無性耶？爲顧視諸緣，有法名無生？名不應無義，惟爲分別說。」

〔爾時世尊復以偈答〕：「非無性無生，亦非顧諸緣。非有性而名，名亦非無義。一切諸外道、聲聞及緣覺、七住非境界，是名無生相。遠離諸因緣，亦離一切事，惟有微心住，想所想俱離，其身隨轉變，我說是無生。無外性無性，亦無心攝受，斷除一切見，我說是無生。如是無自性，空等應分別，非空故說空，無生故說空。」〕

略解經文如下：「大慧菩薩問佛：『什麼樣法的內容叫作無生？是沒有眞實自體性的法嗎？還是從觀察法生起之種種緣中，有一法可稱爲無生之名不應該是沒有眞實意義的，惟願世尊爲我等分別及宣說。』佛回覆大慧菩薩：『並非沒有眞實自體性之緣起無常可說爲無生，也不是觀察一切法待緣而有說爲無生，無生之名也不是因爲不壞之世間有性而稱名，無生之名也不是沒有眞實之意義存在。種種外道、聲聞緣覺，乃至大乘初證得般若正觀之七住位菩薩，都無法了知此無生之境界，這就是所說之無生法相。所說無生之法相，乃是有一眞實法體，並非種種因緣和合而有，也沒有與種種因緣和合之法相，也遠離一切見聞覺知等事之法相，唯有一微細心安住就是這個法體，此心遠離一切能覺知與所覺知；證得此法體者，轉依此法體之無生法相，身心隨著此轉依斷除煩惱障與所知障而轉變，我說此種緣於本來無生法相而得之身心轉變是無生名稱之義。』

此本來無生之法體，不具備其法體以外類似因緣和合性、見聞覺知性、無常性等無自性之法性，也沒有像覺知心攝受六塵萬法之心相；親證此法體者，轉依其無外性之無性及無覺知心行相之無生法相，斷除一切於空與無我不如理作意之見解，我說此種緣於本來無生法相而得斷除一切見是無生名稱之義。綜合以上所說，因緣和合所生法之無自性，與本來無生法體之無此種無自性之自性，應當予以分別；對於種種空也應當分別，不是因爲法藉眾緣而生起體性空而說空，也不是法被滅盡不再生起而說空，是以法本來無生之法相而說空。」[11]

前段經文佛之開示法教中，明白地指出無生這個名稱之眞實意義。凡需待緣而生之法、有眾緣和合相之法，皆屬於緣起性、有生有滅之法、無自性故空之法，都不是佛所說的無生；因爲待緣而生、有眾緣和合相之緣起法，以有生相故未來必有滅相，縱然可滅盡而不再出生，也不因此而稱其爲眞實無生，而是有生滅性的滅後無生，不是本來無生之法；然佛所說的無生卻是本來無生之法，不是生後斷滅而不再生之法，所以佛說：「**非空故說空，無生故說空**。」這是說：不以滅後空無而說是空，是因爲本來就無生而本然存在所以說是空。清辨不能理解佛意，以十二處有生之法滅後不再出生而說爲空性；是以尚未存在而有生的十二處爲有自體法，由十二處無中生有的自體，待緣而相續生起，起後有滅，緣起故自體生起之體性爲空，也就是以「**緣起性空**」爲勝義眞性；清辨同時以斷除煩惱與執著以後，缺緣故十二處不起，不起故無有所作，立名無爲。

然而十二處生起既有因緣和合相，即是有生之相，待緣而生之十二處也不可能有自體，故不可能由自己待緣生起；又十二處既然有生，因緣散壞即有滅相，故此十二處乃世間之有性，乃是佛所說無常、無自性之法；修證解脫道之終極，使其缺緣不起之際，也是因緣造作相，因爲是以有爲生滅無常之十二處爲所緣，斷見惑、我所煩惱、思惑執著爲因，而引生之「**不再生起**」，僅屬於二乘修治解脫道之蘊處界無常空內涵，屬於滅盡有生之法而不再出生，是將滅止生，都不是佛所說之本來無生故永不滅的眞實涅槃。佛更說不是以因緣和合無自性空、無常空而說空（此空稱爲空相，既非畢竟空亦非眞實空故），佛以所說眞實無生之義理而說空（此空稱爲空性，畢竟空、眞實空故，非因所作故）。佛所說眞實無生之義理，乃是一眞實無生之法體，此法體是一微細心，迥異識陰六識粗心；亦遠離因緣和合相，不具備緣生諸法之無自性相，但具足了七種性自性、七種第一義[12]，此微細心體遠離見聞覺知心攝受六塵萬法之心相，此心不是種種外道、聲聞緣覺，乃至初悟此心之七住菩薩境界，此微細心體即是如來藏——阿賴耶識（異熟識）。此心體是本來自在、一向遠離因緣和合相，不需他因所作方有，本來而有，故無生相；亦不需憑藉他緣才得不起、無爲之法相，此微細心體之本來無生、本來無爲，才是佛所說之眞實無生與空性。七住位以上之菩薩緣於此本來無生、本來無爲之法相爲所依，斷除煩惱障與所知障，轉變有漏身心成爲無漏身心，才是佛所說眞實無生之義；阿羅漢純粹緣於蘊處界緣起生滅有爲法修治而得之不起、無爲，是將滅止生，是待緣而得之滅後空無之無生，不是眞實、常住、不變異、本來無生之無生。

因此，比對於世尊經中之法教，清辨所立宗之勝義眞性無分別與無我空智，不脫離於世俗諦緣起法中因緣和合無常有爲生滅之範疇，本是將滅止生而非本來無生。清辨甚至於撥無阿賴耶識心體，不許有本來無生、本來無為之法體之後，尋思於無常有為生滅法之緣起法中妄求勝義眞性，本質上已墮於斷見論及非因計因中。以佛所說微細心如來藏阿賴耶識（異熟識）心體為本來無生、本來無為者，才能成為萬法生起之因；此心體本身之無生與無為乃無因而自在，法爾而有；萬法因於此心體方得聚集眾緣和合而生，萬法復因此心體才有眾緣之散壞而滅。清辨以世俗諦緣起性空為勝義眞性，不知十二處自體不能自生，需藉緣以如來藏阿賴耶識心體及種子為因方能生起，具足了因緣和合性及有生與滅之法相，故不自在。倘若經由斷除煩惱與執著，使得十二處缺緣而不再生起，則緣起性空即不復存在，緣起性空要依生滅有為性的世俗法十二處才能存在故。所以緣起性空非勝義眞實性之本來無生，只能說是空相法所攝的世俗法十二處生滅有為之現象，不能稱為金剛不壞之空性。緣起性空之法相無自性故，有生滅相故，需憑藉因緣和合才能呈現故，不是眞實法、常住法，當知絕非萬法生起之因；從萬法生起之法界實相而觀之，如是非因而計以為因，即知清辨已墮於外道無因論中。

第二節 佛護之中觀思想

清辨與佛護都沒有眞實理解龍樹菩薩的實證與所說的法義，連聲聞初果之實證都無，我見具在卻努力寫作立論以求名聞，只因系出龍樹、提婆菩薩一脈，不知內情者往往盲信盲從，以致被他們二人的邪見所誤導。佛護在南印度出世弘法時，正當清辨前半生時期[13]，佛護是龍友的弟子，從僧護（龍友與僧護皆是從學於龍樹、提婆師資者）處聽聞龍樹菩薩之教理，也對龍樹菩薩與提婆菩薩之著作廣爲註疏。清辨同樣於僧護座下受學龍樹菩薩之論典，在佛護去世以後，清辨閱讀了佛護針對前人對龍樹菩薩中觀根本論頌之評論，加以破斥而寫成註疏，對於佛護依據龍樹菩薩的論議提出之主張，清辨皆表認同，即以與佛護同樣之主張來註釋經論[14]。清辨與佛護共同之主張，創立了無自性之中道學說，主張龍樹菩薩中觀根本論頌中，即是他們所主張之無自性，此外別無他物，並主張無著菩薩的學說除了唯識以外不宣說中道；清辨與佛護及其弟子以此種主張，排斥從唯識學來申論中道者[15]，因此而造成自續派中觀、應成派中觀合力與唯識學者互相辯論之局面。

清辨與佛護二人解釋龍樹菩薩之《中論》時，唯一留下互相評破之歷史記錄，導致月稱及宗喀巴爲擁護佛護而對自續派中觀多所評論，如以下所舉《中論》論頌之釋義。頌：「**諸法不自生，亦不從他生，不共不無因，是故知無生。**」（梵志青目釋，鳩摩羅什翻譯；而由波羅頗蜜多羅所翻譯之《般若燈論釋》中，頌文譯爲：「**無時亦無處，隨有一物體，從自他及共，無因而起者。**」）此句頌文清辨在《般若燈論釋》解釋時，針對佛護所作之註釋作了評論。茲摘錄清辨針對此句頌文部分解釋文如下，以方便解說：

【不自起者，謂不自起如是體故，此正領解。若異此領解，而言不從自體起者，此義有過。有何等過？謂他起過故。復次，汝言不從自體起者，非唯有他起過，及有自他共起過故，此非我欲。……復次有自部言：若第一義中，彼內外入皆不起者，法體不成，能依止壞，汝得因義不成過故。論者言：世俗言說實故，瓶眼入等內外可得故，汝說過者，此不相應。**佛護論師釋曰：他作，亦不然，何以故？遍一切處，一切起過故**。論者（清辨）言：彼若如此說過，即所成能成顛倒故，謂自俱因起體過故，或時有處隨一物起故，先語相違。又若異此，遍一切處，一切起過，此語能成他起過者，此不相應。……

世諦法中，有所作因，一一物體，各從自因相續而起。所以者何？如明與物體俱起，是爲了因，第一義中起法皆無，亦無有了。……復次，**佛護論師釋此句云：亦非無因起彼物體，何以故？若無因者，應於一切處，一切物常起，有如是過**。此義不然，何以故？汝此語義，能成所成，分明顛倒。是義云何？[16]謂彼物體從因起故，或有時有體起，或有處一物起，有初起故，與先語相違。】

從上舉清辨《般若燈論釋》中之主張可以看出，清辨以緣起性空無自性爲勝義眞性，十二處能從其自體藉緣相續而生，十二處自體不從他法而生；雖是有自體，然因爲緣起性空故自體空、無自性，故無生。如此立論，有著自相矛盾、自相衝突的死結，若遇有智之人質疑時，必將無法解結，謂如此立論乃是無中生有故。清辨並未眞實體證龍樹菩薩所說之勝義空，以其自立之勝義自性有爲空、無爲空之宗旨，使用破斥他人之手法來註釋龍樹菩薩之中觀論頌，在解釋「**諸法不自生**」時，認爲：十二處等法只是不會無因而自行現起，但並不表示十二處本身沒有自體；在因緣和合而生時，是從十二處之自體而生起現行（因此主張十二處是有自體之法，是眞實有）；如果不是這樣領會及解釋「諸

法不自生」，就會產生由他法生起十二處之過失；但若他人說還有自他共同生起之過失，這就不是清辨自己之意思。他人閱讀清辨的說法以後即責難清辨：於第一義中內外入皆自體空，無有法體可成爲依止而待緣生起，因壞則有**因義不能成**立之過失。清辨卻又退回世俗現象言說之中，強說世俗諦中可得內外入，故無過失。實際上，清辨已經墮於負處了，何以故？清辨乃是以「十二處有自體，而自體無生」作爲因法，聲稱此因法可於第一義空中相續不斷而去到未來世，然而清辨之因法卻僅能存在於世俗法十二處中，所言第一義中的因法即不能成爲依止而毀壞。宣稱是本來無生之法，卻不歸屬於第一義，何等荒謬！此乃「**以世俗爲眞實不壞而第一義中卻空無眞實法**」之常見外道邪說，純屬妄想無有可信之處。

又，世俗法十二處若有自體常住不壞，是十二處各有自體？若各有自體時，如何能組織成爲同一有情？其業種……等法又將如何安立與實行？又：十二處若非各有自體，顯然要從他生，是否從十二處以外之同一自體所出生？或是由十二處中的某一自體出生十二處？若如是，則其中之一處即不應歸納於十二處中，能生與所生不得同一類故。復次，不論十二處是否由同一自體出生或各有自體各自出生一一處而匯整爲同一有情，清辨所說是否皆可經由實證而驗明？或只是一種思想而不可實證驗明？然而佛法是可以實證而驗明的，清辨對此又將如何解釋？由此諸疑實存，將會展轉衍生種種過失，令清辨答覆此諸質疑時，自生種種過失而不能自圓其說，難免所答被證悟者一一評破，唯除當時無人有智提出質疑。故清辨否定四阿含中佛所說的本識出生名色的聖教以後，提出十二處雖然有生，但有自體性而可以自生，不必由他法（本識）出生的說法，無可避免會滋生種種過失，展轉不盡，不是有智者應有的說法。而佛護亦未體解龍樹師資所證的境界與法義，屬凡夫思辯所說之法，亦同聲否定佛說能出生名色的本識，說本識非實有，不承認名色由本識生，故亦不免同被證悟般若之賢聖所評破，乃至同墮意識境界中的佛護與清辨之間也互生諍論。

清辨舉**佛護**之釋義並提出其過失而破之。**佛護**說：「若說法不從自體起，就有他作之義，也未必是如此，什麼道理呢？若法是由他法所作的話，他法必定具備了能生此法之自性，就會形成遍一切處一切他法都能生起此法，應當成就遍一切處、一切起之過失。」清辨提出評論說：「佛護這樣說『法由他起之過失』，所成、能成就顛倒了，因爲一切能成之他法得要具備所成法體之因而生起法，這是能成變爲所成的顚倒過失；又可能成爲一時隨一物所作即能生起，又與先前所說的相違背。」倘若不是這樣，清辨強調佛護說遍一切處、一切起能成就他起之過失者，是不能相應的。清辨主要之諍論乃是在於諸法若非從自體爲因而待緣生起，則成就他法生自體之過失，亦不能成就其所立論自體無生之主張，因此對於佛護所質疑遍一切處、一切起之過失不能忍而發起諍論。

清辨又說：「世俗諦的蘊處界法中，雖然都是所作的法，必然有所作的因，蘊處界一一物體，都是從自體的因相續而生起的。」（以自體爲因而相續不斷生起的立量，是他們被稱爲自續派之原因，是他們重要的立論點。但佛說的自體爲因是十二處皆屬於本識所生及所有，是以本識爲自體，而清辨與佛護都因爲無法實證本識而否定了本識，故成爲凡夫思惟而對自體產生了諍論，於是另立自體，取代佛所說的第八識自體；這是延續聲聞部派佛教中的凡夫僧無知於本識而生的諍論表象，與法義是否演變無關。）清辨舉光明與燈體俱起之例而說：「燈體是從自體之因（生因）相續藉緣而生之法，是所作之法，有燈能照明物體（了因），明是燈體作用的結果；而燈體爲所作，待緣而起故，不自起故自性空，是無生，以此緣起性空為第一義之空，以自體未生起時無有所作亦無能作之他緣故空，也沒有隨著所作法燈體而出現之明可說。」所以，清辨由此建立緣起性空為勝義之無生。然而世尊於《楞伽經》中很清楚地宣說：「並非無眞實自性之無性而說無生，亦非觀察一切法待緣而有的**無自體**、**無自性**而說無生」，而清辨所立論之無生正是世尊所明確否定之無生；又清辨之相續因與無生並不是第一義之法，而是依現象界蘊處界而建立的世俗之法，是由意識心所妄想攝取者，純屬戲論境界。第一義法是三界外法，能獨住於無餘涅槃中故；亦是能出生三界世俗法之理體，是萬法之因故；如是方屬於第一義法，不可將世俗法建立為第一義之無生法。

清辨又舉**佛護**之釋義並提出其過失而出破。**佛護**說：「諸法若自生，將不需再有生法；諸法不自起，他作亦不成，但也不是無因而生起彼彼法；若無因而生者，應於一切處，能經常生起一切物，這種過失有違於現量所見故。」清辨據此而評論說：「佛護這樣說，是墮於過失的義理，不能成立，因為能成、所成很清楚地顛倒了。因為該所作物之體是從他因而生起的緣故（清辨主張世諦法中，一一物體皆各從自因相續而生起），有時其自體被他所作而生起，或有處被一物所作而生起，有最初生起的緣故，與先前所說一切法無生是相違背的。」

佛護與**清辨**都由於未證本來無生而能生萬法之法體，又已公開否定此一法體本識，由此緣故對於無生，只能以諸多妄想而虛構；因此兩造雖然皆宗於緣起性空之有為空，但是卻一致地迷於萬法之生因，凡有所說皆言不及義乃至互相諍論，本屬凡夫之間迷謬人無我、法無我而生的諍論，與實證的瑜伽行派[17]大乘賢聖所弘法義無關，故不可藉此聲聞凡夫之間的諍論而主張佛法有所演變；大乘賢聖所弘揚的法義是始終法同一味而無演變的，是不與應成派的佛護、自續派的清辨諍論的。

清辨欲破**佛護**所主張之異因與無生，以維護自宗**十二處有自體為因**而無生之立論，卻於第一義中不能挽救無自體空、無生不能成為依止之窘境，而破壞了自所立量；**佛護**不許十二處有自體，若十二處有自體，則十二處即能自生而不需再有生法。這是對清辨正確的評破。而**佛護**主張之因，乃是以十二處諸法無有自體性而自性空，故十二處自性無生，認為十二處無自性、自相空就是因；**佛護**認為這樣的自相空之因所生之果亦是自相空，自認為能成就因果相稱之理。因此佛護不許有他法生十二處之自性，若有他法能生十二處之自性，則一切法遍一切處皆一時能生起。這也是迷謬於本識而生起的邪見，以之評破清辨的邪說。但**佛護**所主張無自性、自相空無生之因，仍然屬於世尊所破：「**並非無眞實自性之無性而可說無生，亦非觀察一切法待緣而有無自體、無自性而說無生；非因而計因，是無因論所攝之戲論。**」因爲**佛護**還是墮於有生有滅之蘊處界有爲法中，妄想計著滅後無生，不是從本來無生並且能藉眾緣出生萬法之如來藏心體而談無生故。

後代主動繼承佛護錯誤思想之月稱與宗喀巴，亦如是思、如是想，以下之舉證可供檢驗：

【〈月稱《入中論》內文〉：如影像等法本空，觀待緣合非不有，於彼本空影像等，亦起具彼行相識，如是一切法雖空，從空性中亦得生。

〈宗喀巴疏〉：法本空謂虛妄。影像等，等谷響等。依待明鏡，本質，空谷，發聲等因緣合集，便生影響等，非是世間不許有者。於彼世間所許有中，從虛妄之影像等，亦生具彼影像等行相之眼等諸識。如從虛妄影像，生虛妄行相之識，如是一切法，雖皆自相本空，然從自相空之因，亦得生自相空之

果。……以是當知，由無自性故離一切有邊，由能安立無自性之因果故離一切無邊，是佛護、月稱解釋龍猛菩薩意趣之別法。】18

月稱法師《入中論》所說之空性，指的還是一切法觀待緣聚合、無自體之無自性空，想像十二處每一法無自性空，本然存在而成爲生起十二處現行之因，想像著因爲有無自性空爲因之十二處，故果亦是無自性空，如是計著無自性空之空性能生十二處諸法。然而各各有情之十二處，每一法是單獨以其無自性空而存在嗎？又存在於何處？某甲之眼處能與某乙之色處爲因爲緣而聚合生起某甲之眼識嗎？或者能生起某乙之眼識？是同聚或異聚？倘若十二處每一法之無自性空皆是因，又非由各各有情獨立之主體所執持，那麼即墮入佛護自己所破之一切法應遍一切處、一切時皆能生起之過失中，成爲異聚之後竟然還能成就各自不同之有情，而且各個有情又皆各有同聚之根塵識，顯見違背現象界之事實，故佛護之說過失極多。佛護或月稱若主張有一稱爲「我」之識能夠持一切業種、入胎相續，故無有過失；而佛護、月稱所說之此「識」卻又是能取、能分別一切境界相之意識，然此意識乃是五蘊所攝、意法爲緣所生之分別識，乃於五根或五塵毀壞時即滅而不能再現之意、法爲緣方便所生識。以有生必滅之意識爲能持業種之常住不壞的相續識，乃是常見外道見之主要宗旨，則非佛法。月稱僅是竊取大乘經論中空性能生萬法之名相，而妄想計著其一切法緣起無自性空就是大乘第一義諦空性，取代了佛所說能生萬法的如來藏空性，因此狡辯其一切法皆空，無有自體而能從無自性空中得生一切法，以此說法遮掩其無因而能生萬法之事實，故其本質乃是無因論的邪見思想。於前舉《楞伽經》中，世尊強調所說之無生乃是遠離諸因緣，離一切分別、生滅、能知與所知等事，而有一心體非諸外道、聲聞緣覺、初悟之七住菩薩所能思及之境界，此心體本來無生而能如實隨順所執持善惡業種之緣，而幻化變生五趣六道種種身、種種相。這才是世尊所說之無生，是有自體性而無眾生性的本來無生之法——本識如來藏、住胎識。

必定要有一本來無生、不生不滅、金剛不壞之心體執持業種，而此心體具足空性而非三界有性之體性，因於此空性而能隨順諸緣出生萬法以及成就萬法之變異、毀壞，然而心體仍然保持本來清淨之自性，不受萬法生滅、增減、變異、善惡、染著而改變本來清淨之自性；此心體運行所顯現如是法相，即是般若經中所稱之眞如法無我相。如來藏心體才是一切法之根本因，而且是可以實證及觀察證驗之萬法根本因；並非如佛護、清辨、月稱、宗喀巴……等人，於一切法無自體性、無自性之有爲生滅空中非因計因的妄計，以爲妄計之因可以成就一切法空又能生一切法，此乃將生滅性之子法強說爲不生滅性母法之顚倒行爲。世尊亦強調：並非因爲一切法無常、無自體之空而說空，乃是因爲如來藏心體本身之無生而說空；此本來無生之心體無有「**一切法需藉衆緣而生**」之無自性體性，並非此心體無有本來具足之能生萬法體性，亦非此心體本無清淨體性。此清淨眞如體性之心性，離一切言說故稱爲離言法性，此眞如離言法性遍於蘊處界一切法中一味無差別，卻無有蘊處界等法之假說自性、緣生自性，故無眾生我性；如是具足眞實不虛之離言法性而遠離世俗法假說之自性，方是中道第一義空性，是具足萬法的能生心，實有涅槃及能生萬法之自性；非如佛護、清辨、月稱、宗喀巴……等人，同以世俗法緣起性空的斷滅空、生滅空說爲第一義空性。

而此第一義空性乃是因於如來藏心體而說，並非於蘊處界諸法之緣起無自體、無自性空而說。龍樹菩薩《中論》所說「**諸法不自生，亦不從他生；不共不無因，是故知無生。**」即是以如來藏心體之第一義空性與無生而說，詳細法義將於未來拙著《中論正義》之釋論中辨正解說，此處暫略。佛護、清辨、月稱、宗喀巴……等人，同墮於世俗法生滅無常斷滅之無自性空中，並非第一義所說之**本來無生與無世俗法自性**，彼等否定第一義空的如來藏心體，代以世俗法的緣起性空而如是解釋《中論》，皆是毀謗龍樹菩薩、毀壞佛法之舉，大眾皆應同具慧眼予以簡擇清楚。

一切法緣起性空，以世俗一切法緣起無自性、自性空，假說爲勝義眞性，假說爲大乘法之般若，乃是以清辨爲主之自續派中觀，及以佛護爲主之應成派中觀所共同許可之主張，同屬意識想像之妄想中觀。以下摘錄佛護、月稱、宗喀巴之引述爲證：【佛護論云：「爲何義故宣說緣起？答云：阿闍黎大悲爲性，見諸有情爲種種苦之所逼切，爲解脫故，**欲顯諸法真如實性，隨說緣起**。故云：見非眞繫縛，見眞實解脫。**何爲諸法真實性？答曰：謂無自性**。諸不智者，由愚癡闇障蔽慧眼，而於諸法分別自性，由是彼等遂起貪瞋。**若時了知緣起，發慧光明除愚癡闇，由智慧眼照見諸法無自性性**，爾時無所依處，貪瞋不生。」】[19]

佛護於《根本中論註》文中，仍然同於清辨之諸法緣起性空，妄以無自體性之自性空為諸法眞實性，錯認為勝義眞性、眞如實性。緣起性空是世俗法蘊處界等萬法生起及壞滅之終極法相，是依附於本質無常、變異、生滅之蘊處界而存在之法相；二乘聖者身壞命終入無餘涅槃，滅盡蘊處界等世俗法以後，其緣起性空之法隨之而滅，不復存在，緣起性空法必須依附於緣生之蘊處界世俗法方得存在故。因此，緣起性空以及緣起故諸法生起無自性，並非**眞如**實性，非**眞**亦非**如**故；倘若眞如實性須依附於蘊處界世俗法才能存在，那麼蘊處界反而應該是眞如實性之法源、法體，則蘊處界應是常、恆、不變異；然而蘊處界是一期分段生死中之生滅法，亦是二乘聖者最終滅盡之法，此亦是阿含諸經中佛所宣說之聖教義理，並非大乘經中方如此說故。主動繼承**佛護**之月稱論師，亦是聲聞凡夫法中的六識論者，是與佛護、清辨一樣假冒為大乘論師而以世俗法緣起性空作為眞性，茲舉其《入中論》之偈以說明之：【於眞性時以何理？觀自他生皆非理，彼觀名言亦非理。汝所計生由何成？如影像等法本空，觀待緣合非不有，於彼本空影像等，亦起具彼行相識；如是一切法雖空，從空性中亦得生。】[20]

月稱說：【於觀察諸法緣起性空、無體性自性空之勝義眞性時，是應該以什麼道理來觀待？觀察色、受、想等諸法爲自生、爲他生都不應理，他們以勝義眞性之理來觀察名言中有無自性、自生他生也不應理；我月稱質疑他們說，由緣起性空勝義及名言世俗，諸法皆無自性、皆無生，他們所計之自生、他生又由什麼道理而可以成立？緣起而生之色受想等諸法猶如影像本是空，而蘊處界諸法都是觀待於眾緣之和合而有的，於世俗法中是存在而不是不存在的空無，猶如影像一般於本來空無之時而由諸法眾緣和合中生起，但又具足生起能對六塵加以了別之見聞覺知等六個識陰所攝的行相識；從這樣的道理可知，**一切法雖然無常空，從緣起無自性、自性空這個真性空性中，一切虛妄猶如影像的蘊處界法皆能生起。】**

月稱所說的勝義眞性，仍然是以無常、變異、生滅法之蘊處界爲內容，觀察蘊處界諸法待緣和合而生，眾緣散壞而滅，以蘊處界諸法緣起故無自性，無自性故無常而「空」之體性作爲諸法之勝義眞性，違背佛所說的萬法本源而常住不變的空性。月稱論師不能如理而知蘊處界諸法乃是所生法，錯以所生法之生滅相觀察所得之緣起性空當作法之眞實性，說此有生有滅之法緣起性空而有眞性、無生，又以依於所生法蘊處界滅後之無生枝末法，反建立成為所生法蘊處界之緣起根本，從世間之邏輯角度來看就已經成就倒果為因之矛盾相了；若再推究到二乘聖者將蘊處界諸法滅盡無餘而出離世間，月稱論師可就不懂了！因為他仍墮在意識境界中，不知道意識一樣是應該滅盡才能入無餘涅槃的；所以月稱一世努力修持雙身法，想要保持意識所擁有的淫樂觸覺領受。但即使是聲聞羅漢所證的涅槃，也僅是將滅止生之無生，不是佛所說之眞正本來無生之法，何況月稱不肯滅盡所生法的蘊處界，認定意識心常住而且是萬法的本源，顯示月稱是具足凡夫我見的聲聞僧，故以聲聞法中應斷除的我見及受陰（雙身法中的樂觸）取代大乘第一義空的本識法。月稱以植基於蘊處界的緣起性空之空相法，攀緣成法界根源的般若實相之畢竟空性，作為能生萬法之生因，便是同於《楞伽經》中佛所說非因計因之無因論者，即是兔無角論者，所說只是戲論。又月稱、宗喀巴之應成派中觀更主張，不需唯識家所說萬法唯識之第八識如來藏—**阿賴耶識**（**異熟識**）—來出生蘊處界，而是由其所主張之一切法空、緣起性空「**一切法無自性性**」，即能生起具見聞覺知有作用之行相識（具有受想行的識陰六識）及萬法，這將是筆者隨後於拙著《中論正義》中，闡述龍樹菩薩《中論》眞旨大異於應成派中觀時之主要論述。

傳承自月稱之宗喀巴也是以緣起性空爲勝義、爲生起萬法之因，妄將被生的意識心建立爲無生而能生萬法的本識，茲舉其於《菩提道次第廣論》（以下簡稱《廣論》）所說爲證：【一切諸法自性空者，是由依因緣生起之理，故說彼空，後當廣釋。……由依因緣，染淨諸法生滅緣起與無自性隨順和合，固不待言；即此緣起，爲達無性最無上因，當知唯是中觀智者所有勝法。】21

宗喀巴說：【一切諸法自性空、無自性的意思，是由於一切諸法是依於因緣而生的道理，所以說一切法空，於後面將會廣作解釋。……由於是依於因緣而生，所以一切染淨諸法生滅緣起與無自性之體性隨順而和合，這固然是不用再說的；但是這個緣起法自性空本身，就是通達無自性之最上因，應當知道這就是修學中觀之智者所有最殊勝之法。】宗喀巴宗本於月稱，故所說仍然不離六識論所墮的斷滅論、無因論之一切法無自性空。月稱又隔代主動繼承於佛護，並採用清辨諸多見解而認定意識常住不壞，才能使雙身法的意識境界合理化，故具足斷常二見。茲舉示宗喀巴之文字記載爲憑，證明此等主動隔代傳承之關係：

【智軍論師云：「聖父子所造中觀論中，未明外境有無之理，其後清辨論師破唯識宗，於名言中建立許有外境之宗。次靜命論師依瑜伽行教，於名言中說無外境，於勝義中說心無性，別立中觀之理。故出二種中觀論師，前者名為經部行中觀師，後者名為瑜伽行中觀師。」次第實爾，然月稱論師雖於名言許外境有，然不隨順餘宗門徑，故不可名經部行者。如是有說同婆沙師，亦極非理。雪山聚中後宏教時，有諸智者於中觀師安立二名，曰應成師及自續師。此順明顯句論，非出杜撰。故就名言許不許外境，定為二類。若就自心引發定解勝義空性之正見而立名，亦定為應成自續之二。

月稱論師於中觀論諸解釋中，唯見佛護論師圓滿解釋聖者意趣，以彼為本，更多採取清辨論師所有善說，略有非理亦為破除，而正解釋聖者密意。彼二論師所有釋論，解說聖者父子之論最為殊勝，故今當隨行佛護論師月稱論師，決擇聖者所有密意。】22

清辨、佛護皆言宗本於龍樹菩薩之《中論》並予以註疏，二人之隨學者都各自聲稱是最圓滿解釋龍樹與提婆師資之中觀密意者，而兩者皆認取緣生法蘊處界諸法之緣起性空、無自體性之無自性作為勝義眞性，同樣認定意識爲三世因果的主體故常住不壞，其實都同樣源出於生滅性的世俗法蘊處界，作爲萬法之生因，曲解爲龍樹與提婆聖父子之中觀密意。從清辨、佛護兩者之論述乃至月稱、宗喀巴之釋義中已明顯看出：二派中觀見者雖然同屬攀緣附會龍樹、提婆聖父子之大乘中觀般若，但本質上都是以聲聞凡夫法的六識論爲本，以意識不壞之常見來解釋龍樹師資的本識中論，同皆墮於非因計因之無因論中而不自知，全違龍樹父子論中正義；筆者將在拙著《中論正義》之釋義中再詳細舉證，此處容略。所謂的自續中觀或應成中觀，也是後人從其主張所欲對治之我執爲何，如何對治而自認能證諸法無自性，乃至說證得人無我、法無我之方法與理路之不同，而予以立名區別。

例如宗喀巴於《入中論善顯密意疏》中，針對清辨所論述：「蘊處界皆從自體之因相續而生起，非從名色根本、諸法本母的本識中相續生起；有情眾生執此世俗有十二處等內外諸法爲實有。」宗喀巴評論說：「清辨自續派中觀所安立者爲無始劫以來之俱生實執，縱然能破此實執，亦非是最細之俱生實執。應成派中觀所謂最細之俱生實執，在於有情不能了知一切唯由分別假立，及由分別增上安立；若了知一切唯由名言增上安立爲有，即能依序證得一切法無自性、證無分別、無我，破除最細之俱生實執，此中所說最細之實執即是意識之明了分——細意識我。[23]」此乃應成派中觀與自續派中觀同中求異之處，皆是以聲聞部派佛教之小乘諸部異執中的六識論爲基礎，而虛妄計著於大乘般若實相中道，同皆墮於意識常見中，後面之章節將予以仔細舉示而申論辨正之。

如何得知佛護、月稱、宗喀巴之傳承即是應成派中觀之傳承？下一章中將針對應成派中觀之主要思想，以條列式之舉例，其被六識論所誤而墮於無因論中、攀緣附會爲大乘佛法般若之全貌，將如實展現無遺。

1 詳見平實導師著《阿含正義》共七輯，正智出版社（台北）。
2《般若燈論釋》卷九〈觀縛解品〉第十六，大正藏冊三十，頁九十八。
3《般若燈論釋》卷十一〈觀法品〉第十八，大正藏冊三十，頁一〇六—一〇七。
4《般若燈論釋》卷十一〈觀法品〉第十八，大正藏冊三十，頁一〇八。
5《般若燈論釋》卷十一〈觀法品〉第十八，大正藏冊三十，頁一〇五。

6《般若燈論釋》卷十五〈觀涅槃品〉第二十五，大正藏冊三十，頁一三一。

7窺基撰，《成唯識論述記》（一），二十三頁至二十五頁，新文豐出版公司。

8《大唐大慈恩寺三藏法師傳》卷第四，《大正藏》冊第五十冊，第頁二〇四四：

時戒賢論師遣法師（玄奘）爲眾講攝大乘論、唯識決擇論。時大德師子光，先爲眾講中百論，述其旨破瑜伽義。法師妙閑中百，又善瑜伽，以爲聖人立教各隨一意，不相違妨，惑者不能會通，謂爲乖反，此乃失在傳人，豈關於法也。愍其局狹，數往徵詰，復不能酬答，由是學徒漸散而宗附法師。法師又以中百論旨，唯破遍計所執，不言依他起性及圓成實性；師子光不能善悟，見論稱一切無所得，謂瑜伽所立圓成實等，亦皆須遣，所以每形於言。法師爲和會二宗言不相違背，乃著會宗論三千頌，論成呈戒賢及大眾，無不稱善，並共宣行。師子光慚赧，遂出往菩提寺，別命東印度一同學名旃陀羅僧訶，來相論難，冀解前恥，其人既至，憚威而默，不敢致言，法師聲譽益甚。

9①窺基撰，《成唯識論述記》（一），第三頁至第七頁，新文豐出版公司。

②《宗鏡錄》卷四十七，《大正藏》冊四十八，頁六九一。

10《大乘理趣六波羅蜜多經》卷十，《大正藏》第八冊，頁九一一：

無明妄想見，而是色相因，藏識爲所依，隨緣現眾像。如人目有瞖，妄見空中花，習氣擾濁心，從是三有現。眼識依賴耶，能見種種色，譬如鏡中像，分別不在外。
所見皆自心，非常亦非斷，賴耶識所變，能現於世間。法性皆平等，一切法所依，
藏識恒不斷，末那計爲我。集起說爲心，思量性名意，了別義爲識，是故說唯心。

11 本段經文之釋義，係參考平實導師著，《楞伽經詳解》第八輯。

12 《楞伽阿跋多羅寶經》卷一，《大正藏》第冊十六冊，頁四八三：

復次大慧！有七種性自性：所謂集性自性、性自性、相性自性、大種性自性、因性自性、緣性自性、成性自性。復次大慧！有七種第一義：所謂心境界、慧境界、智境界、見境界、超二見境界、超子地境界、如來自到境界。大慧！此是過去未來現在諸如來應供等正覺性自性第一義心。

13 多羅那它著，張建木譯，《印度佛教史》，頁一四二。

14 ①同上註。

②歐陽無畏，西藏的喇嘛教，《西藏佛教——概述》，大乘文化出版社（台北），頁一七二。

15 ①多羅那它著，張建木譯，《印度佛教史》，頁一四二－一四三。

②宗喀巴疏，法尊法師譯，《入中論善顯密意疏》卷一，成都西部印務公司代印，頁二。「及顯中論不可順唯識釋，故造入中論。」

16 《般若燈論釋》卷第一，〈觀緣品〉第一之一，大正藏冊三十，頁五十二－五十四。

17 指依《瑜伽師地論》實修行門的派別，是無著、世親、提婆、戒賢、玄奘、窺基、達摩、克勤……等一脈相傳之唯識宗派。

18 宗喀巴疏，法尊法師譯，《入中論善顯密意疏》卷七，成都西部印務公司代印，頁五－六。

19 宗喀巴著，法尊法師譯，《廣論》卷二十，福智之聲出版（台北），頁四六一。

20 宗喀巴造，法尊法師譯，《入中論釋》，方廣文化（台北），頁七四。

21 《廣論》卷十七，頁四一四－四一六。

22 《廣論》卷二十一，頁四〇五－四〇六。

23 宗喀巴疏，法尊法師譯，《入中論善顯密意疏》卷四，頁十二，成都西部印務公司代印。

由是當知，若謂非由於心顯或由心增上之所安立，而是彼義自體中有。即是實有，勝義有，眞實有。若執彼有，即是俱生實執。……如是諸有情類，見內外諸法似眞實有，不知唯由自心顯現增上安立，執爲諸法自體實爾。是爲無始傳來俱生實執。此自續派所安立者，若以應成派觀之，則彼執所破之心，猶覺太粗，仍非最細之俱生實執。

說一切法唯由分別假立，及由分別增上安立者，餘證亦多。六十正理論云：【正等覺宣說，無明緣世間，說世是分別，云何不應理。】釋論釋此義謂：【一切世間非自性有，唯由分別之所假立】……然非不許補特伽羅，亦非別許阿賴耶識等爲補特伽羅。故如釋論所解，正是菩薩所許也。若了知由分別心安立補特伽羅之理，由分別心安立餘一切法，與彼義同。

第三章 應成派中觀思想總覽

從前文之舉證可以得知，應成派中觀——乃是循著小乘部派佛教思想發展下來之變形蟲，他們自稱是大乘法的中觀思想，骨子裡的核心思想實是小乘所修所證的蘊處界無常、苦、空、無我，未離聲聞解脫道，也悖逆四阿含八識論基礎的聲聞解脫道，專門主張六識論的錯誤解脫道，當然更不曾涉及大乘佛菩提道。應成派中觀思想，乃是最終滅盡蘊處界聚集之因，不再受取後有之聲聞解脫道，本質上是無法實證聲聞解脫道的六識論邪見，與四阿含基於本識常住不壞的解脫道不同；卻以如是錯解後的緣起生滅法之蘊處界空相法，披上大乘佛菩提道修證之所依、所緣—**如來藏阿賴耶識（異熟識）**—空有不二之空性外衣，攀附著龍樹菩薩之《中論》而大說其想像之中觀、無因論之中觀、邊執見之中觀，然後再方便引入左道密宗（左道密宗謂男女合修樂空雙運，或實行輪座雜交之密宗，不同於只修眞言密的行者。）之中。故宗喀巴於《廣論》前半部中，廣說他自己妄想的佛菩提道以後，再以將近一半之篇幅，廣說密宗道的雙身法而名之爲止、觀，如是混淆學佛人之視聽長達數百年；關於其後半部之雙身法止、觀，已有正雄居士於《廣論之平議》書中一一舉證及辨正，於此僅將宗喀巴所說之佛菩提道中不符佛說的主要惡見一一舉示，以釐清解脫道與佛菩提道之差異，並將應成派中觀樹立無因論中觀的內容舉示，幫助佛教界認清佛護、月稱、阿底峽、宗喀巴的應成派中觀，確實是誤解佛所說的解脫道之無因論者及斷見論者，由此亦可證明他們不但是誤會聲聞解脫道，更是不懂成佛之道的聲聞種性凡夫——以聲聞法作爲成佛之道，而且都是未能斷我見的凡夫。

第一節　應成派中觀名稱之由來

從上舉佛護、月稱、宗喀巴所傳攀緣附會之中觀思想可以得知：蘊處界諸法緣起性空的無常空、斷滅空，是其所認知之大乘般若空性；然後再反轉倒說，成爲蘊處界諸法反緣於此「空性」而生起，屬於詭辯之說。蘊處界之本質是緣生法，緣於虛妄法、緣生法之蘊處界而有的緣起性空、無自性空，竟可以成爲出生蘊處界的無生而不滅之法，說是實性而非虛妄性；如此藉著實性無生之名義，主張緣生而有的蘊處界與非量所妄計緣起性空的「實性無生」不相違背，是其所謂之中觀。如同愚人這樣主張：杯子緣起性空，杯子的緣起性空是絕對不變的定律，所以杯子的緣起性空即是萬法的根本、法界的實相，因此杯子的緣起性空可以出生杯子。這樣妄想傳承下來的中觀，即稱爲應成派中觀。茲舉宗喀巴於《廣論》所說爲佐證：

【佛護論師釋中，未明分別應成、自續，建立應成。然於解釋「非自非從他，非共非無因，諸法隨何處，其生終非有」時，唯依說舉他宗違害而破四生。清辨論師出過破，謂全無能力成立自宗及破他宗。然佛護宗無如是過，月稱論師廣爲解釋，謂中觀師自身發生中觀方便，須用應成，自續非理，破他宗已顯應成宗。】[1]

爲了釐清傳承於佛護的法並無過失，爲申辯佛護並未墮於清辨所說之過失中，爲說明所傳承之佛護宗並非自無能力立宗，宗喀巴對應成派中觀之名稱與宗派區別，作了比較清楚之意思表示，認爲該派以「**應成**」之名成立宗派並無過失。但應成派另有兩個立名之緣由，並非宗喀巴所知。第一個緣由：破他人之主張時，說他人若如是如是，則應有如此如此之過失，他宗之理應破，而自宗無所說他宗之過失，故自宗之理如是**應成**；是認為破斥他人之過失若已成就，即是已經顯其自宗，自理**應成**。例如：若於破他人有時，並非自立無宗；他人主張自性有，則他人**應成**諸法自性生之過失，此「生」**應成**無意義；破他人無時並非自立有宗，他人若說諸法亦非無自性，則他人**應成**有自性之過失。然而，佛護、月稱、宗喀巴等人雖然認為破他人有無，則已顯其自宗離兩邊之中道，其所主張以緣起性空為中道，自認不落於所破之有無中；吾人若推究其實，則應成派中觀見其實是一切法空而不立一法，本質是斷滅空而專破他宗、不立自宗，以為如此已經顯示自己處於中道而不墮斷常二邊，藉此免除復為對手所破的窘境。

彼等如是虛妄想像著：諸法緣起故不自生（認為是不墮於常見外道所立意識自性有之常），諸法之生是無自性生，能生諸法、成為萬法緣起之緣起**空性**實性為無生（自認為蘊處界無常空之空是實有，不墮於無、不墮於斷）。一切純墮於蘊處界法中計有計無者，表相似乎是被彼等所破，往往也可能被應成派中觀破得不知所以然；然而應成派能破他人於蘊處界法中計有計無，並不能因此就證明其主張即是眞實法；乃是應成派所使用之論辯手法令不熟悉因明學之人一時無法回應而已，其實應成派中觀見者自己的說法亦是處處破綻、不堪檢驗。後面針對**應成**立論之法義加以辨正時，即可證明此點。月稱、宗喀巴以爲能夠運用彼等所創的中觀方便，破斥他人**應成**如此如此過失時，已顯現其所立之宗旨，這就是宗喀巴所說之應成派中觀，忠實繼承了佛護、月稱的唯名思想——以純屬名詞的緣起性空作爲法界的本源，卻不知緣起性空一名純依生滅性的蘊處界而建立，唯名無實。

應成派立名之第二個緣由：月稱除了主動繼承佛護以外，並以傳承於龍樹、提婆聖父子之中觀思想而自居，以此提升自己的身分而建立自宗於不可被評論之神聖地位，再經過宗喀巴予以廣傳及釋義而普傳於西藏地區，藉政教合一的政治手段而擴大勢力；而月稱之應成派中觀隨學者稱應成派全無自宗、全無所立、都無執著，乃是依龍樹菩薩《迴諍論》中之辨正方便，證明其於破斥他人時，不立宗故未墮於他人過失中，他人無從舉其過難，以此援引《迴諍論》的方便法而弘法，故亦是自稱傳承於龍樹、提婆聖父子的藉口，但本質卻全違龍樹聖父子的教理。如宗喀巴所造《廣論》四七二－四七三頁中之記載，自續派中觀師這樣說：「故於觀察勝義之時，若許無性爲所成立，而於自宗成立無性是自續派；若自無許唯破他欲是應成派。」應成派中觀師則舉《迴諍論》所說回應之：「若我有少宗，則我有彼過；然我無所宗，故我唯無過。若以現量等，略見有少法，或立或破除，無故我無難。」若未詳細瞭解《迴諍論》原文之前後文意涵，則有可能顯示月稱、宗喀巴之應成派中觀眞實是傳承於龍樹之中觀思想與方便，茲舉大正藏所記載《迴諍論》原文之前後文句以示差異：【又復汝說偈言：「汝謂遮所遮，如是亦不然；如是汝宗相，自壞則非我。」此偈我今答，偈言：「若我宗有者，我則是有過；我宗無物故，如是不得過。」此偈明何義？若我宗有，則有宗相；若我有宗、有宗相者，我則得汝向所說過。如是非我有宗，如是諸法實寂靜故，本性空故，何處有宗？如是宗相爲於何處宗相可得？我無宗相，何得咎我？是故汝言「汝有宗相，得過咎」者，是義不然。】[2]

《迴諍論》乃針對薩婆多部等部派佛教執色心等法自類無間、前爲後種，以色心等法爲實有，對於蘊處界一切法非眞實有，蘊處界一切法因緣所生故無自體，無自體故空的道理，不能如實了知而執蘊處界有、或執空即是無，故龍樹菩薩以回答他人之提問而論述不應執空有而起諍的道理。略釋所舉論文如下：「又你責難說：『你所謂的遮與所遮，以無自體的言說為遮，法無自體是所遮，那麼一切法皆成有自體（才能被遮而成無自體），法有自體則不空，這樣你一切法空的宗相就自己毀壞，不是我的有宗毀壞。』對於這部分的責難，我（龍樹菩薩）以偈回答你：『若我一切法空的宗旨是建立於有法，就有你說的過失，但是我一切法空並無「有法」之事相故，因此沒有你說的過失。』此偈所要說明的義理是什麼？就是說：倘若我所說的一切法空是宗本於世俗有，那麼就有所宗的有法及所宗的法相存在；若我有所宗的有法事相及所宗的法相，我就得到了你一向所指責的種種過失。如是，一切蘊處界色心等法皆因緣所生、無自體故，蘊處界等法的緣起性空也不是我之所宗，一切諸法緣起性空而無眞實性，都攝歸本際的本來寂滅相之緣故，諸法本性皆空的緣故，我宗什麼地方有一法可作為宗本？只是因為要破除聲聞僧妄執色心等法為實，所以才假名說空，所執並不存在，所立之空亦不存在故；這不是我有所宗的空，乃因緣所生之蘊處界一切法本無自體性，沒有自己存在之體性故說為空（空相）；藉緣而生的蘊處界法，與蘊處界法同時同處而不一不異之本際，又一向離諸蘊處界相及空有之相，本來即無蘊處界之無自性體性，眞實不壞而寂靜無我，本來無生而能生萬法故（本性空），有何處可以立一法爲空？於何處可得宗相？所以你指責我說『你有所宗之宗相，因此而得到過咎』的說法，道理並不正確。」

龍樹菩薩爲破除小乘人發展出來之部派佛教凡夫們，於色心等因緣所生法建立爲實有法之誤執，故演說世俗法一切法空而對治之；然而此一切法空說，並非於蘊處界法中建立一法爲空性法，並非以此所立之空性法去遮除有法，實乃色、心（識陰六識）等蘊處界法全屬因緣所生法故；既然是因緣所生法，必定沒有常住性及能生諸法之自體性，因緣散壞即滅故，不該建立爲有實體之法。所說之一切法空是對治蘊處界眞實有之妄見、妄說，是隨著小乘部派佛教凡夫妄執色心爲實而說，龍樹菩薩自宗的實執並不存在，蘊等一切法空的執著自然也不存在；然而實執不存在、一切法空不存在，並非落於斷滅法中，因爲尚有能藉眾緣生起蘊處界諸法而自身不生不滅、眞實、寂滅之本際，此本際就是全無三界有性的如來藏阿賴耶識（異熟識），不屬於三界有，故無有性。蘊處界法藉緣生起、緣散而滅，不是眞實法，也不是眞實之寂靜；只有與蘊處界同時同處、不一不異而出生蘊處界之本際如來藏阿賴耶識（異熟識），方是不生不滅，方是眞實法，方是無餘涅槃的本際；一向遠離蘊處界之無自體相、無自性性、能取所取相，離如是等無常生滅有爲相，自性本來如是空無形色而能生萬法，故非空無、斷滅空、無常空，方是眞實之寂靜。既然不是另立一個想像之法爲空，蘊處界有亦非眞實有，一切法空亦非斷滅空，因爲一切法空之眞實理是源於本際如來藏之自性空故，本際如來藏又非能立與所立，離言法性言語道斷故，龍樹菩薩因此而說自家對世俗法萬法都無所宗，無有宗相。

應成派中觀攀緣於龍樹菩薩無所立宗之方便善巧，只知其然而不知其所以然，其實不知此無所立宗之眞實意涵；因爲應成派與自續派都不許有阿賴耶識爲持種識及結生相續識故，否定了龍樹菩薩《中論》無所立宗所依之實相、本際、阿賴耶識，故應成派中觀見者不論立宗或不立宗，都不能脫離斷滅論與無因論之過失，畫虎不成反類犬。應成派中觀以蘊處界緣起性空的無自性空建立爲非無，純屬名言與思想，並非法界的實相；又以生滅的蘊處界法爲非有，自謂不在空有兩邊，落在世俗法的想像中觀內，終究不能運用龍樹菩薩無所立宗之方便，反倒使自家於立與破之間產生了自相違害的種種過失，所說蘊處界法非有，牴觸、違背了世俗現量境故；否定了出生名色的本識，說名色緣起性空爲勝義有空性故非無，墮於兔無角的戲論中，則又違背實相的現量境。因此緣故，他宗指責應成派有破他人之欲，而於自宗無宗無立。對此，宗喀巴即重新釋義，重作這樣的定義：【若許應成破他宗者，則破有性即立無性，如前迴諍本釋論說，於此更無第三聚故。……觀中觀師有許無許，由具何事，名中觀師，則彼中觀定當受許。須許通達全無塵許勝義中有及許名言緣起之義，一切如幻，故有所許。又安立此，亦須破除彼二違品：許勝義有及名言無諸惡言論。故有正量通達立破，如自所證，以中觀語無倒教他，亦可得故。建立此等，無一敵者而能如法求少分過，是故此宗最極清淨。……如於自宗不許唯識，唯就他許不可立彼爲唯識師，如是自若不能立，以應成理決擇中義，唯就他立，則亦非是應成派人，亦非自續，顯然自說非中觀師。】[3]

很顯然的，應成派中觀經過宗喀巴傳承及重新釋義，所謂的「無宗」就是指自立一切法無自性爲因，能破與所破都是無性，由於此無性之所立，凡他宗能破之過失，自宗皆能遠離；倘若只說「無宗」，則不能遠離他宗能破之過失（這是必然的道理，因為應成派中觀、自續派中觀自稱傳承龍樹中觀以來，無人了知龍樹菩薩所說無所立宗之理源自於本際如來藏阿賴耶識（異熟識）故，反加以否定而不許龍樹菩薩所宗的本識中道正理）。因此，宗喀巴強調應立一切法無自性之勝義中全無有，緣起諸法皆以名言安立而有；應破許勝義有者及緣起法名言安立亦無者，又建立一切法無自性，自宗所許因於無自性故皆不墮於過失中。他宗所立之有性皆以自宗無自性而破之，則他宗之過失應成；破除他宗之有性，自宗之無性應成。此乃應成派中觀名稱由來之二。但龍樹菩薩及唯識師皆宗本於實相法本識如來藏，而破常見外道之意識實有，破佛門聲聞凡夫六識論者之色心實有，破方廣道人依生滅性之蘊處界而主張緣起性空實有。應成中觀師卻不知龍樹菩薩與唯識師其實法同一味：同破自續派妄計色心實有自性之計有，同破應成派妄計蘊等緣起性空而實無，轉計諸法緣起性空之法為實有而計有。以不知此理故，妄破龍樹師資所證之本識如來藏為實無，妄想龍樹師資是計無如來藏之中觀見，誤以為龍樹師資同其所墮，故援引龍樹師資為所承襲之祖師。

第二節 應成派中觀以蘊處界法空為勝義諦

應成派中觀自佛護、月稱、阿底峽、宗喀巴等傳承以來，對於世俗諦聲聞解脫道的內涵甚少論述，皆只說緣起性空爲勝義諦，不加以解釋論述就移花接木而直接進入非一非異等八不中道之般若實相法來演繹，說爲佛菩提道。然而緣起性空觀仍是依生滅無常的蘊處界有爲法而存在，因緣所生無常生滅之空相法蘊處界終究無常壞空而無實法，故應成派中觀依附於生滅無常的蘊處界而有的緣起性空法，再怎麼以大乘般若名相來套用及粉飾喬裝，還是改變不了緣起性空法之不了義法本質，改變不了緣起性空法是兔無角的本質。只要於理上稍作解說比較，就能夠發現應成派中觀嚴重曲解佛法之破綻。茲舉示相關證據說明之：【**世俗**、**勝義**二諦是所分體。所分之義雖有多解，此中則說二俱有體。又彼體性，亦定非是非一非異，諸有法體若異空性，反成實有。故**是一體觀待為異**，如所作與無常。菩提心釋云：「異於世俗諦，眞諦不可得；說俗諦即空，唯空即世俗。離一余（餘）亦無，如所作無常。」初四句義，謂非離世俗別有異體之眞諦，**即諸世俗法諦實空故**。**諦實空性亦**

即於世俗事上而安立故。次二句，明無則不有之關係決定，復是同體系，如所作與無常是一體性。所分之義，謂如上所說二量所得，即各別體相。】[4]

宗喀巴於《入中論善顯密意疏》中這麼說：【世俗諦與勝義諦是所分之體（認爲都是從緣起法中所分出來者）。所分之義雖然有多種解釋，這裡所說者乃是世俗諦與勝義諦都各有其體性。又兩者之體性，也一定不是非一非異，一切世俗有法之體倘若異於緣起無自性之空性，反而會成爲實有（就落於過失中了）。所以是以一體（緣起性空及諸法有是一體）而觀待爲諸法有即是世俗，緣起性空即是勝義，如此一體而觀待爲二法故成爲有異，就好像所作法定是無常，而無常與所作法觀待爲二法，其實本是一法之體性一樣。《菩提心論釋》中說：『若外於世俗諦，則緣起性空之眞諦不可得；說世俗諦就是緣起性空，只有緣起性空即是世俗諦。若離世俗其中的一法，譬如離世俗諦就無緣起性空，離緣起性空就無世俗諦，就如同所作之法不能離開無常一法一樣。』前四句的義理，是說並非離於世俗諦而能另外有一個不同體的緣起性空勝義諦，也就是世俗法蘊處界的眞諦即是勝義諦空性的緣故。勝義諦說的眞實緣起性空的空性，也是在世俗法蘊處界等事相而安立的緣故。隨後兩句，說明無世俗一法則另一緣起性空之空性就不會存在的關係，是決定不可改變的；又是同一法體而說有二義，就像是所作法與其無常的自性，是同一體系一樣。所劃分為二法的義理，就是如上面所說，從世俗與勝義的現前所見事實中可以證明，是各別劃分為不同的二個體相。】

從宗喀巴所說的理論中，世俗法蘊等之緣起性空就是勝義諦，最明顯之證據就是他說的「即諸世俗法諦實空故。諦實空性亦即於世俗事上而安立故」。然而宗喀巴及《菩提心論釋》作者都誤會佛語了！「異於世俗諦，真諦不可得」，意思是離開世俗諦而滅盡了蘊處界等法，想要求證真諦第一義，就不可得；必須維持名色存在，才能在名色中找到與名色同時同處之名色根本的本識，證得本識時就能現觀名色由本識如來藏出生，於是能了知法界萬法的實相，親證「三界唯心、萬法唯識」的正理，成就第一義諦的實證與現觀；若如阿羅漢滅盡世俗法而入無餘涅槃，或未先證世俗諦而斷我見，就想證得眞諦第一義，即無可能。然而應成派中觀見者誤會佛偈此意，將蘊處界緣起性空的無常空，認作眞諦第一義，說為勝義空，是將世俗法及其無常空，建立為同一法，再分割為世俗法蘊處界及緣起性空的勝義空等二法，才會如此說：「說俗諦即空，唯空即世俗。」

世俗法之緣起性空並不是勝義諦，緣起性空是依附於生滅無常的世俗法蘊處界而存在的，是隨從之法而非是主，怎能將隨從之法反過來成為所追隨的蘊處界世俗法之主？而冠於世俗法之上？說是更勝妙的勝義諦？這類說法，從世間邏輯上就已經講不通了，當然都與法界實相無關，當然不是勝義的第一義。世俗法就是指三界世間一切色心等法，包括欲界之五陰名色及一切相應善不善心所法等、色界五陰名色及一切相應善不善心所法等、無色界四陰之名及相應之心所法等，都屬於世俗法所含攝，皆是因緣所生法故，都是三界世俗之法故。因緣所生法是所作之法，雖藉眾緣而生，而眾緣各各皆非「常」法；諸所作之法隨著一一緣之剎那變異而不能常住，最後終將隨著一一緣之散壞而壞滅。欲界五陰，藉父精母血、四大養分、業緣，而從胚胎變異增長成胎兒、嬰兒、成人乃至老死；眾緣若不變異，則胚胎不得增長變化，嬰兒不能成長，成人不會老、死；由於色心等法是所作法，剎那不停地變異，故生於欲界之名色得受用欲界五塵，色、受、想、行、識五陰亦無一剎那停止變異，故所作法皆是無常、變異、生滅之法。

三界世俗所作之法無常、變異、生滅，是行苦所攝；生滅變異逼迫行者故，沒有一剎那不運行故。生老病死憂悲苦惱是苦苦所攝，本質是苦受故；一切樂受不能常住，終將變壞故，是壞苦所攝。因此說所作法五陰生滅無常之事實就是苦，剎那不住、運行不止地逼迫行者，就是苦的眞實道理，就是苦諦。緣於三界愛而造作善惡業，導致不停地在三界六道受生，三界愛就是苦聚集的因，瞭解這樣的眞實道理就是苦集諦。斷除三界愛之相應煩惱、滅盡受生三界五陰之緣，這就是苦的邊際，就是滅；到達苦的邊際，死後不再出生五陰、五陰滅而無生，就是滅的眞實道理，即是苦滅諦。觀察五陰色心生滅無常、苦、無我，以五陰無我之智緣於所觀察之世俗法蘊處界，修斷三界愛，這就是苦滅之道；此道眞實不虛而可到達解脫，即是苦滅道諦。五陰生滅無常、剎那不住是苦，不自在、不堅固、不可倚恃故無我，五陰無我故空，此五陰無我空確實可證、三界輪迴受生之苦確實可滅，故又稱爲世俗法之眞諦，又稱爲世俗諦或者簡稱爲俗諦。此四聖諦都是世俗法之眞實道理，故名之爲諦，但不是大乘法中所說的第一義諦，因爲不曾涉及法界實相的修證而無法發起實相般若智慧故，但應成派中觀卻移花接木將世俗諦說爲第一義的眞諦；而且他們所說的世俗諦又是不正確的世俗諦，是將誤會後的聲聞解脫道取代大乘第一義諦。

三界色心等世俗事皆是因緣所生，剎那變異不住故空，終歸壞滅故空，不自在故無我，無常無我故空；五陰色心世俗事可被滅盡而不生，歸於斷滅空寂，此等空就是世俗事眞實不虛的道理，故名爲諦，然非第一義諦。此等空乃是緣於因緣所生之世俗事而證得，因緣所生法所含攝之蘊等世俗事不是眞實常住之法；入涅槃後，所證得之五陰無我空智也將隨著五陰之滅盡而不復存在，是故佛說阿羅漢無菩薩性，捨壽後「**灰身泯智**」，色身及覺知心、意根都全部滅盡，所以緣起性空的智慧也隨之消滅而不再有世俗諦存在了。宗喀巴本於此種不可毀壞之世俗法眞實理而說：「**又彼體性，亦定非是非一非異，諸有法體若異空性反成實有。**」然世俗事與世俗空理本無非一非異之理可言，因爲世俗事如果有異於世俗空者，那麼世俗事就應該不是所作法，就是常、實有之法，即成爲不空而常住，就違背了應成派自宗一切法空的主張；從這一點也證明佛護、月稱、阿底峽、宗喀巴等應成派中觀傳承者，一向都是在有生有滅之三界色心等世俗事上說有說無，從未碰觸到具足非一非異、不生不滅等中道性之三界實相心如來藏阿賴耶識（異熟識），因此以世俗事之世俗空理論來闡述般若空理，就顯得處處滯礙不通，稍具解脫道內涵知見者即能看出其矛盾與破綻，不必等到實證法界實相以後才看出他們的破綻。

所作法必定是無常法，世俗事之蘊處界法必受世間極成道理所含攝，因此宗喀巴說：「即諸世俗法諦實空故。諦實空性亦即於世俗事上而安立故。」月稱、宗喀巴所說之諦實空性，本質上是蘊處界空；蘊處界空是世俗諦，只是世俗法中之眞諦，不涉及法界實相的第一義諦，從來不是世、出世間勝義的第一義諦。勝義諦者，乃是指法界實相：一切法的本源，蘊等名色諸法的本源，即是如來藏所顯示的宇宙萬法生住異滅的眞相；是具足非一非異等無量中道義之如來藏阿賴耶識（異熟識）心體殊勝體性眞實不虛的道理。茲舉示《大寶積經》卷五十一中佛所說之教證以便解說：【舍利子！世俗諦者，當知乃至世間所有語言文字音聲假說，如是等相名世俗諦。勝義諦者，所謂若於是處尚非心行，況復文字而能陳說，如是等法名勝義諦。】

經文語譯如下：【舍利子！世俗諦的意思，應當知道：世間有情的色身、心、心所法、心與心所法配合所運行的境界等法，乃至以世間所有語言文字音聲假說的一切法，都是生滅有為之法，如是等相名為世俗諦。勝義諦的意思，是我所說：假使此法運作之時，尚且不是覺知心、意根心的種種心行，何況還有語言文字而能為人舉陳說明？像這一類的種種法，名為勝義諦。】

略釋如下：「所謂世俗諦，即是如實了知所應了知的世間一切色、心、心所法、心與心所法所行境界等法的內涵，乃至三界世間所有蘊處界、五趣六道、假借語言文字音聲而解說的聲聞解脫道三十七道品、苦集滅道等法，都是因緣和合相、生滅相、緣生相、空相，如是等法相就是三界世俗法中的真諦，簡稱世俗諦。勝義諦的意思，即是佛陀所說：假使現前能知、能覺、能說、能聽，以及所知、所覺、所說、所聞諸法中，同時有一法是離一切見聞覺知分別、離去來生滅取捨等戲論、離言語道，尚非一切世間人所知的心行，更何況會有語言文字而能陳述表說？這樣離見聞覺知分別、離語言道的法，就是勝義諦。」

一切世間心行所能到者，也就是指能為意識覺知心所分別，能成為意識覺知心所緣之境界者，以及意識覺知心所能反觀之自己心境，皆不脫離三界世間蘊處界諸法之範疇，由於意識覺知心不離六塵萬法中的見聞覺知，所以能緣、能領受、能取相分別，才有依所取相而施設之言說文字及音聲假說。然而，佛說意識心見聞覺知取相分別之時，以及假借語言文字而為人分別解說世間諸法時，另有一法尚且沒有覺知心的心行，不運作於六塵中，語言之道若到此法境界中是全部斷除而不能存在的，故說此一境界是語言文字所不能到；此法境界乃是指無處所之如來藏法，此法出生了十二處及識陰六識與種種法，卻是從來本已遠離一切世間心行之分別性，不墮於一切世間法的生滅、取捨、施設、戲論、名言中，即是自心如來、如來藏境界；即是《勝鬘經》所說：「**如來藏處，說聖諦義；如來藏處甚深故，說聖諦亦甚深，微細難知，非思量境界。**」此法不是覺知心的心行所到之處，此法中的眞實道理才是第一義諦。亦即是《維摩詰經》所說：「**法無行處、法無處所、法不可住、法不可見聞覺知**」之「**法**」，才是《解深密經》所說「**勝義超過一切尋思境相**」之「**勝義**」。

此是超過一切尋思境界之法，是離言法性之法，絕對不是一切世間心行所能勝任者，因為一切世間心行一旦生起現行時，必定不離尋思——絕對會有覺想而能了知、分別，必定不離二種名言：顯境名言（離念靈知：心中雖無語言而了了能知六塵）、表義名言（有念靈知：藉語言文字而作思惟分別），必與名言相應而墮於語言道中。覺知心所有之取相了知，雖亦可不出現語言文字，然而取相了知時就已落於顯境名言中，不離語言道；若想要使世間心行離開顯境名言及尋思，那只有讓意識覺知心斷滅、不生起現行，如入無想定、滅盡定、生無想天、睡著無夢、悶絕及正死位，都是意識暫斷而不現起之時，否則都無法離開語言文字及離念靈知位所對六塵之了知，不離顯境名言。只有能出生名色、出生一切心所法的如來藏心，才能遠離二種名言、不墮入意根、意識、前五識的心行中；因此說，勝義諦之法，佛所說勝義諦境界處，並非六塵處，亦非十二處中之某一處，而是如來藏處，也就是不來不去、不出不入猶如虛空之如來藏阿賴耶識（異熟識）心體的自住境界，絕對不是如月稱、宗喀巴所說與世俗法同一體系之蘊處界空；了知蘊處界空，只是意識的住處，不離二種名言，不是言語道斷之處，一直都是有世間心行之世俗處，不是勝義諦所說語言道不能到之處。

世俗諦與蘊處界法是同一體系，就像所作與無常一般，所作法不能離於無常，無常不能離於所作法。然而勝義諦法如來藏心體之體性不與世俗諦之蘊處界法之體性相同，不屬同一體系；勝義諦法不是所作法、不是無常法，是不生不滅之法；世俗諦法是所作法，是無常法，也是生滅法；緣起性空依生滅性之蘊處界而有，故緣起性空亦是生滅法，非不生不滅法。世俗法蘊處界從勝義法中出生，故世俗法是所生法，依世俗法而有之緣起性空當知亦是所生法，故屬世俗諦而非勝義諦。勝義法是能生法，能生之法本在所生法之上，不是同一層次，是故能生與所生不屬於同一體系。世俗諦是在所作、所生的蘊處界諸法中探究，勝義諦則是針對能生萬法而不住於三界法中的如來藏所住實相境界加以探究，所以是實相法界，所以能出生實相般若智慧。由此可知勝義諦與世俗諦是不同的體系，但因勝義諦的如來藏能生世俗諦所探究的蘊處界等萬法，所以勝義諦函蓋了世俗諦；若能親證勝義諦，則能同時證得世俗諦；證得世俗諦者卻不能同時證得勝義諦，所以菩薩能知阿羅漢的證境，阿羅漢不能知菩薩的智慧境界。但是勝義法如來藏出生了世俗法蘊處界以後，卻一直都與世俗法蘊處界同時同處運作，而離覺知心所有的心行；若想要探究勝義諦，不可以捨離世俗法蘊處界而求勝義諦；若離世俗諦即是遠離了勝義諦，即無法探究勝義諦，故說：「異於世俗諦，眞諦不可得。」能生之勝義諦與所生之世俗諦，同時同處而不相離、不相在故，非一亦非異。欲探求勝義諦者，不可捨棄世俗法而入無餘涅槃，入無餘涅槃中即無世俗諦，即無法探究勝義諦；此謂外於世俗諦的蘊處界時，是蘊處界斷滅而不在了，也是能探究勝義諦的蘊處界我已經不與勝義諦的如來藏同時同處了，當然「眞諦不可得」。月稱、阿底峽、宗喀巴、印順等應成派中觀師，對於世俗諦所含攝蘊處界法之內容與體性不能如實了知，並且嚴重誤會與曲解偈意，何況能知勝義諦？月稱、宗喀巴不解世俗諦之事相，從這一節起將陸續舉證說明；阿底峽及印順則是應成派之末流，篇幅所限，於此書中則不舉證辨正。

宗喀巴又說：「**諦實空性亦即於世俗事上而安立故。**」宗喀巴此處所說諦實空性其實是將蘊處界空誤會爲勝義諦中的諦實空性。世俗事之蘊處界法是諸緣積聚合集而有，蘊處界之眼耳鼻舌身等乃依其功能差別假名安立，然而蘊處界法無常、不堅牢、是苦、無我，世俗事本質上不屬於眞實常住不壞之法，故說蘊處界空；此空是依蘊處界的無常而假名安立，附屬於蘊處界，只是無常空，並非諦實空。月稱、宗喀巴、印順所說於世俗事上另安立一「**眞實空法**」，以此安立之空法來遮遣蘊處界非眞實有而稱爲諦實空性，是妄想假立之空，本質是無常空而無空性能生萬法之自性；諦實空則是空性——無形無色非三界有而有能生萬法之自性，故名空性，是萬法本源。此空性，佛在阿含中說爲諸法本母，無形無色而有能生萬法、常住涅槃的自性，具足圓滿一切世、出世間法，方可稱爲諦實空性；月稱、宗喀巴、印順所說的空性都是無常空，都是依蘊處界假名安立的無實空，非諦亦非實。另外，宗喀巴將世俗事之空，也就是蘊處界空，安立主張爲諦實空性，即成爲龍樹菩薩所破之「創造一個空法去遮遣使成爲空」的外道，而非龍樹所說本來即是眞實存在的空性；除了應墮於自壞宗相之過失以外，宗喀巴欲將蘊處界空移花接木成爲勝義諦之眞實空性，說勝義諦之眞實空性即是於世俗事上安立，使其勝義諦之空成爲虛妄構想所成之戲論，亦墮於違背自宗過失中。茲舉示《分別緣起初勝法門經》卷下之教證以明其過失：【復言：「世尊！若有如是四聖諦者，何緣世尊復說二諦？謂世俗諦及勝義諦。」世尊告曰：「即於如是四聖諦中，若法住智所行境界，是世俗諦；若自內證最勝義智所行境界，非安立智所行境界，名勝義諦。」】

上舉經文略釋如下：「『世尊！倘若已說苦、集、滅、道四聖諦者，甚麼緣故世尊又說二諦？所謂世俗諦及勝義諦。』世尊開示說：『在我所說四聖諦法中，倘若於世俗一切法中能善知諸法之緣起相、功能差別相、生滅相、因果相，生起了法住法位之法住智，如是法住智所了別之境界智慧屬於世俗諦；若是行者自內所證自心如來藏含攝諸法本來自在、不生不滅，於一切法無取無捨、本自清淨無染無我、言語道斷所行之最超勝智慧境界，異於世俗諦法住智之假借蘊處界等所作法而以言說假名安立之法住智所行境界，就叫作勝義諦。』」

法住智者，乃是二乘解脫道法義；是對根塵觸處方便所生六識，眼耳鼻舌身識與意識俱轉或不俱轉之法相，轉識各各之自相種類差別與共相差別，乃至七轉識相應之雜染心所過患等，皆能如實無倒、隨順緣起因位與果位，如理作意思惟，信解悟入苦集滅道之眞實道理；此等緣生法若佛出世若未出世，常住法界；如是依蘊處界而於因果安立法中之智慧，就是法住智。勝解一切因果安立法所得之智慧就是安立智，因果安立法都是蘊處界有相之境界，有相法就是意識覺知心所行之境界，依照所取之法相安立施設諸法之名相，例如：眼根、色塵、觸三法和合生眼識，能分別眼根所緣色塵相之識，依其所依根而分別其所面對塵境之行相，假名安立爲眼識；意根、法塵、觸三法和合生意識，能分別意根所緣法塵相之識，依其所依根而分別其所面對塵境之行相，假名安立爲意識，是依根立名之安立相。根、塵、觸，三法和合而生之眼識、意識，是無常生滅相，故是苦相；意識了別色塵時由無明而生對自、對塵的貪愛相，是集相；無明斷盡而使對自、對塵的貪愛煩惱滅盡，就是滅相；以空無我智修學而對治煩惱，就是道相。勝義諦如來藏處所行之法，不離世俗法蘊處界所在之處，以其本自清淨無染之體性遍在蘊處界一切法中運行而不取不捨一切法，於其運行中無有一切顯境名言、表義名言等言語道；如來藏處所行之法既然是離言法性、不行於有相，又有何籌纖可以安立施設？又如來藏雖出生蘊處界法，然而如來藏處不取亦不著、無我、無我所，如來藏本來而有，非積聚法故不可壞、不可取；如來藏之眞實涅槃空性亦非安立而有，而是本來涅槃，本來就是不生不滅故。

世尊很清楚地開示：一切有相所安立之世俗諦，皆是行於有相之覺知心所分別者，自內親證如來藏所得之最勝義智，以智證而知勝義諦所行者，並非行於世俗諦之安立智所能了知；而應成派中觀諸傳承者佛護、月稱、宗喀巴、印順等人皆未證如來藏，並否定如來藏阿賴耶識（異熟識），以其未如實了知蘊處界內涵及蘊處界空之背景，全然不能現觀蘊處界世俗法都從「**諸法**

本母」的如來藏本識中出生，不理解此一大前提而貿然否定了本識心，主張世俗蘊處界空就是第一義眞實空性。如是安立勝義諦，僅憑想像就大膽地下定論說第一義眞實空性是依附於世俗事而安立，不僅與法界實相正相顚倒，亦完全違背世尊於四阿含及大乘諸經中所說之佛法，故說應成派中觀之過失明顯極成，故其宗義如是「應壞」，絕非「應成」！

應成派中觀師宗喀巴又說，世俗諦與勝義諦之體性，必定不是非一非異，倘若有一法體是異於空性則反成實有，其實是誤將勝義諦空性誤認爲同於三界有。宗喀巴舉所作與無常爲例子，很明顯地說世俗即是勝義，勝義即是世俗，將極勝妙的勝義諦等同粗糙的世俗諦，將阿羅漢所不知的勝義諦暗示爲阿羅漢所能知之法。然宗喀巴如是粗淺的舉例與定論，理不應成！違背世尊所說之佛法故。世尊於《解深密經》卷一中這麼說：【復次，善清淨慧！若勝義諦相與諸行相都無異者，如諸行相墮雜染相，此勝義諦相亦應如是墮雜染相。……復次，善清淨慧！若勝義諦相與諸行相都無異者，如勝義諦相於諸行相無有差別，一切行相亦應如是無有差別；修觀行者於諸行中，如其所見，如其所聞，如其所覺，如其所知，不應後時更求勝義。……善清淨慧！

由於今時一切行相皆有差別，非無差別；修觀行者於諸行中，如其所見，如其所聞，如其所覺，如其所知，復於後時更求勝義。又即諸行唯無我性、唯無自性之所顯現，名勝義相；又非俱時染淨二相別相成立，是故「勝義諦相與諸行相都無有異，或一向異」，不應道理。】

經文略釋如下：「又善清淨慧！倘若勝義諦所行之法相與世俗諦諸行相都無異者，那麼如同世俗諦所說諸行墮於雜染相中一般，與世俗諦諸行相無異之勝義諦法相，也就應該一樣的墮於雜染相中了。……又善清淨慧！若勝義諦法相與世俗諦所說諸行相都無異者，如同勝義諦所說行相於諸法中一向是相續而轉之時，於一切法中皆是一味眞如勝義法無我相，無差別相，那麼與勝義諦相都無異相之世俗諸行相也應如是無有差別相（應該意識覺知心於六塵中也都不會生起了知、分別、語言思想，而在一切時中都不分別、都無染污）；在這種情況下，一切求證勝義而修觀行者，應當於世俗諸行中，如其所見所聞所覺所知即是證得勝義諦相，不應該後時更求離見聞覺知、本來清淨之勝義諦相。……善清淨慧！由於今時所見一切世俗諦所說諸行之法相皆有其差別相，非無差別相，因此修觀行者於世俗諸行中，如其所見、所聞、所覺、所知都屬於世俗諦，不屬於勝義諦，是故後時應當更求離見聞覺知、一味無差別之勝義諦相。世俗諦諸行中雖不離七轉識執我之雜染相，勝義諦所行境界卻是清淨而無我性的；但勝義出生世俗而不取不捨世俗諸行故，與世俗諸行同時同處而又非一非異；於此世俗諸行中，勝義所行智慧境界則是唯有一味眞如法無我性，也是唯有勝義才能具有的「無蘊處界眾生我的自性」之所顯現的勝義諦所行智慧境界，名爲勝義諦相。又因爲不是勝義與世俗都同樣各有雜染相及清淨相，勝義與世俗不能同時各自成立清淨與雜染二法一樣具足（世俗諦中並無清淨相，勝義諦中並無雜染相，不可以說勝義諦與世俗諦中各自都有清淨與雜染二相），由此緣故，若主張勝義諦相與世俗諦相都無有異，或者主張一向互異者，道理不應成立（勝義諦函蓋世俗諦，而世俗諦所相應的雜染相於勝義諦中一向不相應故）。」

應成派中觀師宗喀巴說，世俗諦與勝義諦之體性必定不是非一非異，而是同一體系，所以應成派中觀不宣說、也不如實修學蘊處界空相法，從來不弘揚阿含所說的聲聞解脫道，卻又騙人說他的《廣論》中已函蓋了下士聲聞道（古今一切應成派中觀師都不弘揚聲聞解脫道，因爲解脫道全面破斥意識心與意識境界；而應成派中觀師都有修雙身法，雙身法完全是意識心及意識境界，若弘揚下士道聲聞法，必定將使密宗道雙身法無法弘揚）；因爲彼等主張勝義諦體性與世俗諦體性不異，任何修觀行者只要在心中想像建立一個勝義空性（蘊處界緣起性空），觀察其所見聞覺知諸法，就能夠求證勝義了。但是這類應成派中觀之主要核心思想，實際上即是世尊所破斥之外道邪見，世尊早已在四阿含諸經中先作預破了，後來第三轉法輪時的大乘經中又再作了預破。讀者若能如實瞭解應成派中觀的思想背景，於宗喀巴的著作中處處皆可發現同樣的理論述說，宗喀巴藉此邪見即可建立世俗法意識爲常住法，建立意識所觸的淫樂爲俱生常住的樂覺，即可理直氣壯而在《廣論》後半部的行門止觀中，將讀者引入密乘的雙身法中追求世俗淫樂，高舉意識所墮身根（淫根）觸塵境界爲獲得「報身佛」的境界，並說能在一世中成就報身佛果。然而經文中，世尊說：倘若勝義諦相與世俗諸行相不異，那麼一切世俗諸行也就應該如同勝義諦的清淨相一樣，蘊處界的所有諸行就應該同是一味眞如法無我相，也應對一切法都沒有差別相；然而古來應成派中觀師與明妃夜夜雙修時，眼見色、耳聞聲、鼻嗅香、舌嚐味、身受觸、意知法，各有這麼明顯的差別行相存在，又各有貪相、瞋相、無貪相、無瞋相等差別，特別是夜夜雙修而極貪淫根之樂受時，宗喀巴如何可以睜眼說瞎話而主張世俗諦與勝義諦體性不異？宗喀巴世俗諦與勝義諦體性不異之說，過失舉之不盡，以上僅作極略說。故如經中世尊所說：其道理不應成立。

應成派中觀否定中道心如來藏阿賴耶識（異熟識），以所作法蘊處界世俗事為其論述中觀之全部範圍，不能超出蘊處界虛妄法以外，故從來不曾涉及超越蘊處界的實相層次，故應成派中觀的法義都屬於虛相法而非實相法。蘊處界法之本質是因緣所生法，是積聚之法，是可壞之法，體性是無常、變異、生滅，所以蘊處界法不能立為與無常生滅非一非異，實質仍是不異於無常生滅；因此蘊處界法及依附於蘊處界而顯之緣起性空觀，仍然歸屬於無常生滅性的蘊處界；蘊處界生滅無常故，蘊處界之緣起性空觀亦隨之生滅無常，墮於生滅有為一邊，不符中道觀，更不是中道法之本源；本質上乃是偏於斷滅空而無中道之體性，本質仍是世俗法的蘊處界所攝。應成派中觀於蘊處界有為空、無常空，強行安立勝義諦，過失之多罄竹難書；他們一向都以世俗法蘊處界空來論述中觀，從來不曾涉及勝義諦的法界實相，皆因他們一向無法證得實相法界的如來藏心，也因為他們一向把雙身法的樂空雙運視作最高法義，又恐佛教界有智慧者排斥其教義，是故千年來不斷地妄想計著與牽強攀附勝義諦，然後繼續暗中廣弘世俗人所愛樂的雙身法境界，就是其唯一可行之路，以下章節之論述中皆可一一證明。

第三節　應成派中觀不許緣四聖諦之十六行能證解脫

應成派中觀師未能如實了知蘊處界之眞實內容，又因具足此不如實知蘊處界之無明，全憑想像來理解大乘法中以空性心如來藏阿賴耶識（異熟識）為法體之般若實相中道，由於無法實證空性心如來藏，於是接受應成派古時的中觀師佛護等人的錯誤說法，誤將意識為中心的離二邊、不執著的心態與觀照，錯認為即是中道觀行境界，墮入常識性的凡夫所知中觀見解中；彼等不知必須依於萬法本源的第八識心才能證得萬法的實相，不知應依此般若實相中道心，才能如實照見一切法都由此第八識心中出生，才能主張一切法無自性、一切法無生；導致口中空言一切法無生、一切法無自性，卻將被第八識出生而有生有滅、無自性的意識心，建立為無生無滅的萬法根本，自宗所說前後相違。如佛護、月稱、宗喀巴、印順等應成派中觀師，同以藉眾緣而生無有眞實自體及自性，墮於無常生滅之蘊處界法，於其中妄想計著其「緣起性空」〔編案：彼等所謂之「緣起性空」實質上應稱爲「緣生性空」，彼等否定萬法之所「緣起」的根本因——如來藏阿賴耶識，不知緣起之所從來故。〕即是中道，將此世俗法的緣起性空攀附爲大乘勝義空性。其所主張待緣故無有自體的緣起性空觀念，以及所建立的意識常住說，都正是世尊所不許稱之爲無生者；亦非蘊等無自性即可稱爲佛菩提道中的無生及空，唯有萬法根源、本來而有、常住不滅的第八識如來藏，方是世尊所說的眞實空、第一義空、勝義空。

應成派中觀師自始至終都以蘊等緣起性空的無自性空，取代萬法本源的第八識空性，是以世俗諦取代勝義諦，是以世俗識兼併勝義識；然後又爲了成立左道邪法的雙身法樂空雙運意識境界，故於主張識蘊緣起性空以後，又回頭再將識蘊中的意識分割一部分出來而建立爲意識細心，主張此意識細心爲常住法、爲萬法的本源、爲因果的實行者，但是卻從來不曾證得具有如是體性的意識細心，也不曾見其教導過任何一人眞實證得此一想像中才可能存在如是自性的意識細心；更不曾像佛菩薩描述如來藏的種種自性一般，來描述自己所說能生萬法的意識細心具有何種自性；不論是最早的佛護、安慧，中期的月稱、寂天，後來的阿底峽、宗喀巴，乃至今時的印順師徒都是如此；全都空言有一意識細心常住，而同皆未證，只能成爲類似哲學推論一般的思想假說，永遠無法成爲可以體驗的宗教實證。因此，在應成派中觀之理論中，所主張之無自性、自性空，都不是世尊所說本來無生之法；又彼等妄計：解脫道所證智慧之根本，就是彼等所曲解之緣起無自性的空性。倘若有人依阿含正理而說：「以四聖諦爲所緣，能斷盡三界愛，解脫於生死輪迴。」彼等眾人即遮止如是正理，說爲不應道理。茲舉示實例如下：【論曰：「由受緣生愛，彼等受仍有。」此即顯示餘道（十六行道）能斷餘煩惱現行，而不能斷愛之理。謂離眞實義見，則不能斷緣受之實執無明，由是生樂受則起不離愛，生苦受則起速離愛，依於順緣具足障緣遠離之受因，定生愛果也。自宗於受斷愛之理，如入行論云：「若時無受者，受亦不可得；爾時見彼義，何故愛不滅。」謂見受者及受都無自性，如是修習，方能斷愛。故亦是說若無此道則一切愛即不能滅。】[5]

宗喀巴於《入中論善顯密意疏》中說，要能夠斷除領受五根觸五塵所生之貪愛，只有見受者及受都無自性，依止此無自性眞實義見而修道，才能斷除緣於受而產生之貪愛，否則一切愛都不能滅除，也就是不能證得解脫之意。以此爲基礎，所以宗喀巴說：四聖諦的十六行道只能斷除貪愛以外之現行煩惱。很明顯地指稱：修學四聖諦的十六行道，無法證得解脫。這是應成派中觀師自己所創造的論點，嚴重違背了佛與菩薩所說之二乘解脫道正法，與四阿含諸經所說的聲聞解脫道大唱反調。因爲，蘊處界無有眞實體性，是生滅法而非本來無生之法；乃是生滅有爲法無常之法相，無有眞實無生、常住之法體，不能證明聲聞的解脫涅槃不是斷滅法；因此緣故，應成派或自續派中觀師，都必須在承認識蘊（特別是意識）的無常以後，重新再寶愛意識自我而妄計言：「**粗意識無常生滅，細意識可以常住不滅。**」這是密宗應成派、自續派一切中觀師，將虛妄法的意識覺知心妄想建立爲眞實常住法性者所必走之不歸路，卻是永遠無法走出活路的死胡同。

所謂十六行，乃是二乘行者緣於苦集滅道四聖諦，以諸行之無常行、苦行、空行、無我行等四法悟入苦諦相。爲斷苦故以集諦四行了知集諦相：（一）了知愛能引苦之道理。（二）了知引苦必招集，令五蘊苦果生。（三）了知五蘊苦果生，必能令苦現起。（**四**）了知五蘊苦果又能攝受當來諸苦種子。觀行如是四法，悟入集諦相。又如是覺了：（一）正知滅除五蘊之我執貪愛，苦集能夠無餘息滅。（二）苦滅後能夠無餘寂靜。（三）苦集、苦諦之滅與靜，是世間無上之法。（**四**）能永出離世間。覺了如是四法，悟入滅諦相。又覺了眞實對治之道：（一）於蘊處界法所知境，皆能夠尋求苦集滅之義。（二）眞實能夠尋求驗證苦集滅之義。（三）能夠隨於苦集滅各四法之次第修道。（**四**）確實能夠趣向涅槃，解脫生死輪迴。由如是四行，悟入道諦相。以上四聖諦各以四法次第觀行悟入而修，故稱爲**十六行道**。[6]

三界愛不能斷除，則不能出離世間；不能斷除三界愛，主要緣於對三界法不能如實了知，因此導致我見、邪見、疑見乃至貪瞋慢等煩惱依之而生起。三界之法皆是所生之法，欲界色界五陰、無色界四陰皆是所生法，所生之法必定都有無常變異性；無常變異法必是有生之法性，既是生法就有生苦，有生苦定有老病死苦乃至愛別離苦、求不得苦；又因爲無明故，於樂受處生起貪愛，於苦受處生起瞋恚，於不苦不樂受行苦處長養愚癡，皆因不能如實了知五陰乃是純大苦蘊。此無明，含攝了於五陰或總或別而生的我見與我所見；如阿含中世尊所說：眾生如何見色是我、或見色是我所，見受即是我、或見受是我所，乃至見識是我、或見識是我所；於此五陰內容不具足知，於五陰無常、無自性不如實知，則流轉生死。此無明又可分為緣於五陰分別所生之我見，以及緣於五陰產生我見及我所愛、我瞋、我慢、我癡等我執與我所執。若能依止於善知識熏習正知正見，如實觀察五陰諸行之無常變異性，即能如理作意思惟觀察五陰實是一大苦蘊，所有受皆是苦；所有五陰諸行皆與無常相及苦相相應，剎那變異都不堅固；所有五陰諸行皆是從緣而生不得自在，不自在故不可倚恃，故五陰之中都無眞實我可得，當然不該建立識陰中的意識是常住法；五陰中無有常恆堅住之主宰，可說為眞實不壞我，或說為有情或說為生者、老者、病者及死者可得，因此五陰諸行是空。

緣於五陰無常、苦、空、無我之緣起性空眞實道理，即能斷除緣於五陰之分別我見、疑見、戒禁取見三縛結，繼而以此五陰無常、苦、空、無我之智慧，修道斷除受用五陰及五塵之貪愛及相應之煩惱，從斷我見、疑見、戒禁取見及薄貪、瞋、癡到斷除貪、瞋等五下分結（三縛結於初果見道時已斷），乃至斷除色界愛、無色界愛、我慢、掉舉、無明等五上分結，永離三界愛證得寂滅，證得不再受生五陰苦果的聲聞極果，成為二乘菩提「將滅止生」之無生寂靜。如此知苦、斷集、證滅、修道，必定能夠解脫於三界之生死輪迴，如世尊於阿含諸經中所說之教證，猶可稽查，並且確實是可以實證的正理。如今應成派中觀師月稱、宗喀巴等卻說：緣於四聖諦所行之十六行道不能斷除無明、觸、受所生之貪愛。明顯的否定四阿含諸經中世尊所說之解脫聖道教法，是毀謗世尊及正法的惡行。

彼等又另外自創見解，主張只有緣於觀見受者及受都無自性，以此見解修道才能夠斷除三界愛，否則就不能證涅槃、得解脫。實際上，一切苦受、樂受、不苦不樂受皆是因緣和合而有，不離苦苦性、壞苦性、行苦性；又無常變異、不自在，故所有受皆無自體性，非我與我所；能領受一切受中之受者即是覺知心自我，此受者也是根塵觸所生法，時而有瞋、時而有貪、時而有慢，無常變異不自在，故受者無有自體性，非我與我所，能如是見，方是智者。再者，受與受者皆無自體性，亦是緣於無常、苦、空、無我之五陰才能存在，不離於四聖諦法之緣起性空內涵；今觀應成派中觀師月稱、宗喀巴、印順等人都未能證得初禪，顯然都仍未離欲界愛；月稱、宗喀巴不懂佛法故，高聲主張：「只有緣於觀見受者及受都無自性，以此見解修道才能夠斷除三界愛，否則就不能證涅槃、得解脫。」但是他們自己卻不能解脫於受與受者，同皆繫著於欲界最極粗重貪著之男女欲愛，極力追求男女合修時的第四喜淫觸，與自宗所倡「應當觀見受及受者都無自性」的宗旨大相違背；月稱與宗喀巴也都不能解脫於意識我見之繫縛，主張一分意識有常住自性，主張淫樂中領受樂觸的離念靈知意識心常住而有自性，顯然同皆墮入自己所破斥的受者意識心中，也都落入受的自性中，自語相違；如是空談能見受與受者無自性之人，竟然反過來否定世尊四聖諦十六行觀的正當性，以自邪見而非毀四聖諦正法，直是墮於見取見之惡見中而不自知，以其見取見而非毀世尊之四聖諦教法，誠然已成外道之行止矣！

倘若能如實於五陰及其諸行中，現前觀察勝解無一法不是無常變異性，即能眞實了知五陰是一大苦蘊，了知愛著五陰之過失，就能斷除分別五陰爲我之見解，能斷除緣於五陰所生之分別我見，即能以五陰無常、苦、空、無我之初分解脫智慧，了知我執與我所執之過失；若能進而斷除部分我執與我所執之貪愛，即成二果而名薄地——斯陀含果。又倘若未具備如是之知見與見地，以處於五陰稠林中之五陰身心，如外道般以身遠離五塵之受用，縱得以降伏欲界愛乃至色界愛，修證四禪乃至四空定，由於未斷我見故未能斷除無色界愛，捨報後生四空天，仍屬有生而受後有，未解脫於三界生死輪迴之苦；未來在無色界中捨報後，仍將下墮欲界之中。應成派中觀假借大乘依止於如來藏阿賴耶識（異熟識）法體而說之一切法本來無生、無自性之名相而自稱已知已證，爲人解說；其實仍是受持五陰我見而自不了知己之所墮，以妄想所成、所安立的無自性法冒稱爲大乘賢聖現觀之無自性法，仍然抱持著我見而不能接受滅盡五陰之解脫道內涵，更何況能夠證得解脫而出離三界？至於阿羅漢所不能知的大乘本來自性清淨涅槃，當然更非藏密應成派中觀師所能稍知的了。

由此邪見故，宗喀巴對於如實遵守世尊教法修證解脫道者入無餘涅槃之法，就產生了具足五陰我見者必有而不能理解之疑惑，於是對佛所說「滅盡五蘊而入無餘涅槃」之聖教，提出了質疑。譬如宗喀巴如是質疑說：【如《六十正理論疏》說：「先引小乘經云：『若於此苦，無餘斷。決定斷，清淨，永盡，離欲，滅，靜，永沒。不生餘苦，不生，不起，此最寂靜，此最微妙，謂決定斷一切諸蘊，盡諸有，離貪欲，息滅，涅槃。』若必釋爲由修道力無餘斷者，則有所證涅槃時，已無能證之人。有能證人時，蘊未永盡，則無所證之涅槃。故彼不能解說經義。若如吾等所許，此言永盡非由對治而盡，乃本來盡故名盡。則於經義善能解釋。龍猛菩薩謂經中所說之永盡，即苦蘊寂滅之滅諦涅槃，與無自性生之滅諦義同。」[7]

親證解脫的聖者，將世尊於阿含聖教所說，依證量及聖教，解釋爲經由修道力永斷五陰苦蘊而解脫，斷盡三界諸有、將五陰之自我亦全部滅盡；但宗喀巴對此解釋不認同，他認爲：證得解脫者，若死後將自己五陰全部滅盡以後，已成爲無有能證涅槃之人，如何可證涅槃？他否定了第八識涅槃心的存在以後，心中唯恐懼滅盡意識而墮入斷滅空中，妄說此等不是善於解釋世尊所說阿含經文之義者。因爲宗喀巴否定第八識如來藏的實存，恐怕入涅槃時滅盡識陰全部會成爲斷滅空，所以無法斷除我見；我見未斷故，所以必定會思惟著：若將五陰中之覺知心意識自我亦滅盡，則無能證涅槃者，亦無所證之涅槃，又將會成爲斷滅空。所以宗喀巴這麼說：「倘若必定要將阿含等經中所說解釋爲「苦等是經由修道力斷盡而無餘」者，那麼「苦、一切諸蘊等斷盡無餘若是所證之涅槃」時，已沒有能證涅槃之人，一切諸蘊都斷盡故。若仍有能證之人時，諸蘊即未永盡，則不能成就涅槃，則無所證之涅槃。這樣就不能解説經中所説涅槃之義理了。倘若像我們應成派中觀所主張的：經中所説永盡之義不是經由對治而盡，乃是本來就盡了才叫作永盡。這樣就能夠善於解釋經中的義理了〔作者案：宗喀巴認爲這樣不必滅盡五蘊就有人可證涅槃了〕。龍猛〔作者案：意指龍樹〕菩薩説經中所説之永盡，就是苦蘊寂滅之滅諦涅槃，與五蘊無自性生之滅諦是同樣的意義。」

應成派中觀師月稱、宗喀巴、印順……等人，完全不知、不解、不證世尊所傳授之二乘解脫道，不能理解聲聞人爲何滅盡五陰就是證無餘涅槃；亦不能理解龍樹所説菩薩「涅槃心如來藏本來寂滅涅槃，非經對治而有」之眞實義理；不能理解菩薩所證本來性淨涅槃的如來藏是「隨順因緣出生蘊處界萬法而無有自主性，是不與萬法爲侶之涅槃本體」。只是片面將識蘊中之意識心增益其體性，以意識心緣起生滅之有爲空、無常空，想像爲具有不生不滅、本來自性清淨、本來涅槃寂靜之空性體性。宗喀巴認爲：如是不滅盡五蘊後有，只要能理解有一意識所攝之細意識我常住，不必實證此一細意識我；並安立一切法無自性、自性空，住於如是理解作意之中，就是證得龍樹菩薩所說本來寂滅之滅諦涅槃。

然意識心乃是依附於五根而現行之不恆行心，無有本來無生之自在性；又時時與六塵相應，永遠不離六塵故無寂滅性；不論意識之粗心、細心都無法離開六塵及恆內執我的意根而存在，全無自在性與寂滅性。而應成派中觀師皆不知此一事實眞相，同執意識心爲自在性與寂滅性的涅槃心。此乃應成派、自續派中觀諸傳承者被我見繫縛所生之妄想計著見，然後再以此惡見而不許他宗他派之正見存在，故以**鬥諍爲業**而批判正見者所弘揚的正理，乃至對於親證解脫者如理作意解釋世尊的阿含正理時，亦同樣加以批判而不放過，正是標準的**見取見**。

菩薩實證空性心如來藏，在不斷思惑煩惱的情況下證得無餘涅槃中之本際——實證本來自性清淨涅槃，因此出世宣說如來藏心體眞如性爲「過一切煩惱境界、無垢無污無染清淨」；或以實相般若波羅蜜，說「無有色受想行識想，亦無有色受想行識斷想；無有苦集滅道諦想，亦無有苦集滅道諦斷想；乃至無無明想，亦無無明盡想」。應成派中觀師爲了攀附大乘如是本來自性清淨涅槃的微妙甚深法義，妄解爲：「不必斷除我見，有一分細意識本是常住而有自性的心，即是涅槃心。」錯認斷我見所應破的第六意識爲常住法而建立爲菩薩所證本來性淨涅槃的如來藏心，虛妄不實的自抬自高爲已經實證顯教菩薩所證勝妙之法以後，對於阿含諸經所記載「二乘聖者親隨世尊之教導，以修道力離欲斷三界愛，滅盡五陰苦蘊之積集，苦永盡無餘，被世尊授記自覺涅槃：我生已盡、梵行已立、所作已作、自知不受後有」的聖跡與聖教，妄謗爲：「修道力不能將苦永斷無餘，一旦眞實滅盡一切諸蘊，則無人證涅槃，就不能解釋阿含諸經中所說的自覺涅槃。」如是否定四阿含聖教中的二乘菩提正法。然四阿含中的經義非如他們所說一般，確實是以滅盡五陰全部作爲無餘涅槃的實證；由此緣故，左道密宗的天竺密宗、西藏密宗，從來都不願弘揚四阿含諸經中的四聖諦十六行觀，只願意弘揚自己所認知的誤會解脫道緣起性空的邪理。

二乘聖者所證之涅槃，乃是將三界愛之煩惱滅盡，也就是將緣於五陰之我見、我執與我所執皆斷除無餘，此等應行之修道行已行，於五蘊已無所住、無所取、無所著，乃至於意識覺知心之自我亦復如是，樂於滅盡五陰自我全部，自知不受後有，已證滅盡而自知不再出生後世五蘊而實證無生，現世就能以尚未捨報之五陰中的意識覺知心，自覺此等苦盡無餘之寂滅爲涅槃。雖然說我生已盡，然而實際上已於所說之「我」無所住、無所取、無所著；此等無五陰之人我見與人我執斷盡，自知捨壽滅盡自己以後，無有五陰之人我證得涅槃而有所得，才是世尊所授記之聲聞羅漢自覺涅槃者。而此二乘聖者捨報時，意識覺知心斷滅之前並未有念稱「我已解脫、我已證涅槃」，以含攝於五上分結之我慢，也就是「最細的一分我執」已斷故，不於自我起作意故，意識覺知心滅已，意根隨滅，中陰不再現起而不再受後有故，稱此二乘聖者入無餘涅槃；如是入涅槃，實無「人」入無餘涅槃，此聖者之此世五蘊已滅而未來世五蘊永不生故。

宗喀巴未能了知二乘所證涅槃乃是五陰滅盡之法，二乘解脫道實際上乃是無人入無餘涅槃之法，蘊處界滅盡而不再有生死，這才是世尊所說之二乘解脫道聖教法門。然而，此無生乃是五陰斷滅後無生，並非本來無生；出生五陰之空性心如來藏阿賴耶識（異熟識），從無始劫以來本來而有、一向不生不滅，方是本來無生之法。不論五陰滅盡或尚未滅盡，亦不論聖人斷盡我執或凡夫不斷我執，本識如來藏皆以其自性清淨涅槃體性而自住；不論二乘聖人五陰滅盡的無餘涅槃，或大乘菩薩不滅盡五陰而實證的本來自性清淨涅槃，都依第八識自住的本來自性清淨涅槃而立名：二乘聖者滅盡五蘊而入之無餘涅槃，雖無有能證涅槃的五蘊存在，卻仍有本自寂滅的第八識如來藏獨存，故說二乘涅槃乃是依第八識的清淨寂滅自性而立名。宗喀巴不知二乘涅槃的眞實法相，又否定了第八識的存在，恐懼斷盡五陰以後將落入斷滅空中，所以有如上所舉的邪見說法，不許親證的賢聖如實解說世尊所開示之二乘涅槃眞實義理。二乘聖者一向不證此本來自性清淨寂滅之涅槃心，但都緣於對世尊之清淨信，信受世尊所說有自己所不知不證的涅槃本際如來藏，於五蘊滅盡之後能獨存不滅，不會成爲斷滅空，故於捨報時不作意自我而滅了意識覺知心，意根隨之滅除而使中陰不再現起；但五蘊滅盡以後，獨存空性心如來藏自住於本來涅槃體性中，不再出生三界五陰，這是二乘聖者所不能了知的眞實涅槃本際。

宗喀巴對此毫無所知，自稱所舉爲龍樹菩薩所說（然未標出龍樹菩薩所說出處與論名），依自身所宗的六識論邪見，隨自意而說。然若以「永盡就是苦蘊寂滅之滅諦涅槃」來說，龍樹已是初地菩薩，已證無生法忍，所說必定符合阿含諸經中世尊所說二乘解脫道之聖教，亦必定符合本來寂滅涅槃本際之如來藏心爲體的大乘聖教，絕對不是如宗喀巴所恣解轉易的涅槃：以五蘊無自性生解釋爲苦蘊本來就盡了，稱爲永盡。應成派中觀師月稱、宗喀巴等，以五蘊無自性的無常空爲清淨性，以此「清淨性」爲滅諦、爲涅槃；因爲彼等想像著五蘊無自性故無苦等法性，認定此無自性本身就是苦蘊永盡。假如五蘊無自性生就是清淨性、就是涅槃，那麼父精母血、四大養分、業種等諸緣，各各亦是無自性生，亦應該都是清淨性，亦應該都是涅槃，五蘊藉彼等諸緣方有無自性生之生故；以此緣故，月稱、宗喀巴……等應成派中觀師，堅持雙身法中的淫樂觸覺是不生不滅的境界，才能將此欲界最低層次的貪著境界合理化爲報身佛果，以此建立「即身成佛」的謬論。假使月稱、宗喀巴所說的蘊等無自性就是清淨性的涅槃，那麼涅槃就不該是唯一、絕待，將成爲諸變異法中之每一有分都應該是涅槃，因爲意識、父精、母血、四大養分、業種等法都是無自性而「清淨」的自性，於是成爲有多種乃至無量數的涅槃可證，違背了涅槃不生不滅、常不變異、一切法不和合而且絕待之法界體性，而月稱、宗喀巴對此過失竟然全無所知。

又應成派所立之宗旨是「無自性故苦蘊本來就盡，是永盡」，所立之因是「**五蘊無自性生，是滅諦，是涅槃**」，理由是「**不必滅盡五蘊，方能有人證涅槃**」。然而，五陰這一大苦蘊積集之因，乃是緣於惡見：對五陰之我見與我所見，因貪愛計著五陰之局部—**譬如意識細心**—爲常住眞我而加重我執，並以五陰取受五塵而認爲實有，不斷長養無明；所以若要斷除苦蘊積集之因，首要之務是斷除緣於五陰實有不壞之我見，並以此斷五陰我見之智慧進而斷除我執與我所執等貪愛，才是永盡苦蘊之正因。如今應成派中觀建立蘊等無自性空爲清淨性，以無常法之無自性空建立爲不空的清淨性，不離無自性空、無常空，本非佛說「**寂滅、清涼、清淨、眞實**」的無餘涅槃；又恐蘊等無自性空會墮入斷滅中，遂重新建立無自性的意識心爲有自性的常住法，執著雙身法而落入意識身識我所的淫觸境界，轉而成爲染著性的無常空，故其所立之**涅槃因**前後相違而不能成立，故應成派中觀見的宗旨**應不得成**。應成派中觀師竊用極多佛法名相及語文，牽強附會、恣意而說，將阿含中世尊之聖教曲解、將龍樹菩薩正論所說牽強附會地說爲與彼等相同，無論從解脫道之理與事、從大乘本來涅槃之理與事而觀，應成派中觀顯然已墮於無因論中。

意識細心攝在識蘊中，而五蘊法一向是因緣所生法，有生必有滅，因此應成派中觀所創無眞實自性之滅諦、涅槃，將隨著五蘊之生而生，隨著五蘊之滅而滅。就二乘聖者所證之涅槃來說，滅諦乃是指三界愛滅盡，不再出生五陰一大苦蘊，不再受後有之寂滅無生，所緣之證境如世尊於阿含中所說「**自覺涅槃，自知不受後有**」，並非菩薩所證之本來寂滅無生，而是將滅止生：將五陰苦蘊滅除而不再出生後世五陰。若就大乘菩薩證得空性心如來藏—**本來自性清淨涅槃**—來說，此空性心如來藏的本來自性清淨涅槃乃是本來無生之法，亦永不滅，故爲不生不滅之法，不同於二乘涅槃是依三界法五陰滅盡而建立，乃是完全不依三界中的任何一法而建立，是本來無生故永不滅之法。如上所說，應成派中觀將世尊所說之佛法偷梁換柱：偷掉解脫道中之梁（否定眞實修證斷除緣於五陰之我見與我執），再換掉大乘佛菩提道修證根本所依之柱（將空性心如來藏異熟識之空性轉易爲五陰無常空）。導致應成派中觀的法義成爲只有佛法表相而無實質之妄想解脫道與妄想佛菩提道；已了知自身所說的顯教解脫道、成佛之道都無實質故，不得不回頭建立生滅性的意識爲常住法、爲業種的執持者、爲因果律的實行者，卻成爲自語相違**應不得成**的謬說；如此的應成派中觀，不啻爲佛教正法流傳之最大毀壞者。

應成派中觀師月稱、宗喀巴等人之所以不許緣於四聖諦之十六行道證得解脫，乃是先排除大乘佛菩提道，認爲成佛之法只有二乘的解脫道——二乘解脫道取代大乘佛菩提道；而修證「**解脫道**」之主要智慧又是彼等所曲解後之一切法無自性生之空性（以無常而空無作爲空性），這樣就可以不需要斷除貪愛等煩惱，也不需要檢討是否已斷緣於五陰之我執與我所執，可以冠冕堂皇地打著大乘佛法的旗號四處建立「**活佛**」身分，藉以追求男女二根兩兩交合之無上瑜伽、樂空雙運、四喜身觸等等樂受之意識境界。然而當他們緣於身觸樂受時，必須藉意識覺知心我的見聞覺知功能，才能領受樂空雙運境界；於五陰身所觸的淫樂覺受同時，又只要再生起一念：「**此樂受貪與無貪都是無自性空，故無所得。**」住於領受淫觸境界中，同時保持這個作意，就認爲達到了彼等所追求之樂空雙運最高修證境界，成爲他們即身成佛的報身佛境界[8]。應成派中觀這種純粹墮於五陰無常生滅法中貪愛結使特重之欲界法，又狂妄自大稱爲已經超越顯教三乘菩提，宣稱爲可以即身成佛，其實並非佛法，乃是世尊所說認取五陰爲我並增長我執之凡夫眾生的邪見。爲何應成派古今所有中觀連最基本之解脫道義理都如是偏差而處處與佛所說相違背？到底又以何等法立爲我見而說彼等已修斷我見，而實際上卻是我見堅固難壞？這些都將在下一節中分別說明之。

第四節 應成派中觀不許五蘊爲我見之所緣

一切我見皆緣於五陰，此乃是世尊在四阿含諸經中所說之解脫道聖教，也是追隨世尊如實修證解脫道之二乘聖者，出離三界繫縛、解脫於五陰一大苦蘊之智慧根源。然而，應成派中觀師月稱、宗喀巴等等傳承者，在未如實了知世尊所說五蘊之內涵與五蘊之我與無我的情況下，卻否定五陰爲我見之所緣，建立五陰中的意識心爲常住法，以滿足其不需斷除五根受用五欲之貪愛，僅以「**無自性**」遮一切法純爲假名所安立、一切法如幻，空口妄說已證解脫，妄說已證菩薩諸地的法無我，實質上是連最基本之聲聞初果所斷我見都仍具足存在，是如同一般凡夫對我見內容懵無所知，墮於意識心相應之一念無明四住地煩惱中，具足凡夫我見。只有如實遵循佛陀聖教，以五陰實有作為我見之內容而斷除之，才有可能是初證解脫道的初果人；應成派中觀師卻都不許學人如此修學、實證，顯然都是未曾實證顯教最基本佛法聲聞菩提的凡夫，且舉示彼等不許五陰爲我見之所緣事證如下：

【設作是說：吾等以聖教爲量，諸分別量不能妨難，聖教中說唯蘊爲我，如世尊說：「比丘當知，一切沙門婆羅門等，所有執我，一切唯見此五取蘊。」頌曰：「若謂佛說蘊是我，故計諸蘊爲我者，彼唯破除離蘊我，餘經說色非我故。」若謂此經說蘊是我，便計五蘊爲我者，然彼經非說諸蘊爲我，佛說唯蘊之密意，是破計離蘊之我爲我見所緣，是觀待世俗諦外道論，及爲無倒顯示世俗諦中所有之我故。

由何知彼是破離蘊之我耶？曰：以餘經說色非我等，破色等是我故，餘經如何破？頌曰：「由餘經說色非我，受想諸行皆非我，說識亦非是我故，略標非許蘊爲我。」

由餘經說色受想行識皆非是我，故前經略標「唯見此五取蘊」者，非許諸蘊即我，是破計有離蘊之我。

設作是念：彼經言「唯見」，雖破異我，然言「唯見此五取蘊」，既說見五蘊，則明說諸蘊爲我見所緣；故彼經意，是說諸蘊爲我見所緣也。若如是者，則違餘經說諸蘊非我。以俱生我執薩迦耶見之所緣，定是我故。此於後經義，都無妨難；不爾，則如前說違難極多，後亦當說。故知前經非說諸蘊即薩迦耶見之所緣，經言「唯見諸蘊」者，當知是說緣依蘊假立之我。】9

如上所引《入中論善顯密意疏》中，宗喀巴這麼說：【假設這麼說：我等是以佛之聖教作爲定量，各種分別所得的現量所不能妨難，聖教中說唯有五蘊是我，如世尊所說：「比丘應當知道，一切沙門及婆羅門等，所有各種不同執著的我，一切執著都只看見落入這個五取蘊之中。」

而（月稱《入中論》之）頌中說：「倘若說佛所說五蘊是眾生我，因此而計著諸蘊爲眞實我，那只是爲了破除執著離蘊之我者，而其餘的諸經中說色蘊非我的緣故。」如同月稱論師所說，若說此經說五蘊是我，便計著五蘊爲我，然而彼經並非眞實說諸蘊爲我，佛說唯蘊爲我的密意，是爲了破除計著說離開五蘊而有另一眞實我，才是佛所破斥的我見所緣的我，是觀待於世俗諦與外道論，以及爲了無顚倒的顯示一切世俗諦中所有之五蘊我是眞實不壞我的緣故。

由何處知彼經所說我見的我，是破斥離蘊之眞實我？如月稱論師頌中所說：「因其餘的經中說色等蘊非我，就是破色受想行蘊是我。」其餘諸經是如何破的呢？（《入中論》之）頌中說：「由其餘諸經中說色蘊非我，受想諸行皆非我，說識蘊也不是我，已略標出非許五蘊爲眞實我。」

由餘諸經中說色受想行識皆非我，因此前述經中略標「唯見此五取蘊」，並非許諸蘊就是我見中所說的我，而是破斥計有離蘊之我（所以斷我見就是不許有離五蘊以外的眞實我，而不是斷除五蘊眞實我的邪見）。

假設又這麼說：「彼經所說的『唯見』，雖然是在破有離蘊之我，然而說『唯見此五取蘊』，既然說見五蘊，則已明說諸蘊爲我見所緣，故彼經的意思是說諸蘊爲我見所緣也。」倘若如此，則違背其餘諸經所說諸蘊非我之義理。因爲俱生我執薩迦耶見之所緣，必定是我（不是非我之五蘊）的緣故。如果建立我見之所緣不是五蘊，那就不違於後述經中所說之義（色等五蘊非我）而有所妨難。不然的話，則與前述經中所說有諸多違難，後述經文中也應當會加以說明才是。故知前述經中並不是說諸蘊就是薩迦耶見之所緣，經中所說「唯

見諸蘊」的意思，應當知道就是指唯見依蘊假立之我，而不是諸蘊本身。】

依據上述宗喀巴的說詞，假如世尊於四部阿含所說五蘊之內涵、五蘊之過患、緣於五蘊所見的我與我所，乃至於斷除我見而不於五蘊見有真實的我與我所，都僅是在破除離蘊有我之外道見，全非針對求解脫之佛弟子對治而說；果真如此，於世尊初轉法輪時，應無斷三縛結證得須陀洹者，應無斷三縛結並薄貪瞋癡而證得斯陀含者，亦應無斷五下分結證得阿那含者，乃至更應無斷五上分結證得阿羅漢者。然而，四部阿含如今猶可稽查，處處可見世尊之授記，譬如《長阿含經》卷五：【我所說法，弟子受行者，捨有漏、成無漏，心解脫、慧解脫。於現法中，自身作證：生死已盡，梵行已立，所作已辦，更不受有。】如實遵從世尊之所說法而受行的弟子，皆是先了知如何是五蘊之內涵，如何是於五蘊中見我而成為我見，並了知於五蘊中見有真實不壞我之過患；遵照世尊之教導，捨掉於五蘊見有真實我之有漏心，成為不貪愛五蘊我、我所之無漏心，心解脫於欲界繫縛，並證得出離三界有愛之解脫智慧，無一不是緣於五蘊而作觀行與對治；由此證明，世尊於四阿含諸經中所說我見的我，確實是指五取蘊，不是宗喀巴強辭奪理所說：我見所破的我，是指計著五蘊外之我。從此處也可以看出，應成派中觀師月稱、宗喀巴、印順等傳承者，實在不懂佛法，連最基礎之解脫道所含攝五蘊之內涵都不能如實了知，同樣落入意識粗細心中，持續抱持著我見不斷而恣意妄解佛法，誤導佛弟子陷入我見深坑以致解脫無門。故有智佛子於佛法之修證上欲有所成就者，皆當如實了知五受陰與我、我見、我所之關係：

一、應如實了知於五受陰見我之我見相貌

爲正說世尊之解脫道教法以挽救被應成派中觀誤導之佛弟子，茲舉示阿含中世尊之聖教予以匡正救濟：【爾時世尊告諸比丘：「有五受陰，云何爲五？色受陰，受、想、行、識受陰。若諸沙門、婆羅門見有我者，一切皆於此五受陰見我。諸沙門、婆羅門見色是我、色異我，我在色、色在我；見受想行識是我、識異我，我在識、識在我。愚癡無聞凡夫以無明故，見色是我、異我、相在，言我眞實，不捨。以不捨故，諸根增長；諸根長已，增諸觸；六觸入處所觸故，愚癡無聞凡夫起苦樂覺，從觸入處起。何等爲六？謂眼觸入處，耳、鼻、舌、身、意觸入處。」】10

略釋經意如下：「爾時世尊告訴諸比丘：有五受陰，如何是五種？就是色受陰、受受陰、想受陰、行受陰、識受陰。倘若諸沙門（出家修行者）、婆羅門（在家修行者）未斷我見而認為有眞實常住我的人，一切都是緣於此五受陰而產生有眞實我的見解。諸出家、在家的修行人凡是認為眞實有我的人，是由於認為五根的色陰即是眞實我（色是我）；或者認為受是我，色是我所；或認為想、行、識是我，色是我所（色異我）；或者認為受是眞實我，此受我於色中安住，入於色中；或認為想、行、識是我，此想我、行我、識我於色中安住，入於色中（我在色）；或者認為受是我，色在受我中安住；或者認為想、行、識是我，色在想、行、識之我中安住（色在我）；乃至認為受、想、行、識是我（識是我），或者認為色等是我，識是我所（識異我）；或者認為色等是我，色等我於識中安住（我在識）；或者認為色等是我，識在色等我中安住（識在我）。同樣的道理，一般愚癡而且未曾聽聞佛法之凡夫，因為無明的緣故，緣於五陰而認為色是我、色是我所、色我與受想行識我所相攝相入，或者受想行識我與色我互相攝入，因此執著說五陰我是眞實而不能捨棄。因為不能棄捨五陰我的緣故，不離以五陰為我與我所而入於諸根，緣於諸根而增長我與我所，又長養五根觸五塵的種種無明觸；由於眼耳鼻舌身意六入處接觸六塵的緣故，愚癡無聞凡夫生起苦樂之覺受，此苦樂覺受是從六根觸六塵而使六識出現之處所而生起的。有哪六種接觸六塵的處所呢？就是眼觸色處、耳觸聲處、鼻觸香處、舌觸味處、身觸觸塵處、意觸法塵等六入之處。」

世尊於經文中很明顯地宣示，一切未斷我見之出家修行人、在家修行人，以及愚癡無聞凡夫，都是緣於色、受、想、行、識五受陰而產生我與我所見，都是緣於五陰而生的受覺而產生我見與我所見，正是在破斥當時落入五蘊我與我所的外道見，也是預破後世應成派中觀的月稱、宗喀巴等所唱雙身法的樂空雙運外道見。並非如本節開頭所舉《入中論善顯密意疏》之應成派中觀師月稱、宗喀巴所曲解的，世尊只是為破計著離五蘊外有我等外道（計著離五蘊外有我者，譬如虛空、能量、勝性、冥性、極微、聲論、大自在天上帝外道，說萬法由虛空、能量、勝性、冥性、極微、聲論、大自在天上帝所創造。）而說「一切皆於五受陰見我」。（但本識如來藏不是五蘊，亦非離五蘊而有之外法，但與五蘊同時同處和合似一而共同運作，是世尊在阿含中所說入胎而住，能出生五蘊之根本識。）

由於具足緣於五陰之我見故，以五陰為眞實我而貪受五陰法不能捨離，於現法中不斷長養能受取六塵之六根，又緣於六根不斷地追逐長養所觸受的六塵，因此以能觸五塵之五根色身爲我；或者於領受苦樂受中認定能受能覺者爲我，而五根色身爲我所，由此而認爲「受我」在五根身中安住，或五根身在「受我」中安住。由於已認爲我在色中、色在我中，色與我相攝相入，如是緣於眼等諸根而長養我與我所；貪愛樂受之觸、厭惡苦受之觸，皆是來自於以諸根爲我與我所故，因此越發滋潤增長六根、六入及六處而增長了苦芽。苦受、樂受、不苦不樂受之覺受，皆來自於六根觸六塵時生起六識之處，都是在根觸塵之處而領受三受，再將覺受攝歸爲自我而成爲受受陰，以能覺能受爲不壞之自我時，已執取了色受陰、識受陰爲我與我所，同時引生並執取眼觸色所生想、乃至意觸法所生想之了知相（想受陰），眼觸色所生思乃至意觸法所生思之造作相（行受陰），如是皆緣於五受陰而認爲有我，因此執取五陰而滋長此一大苦蘊。

二、應如實了知於五受陰見我之過患

由於貪愛五受陰故，緣於五受陰而取我見等惡見，取三界法而生貪愛，取後有苦蘊爲眞實我，因此五受陰又名五取蘊；世尊爲弟子們宣說我見之所緣是五受陰，乃是爲了破除眾生無始以來顚倒計著五受陰之行相爲我與我所，貪愛五受陰而爲諸蓋所覆入於無明窠臼，導致輪迴三界，不能得脫生老病死憂悲苦惱，不得脫於苦蘊之聚集。而此五受陰非常住不壞之法，是無常、變異、不自在之法，非堅固不壞之法，故非可以永久依止之眞我；緣於五受陰而見有眞實我，即是受到五受陰之繫縛，貪欲、瞋恚、愚癡等煩惱過患也隨著繫縛而生。因此，世尊開示應緣於五受陰之內容，觀察其無常變異相，以斷除我見、遠離貪瞋癡等三界煩惱繫縛。應成派及自續派中觀師之所以落入常見與斷見中，都是由於不肯正視阿含諸經的正理，也是由於不肯捨棄雙身法的覺受境界而落入五種受陰之中，所以不斷地執著色身而苦練中脈命氣、苦修不洩精液之法，以期保持長久的淫樂覺受，正是世尊所斥之最執著五受陰的具足我見凡夫。關於五受陰，世尊如此開示：

【有五受陰。云何爲五？色、受、想、行、識受陰。若沙門、婆羅門以宿命智，自識種種宿命，已識、當識、今識，皆於此五受陰已識、當識、今識：我過去所經如是色、如是受、如是想、如是行、如是識。若可閡、可分，是名色受陰，指所閡：若手、若石、若杖、若刀、若冷、若暖、若渴、若飢、若蚊虻諸毒虫、風、雨觸，是名觸閡，是故閡是色受陰。復以此色受陰無常、苦、變易。諸覺相是受受陰，何所覺？覺苦、覺樂、覺不苦不樂，是故名覺相是受受陰。復以此受受陰是無常、苦、變易。諸想是想受陰，何所想？少想、多想、無量想，都無所有、作無所有想，是故名想受陰。復以此想受陰是無常、苦、變易法。爲作相是行受陰，何所爲作？於色爲作，於受、想、行、識爲作，是故爲作相是行受陰。復以此行受陰是無常、苦、變易法。別知相是識受陰，何所識？識色，識聲、香、味、觸、法，是故名識受陰。復以此識受陰是無常、苦、變易法。

諸比丘！彼多聞聖弟子於此色受陰作如是學：「我今爲現在色所食，過去世已曾爲彼色所食，如今現在。」復作是念：「我今爲現在色所食，我若復樂著未來色者，當復爲彼色所食，如今現在。」作如是知已，不顧過去色，不樂著未來色，於現在色生厭、離欲、滅患、向滅。多聞聖弟子於此受、想、行、識受陰學：「我今現在爲現在識所食，於過去世已曾爲識所食，如今現在。我今已爲現在識所食，若復樂著未來識者，亦當復爲彼識所食，如今現在。」如是知已，不顧過去識，不樂未來識，於現在識生厭、離欲、滅患、向滅。】11〔案：此段經文中的「食」字，作動詞用，為「飼」之意。〕

經文中世尊說五受陰各有其行相。一切能經由五根身可合、可分而領納之身觸，皆是色受陰之行相，五根身與手、刀、杖、風、雨、蚊蟲……等相合則有觸，觸則領受；分隔不合（闋）時則不觸，不觸則不領受觸覺，故色受陰無常，是可變異之法；色受陰無常、變異，故色受陰是苦法。由於此色受陰，故有諸多覺受相，即是苦受覺、樂受覺、不苦不樂受覺，此等覺受相就是受受陰。樂受是從緣而生，領納柔軟觸、細滑觸則生樂受覺相，是由於相合所觸而生；苦受亦是從緣而生，領納刀杖、風雨、蟲螫之觸則生苦受覺相，也是由於相合所觸而生，從緣而有，故受受陰不論苦樂皆是無常，皆是變異之法。苦受是苦苦性，樂受是壞苦性，不苦不樂受是行苦性，亦是由於相合相離而生，從緣而有，故受受陰是苦。一切欲界六塵覺受相之了知（譬如密宗雙身法的樂空雙運四喜覺受）即是想受陰（佛說「想亦是知」，離念靈知正是想受陰），色界之色、聲、觸、法塵覺受相之了知亦是想受陰，無色界法塵覺受相之了知仍是想受陰，亦是由於相合相離而生，從緣而有；眼觸色塵領受而生想陰，乃至意觸法塵領受而生想陰，領受六塵諸想皆是無常變異之法；亦是由於相合相離而生，從緣而有，緣散則歸於壞滅，故想受陰是苦法。眼觸色所生思乃至意觸法所生思之造作相，就是行受陰；思於五根色身爲作，思領納覺受、取相了知、觸六塵、分別六塵等亦是作相，就是行受陰。隨著六塵境界的變化而引心造作，故行受陰無常，是變異性；亦是由於相合相離而生，從緣而有，故行受陰是苦法。眼識分別色塵，耳識分別聲塵……或如密宗喇嘛們以身識分別雙身法的四喜覺受觸塵，乃至意識分別五塵及法塵，如是藉六識來識別色、聲、香、味、觸、法等六塵之別知相，就是識受陰；識受陰亦是由於相合相離而生，從緣而有，亦是無常變異法。眼識乃經由眼根觸色塵，於根塵觸處生起分別色塵相，乃至意識經由意根觸法塵，於根塵觸處生起分別五塵及法塵相，亦如密宗喇嘛們的身識與意識經由身根與意根觸受二根之觸塵（淫樂受覺）與法塵相（住於樂空雙運之境界），都是刹那刹那生滅變異故，方能分別了知六塵的刹那變化；亦是由於相合相離而生，從緣而有，故是生滅法而非常住法。眼等六識於每日眠熟時皆滅而不起，故識受陰是無常變異法，識受陰是苦法。

五受陰之行相不但於現在如是，過去、未來亦皆如是，凡夫眾生因為無明故，不知不見五受陰之內涵與生滅性，依止於五受陰而取著見聞覺知，取著我與我所，取著後有五受陰。世尊開示五受陰之內涵，毀壞眾生依止於四大假合之色受想行識的貪著，並毀壞眾生依止五陰和合一相之惡見。隨學於世尊如實次第而修之弟子，聽聞世尊教導五受陰之行相及無常相、變異相，思惟觀察現法之色受陰乃是過去世樂著於色受陰所得之苦果，若是現法中仍然樂著此世之色受陰，則為長養未來世色受陰之苦因，未來世必然不能脫離色受陰之取著而有輪迴之苦果。如實了知以後，不顧戀過去之色受陰，不樂著未來世之色受陰，於現法之色受陰生厭離想，遠離五根身觸五塵之貪欲，滅除貪愛五根身之諸多煩惱過患，滅除後世色受陰增長之因。於受想行識同樣的思惟觀行而生厭離想，遠離識受陰對六塵的貪欲，斷除我見、我執煩惱，滅除受受陰乃至識受陰增長之苦因。

三、應如實了知五受陰非我與我所之理

將世尊所教導五受陰之行相及無常相、變異相、苦相之內容，同樣地緣於

自身之五受陰如實思惟觀察，領受無常、變易及苦，產生厭離想，進而斷除五受陰之貪愛與煩惱，最重要的還是要能夠斷除我見：接受五受陰非我、非我所。此阿含聖教中世尊所說，與月稱、宗喀巴、印順等應成派中觀師的說法正好相反。正因爲我見是一切有情輪轉生死的根源，因此世尊不斷地教導弟子們：五受陰無常，是變易法，是苦非我。如是教導，於四阿含中處處可見：【世尊告諸比丘：「色非是我，若色是我者，不應於色病、苦生；亦不應於色欲令如是、不令如是。以色無我故，於色有病、有苦生，亦得於色欲令如是、不令如是。受、想、行、識亦復如是。比丘！於意云何，色爲是常？爲無常耶？」比丘白佛：「無常，世尊！」「比丘！若無常者，是苦不？」比丘白佛：「是苦，世尊！」「若無常、苦，是變易法，多聞聖弟子於中寧見有我、異我、相在不？」比丘白佛：「不也，世尊！」「受、想、行、識亦復如是。是故，比丘！諸所有色，若過去、若未來、若現在，若內若外、若粗若細、若好若醜、若遠若近，**彼**（五陰）一切**非我**、**不異我**、**不相在**，如是觀察。受、想、行、識，亦復如是。比丘！多聞聖弟子於此五受陰非我、非我所，如實觀察；如實觀察已，於諸世間都無所取，無所取故無所著，無所著故自覺涅槃：我生已盡，梵行已立，所作已作，自知不受後有。」12

世尊如是教導，五受陰非我、非我所，因爲五受陰無常，不堅固、不自在。假如色受陰是我，即應當是主宰者，主宰者應當自在常住故。假如色受陰是眞我，就應當能夠自己主宰而不生病，亦應當自己有能力決定離老病死而無苦，不應有種種苦出生；假如色受陰是主宰者，應當不受支配而自行決定作這個、不作那個。因爲色身無我，所以色身生病或被毀損，就有苦受出生；因爲色身無我，不自主宰故，所以可被支配做這個事、不做那個事。受想行識也是同樣的道理，無我、不自在、不能主宰，不樂於苦受而不得不接受，不樂於衰老、生病、死亡，而不得不接受衰老、生病、死亡。能夠如實觀察五受陰無常、不牢靠、不能常住，是苦、是變異法，無我而不能主宰，已經多聽聞並如實思惟觀察而次第修學的聖弟子們，終究不再緣於各別五受陰而認取爲眞實不壞的我與我所，乃至不再緣於五受陰互相受取安住爲我與我所。已經觀察確認緣於五受陰無我與我所，如實思惟觀察而修，次第斷除貪愛；已不於色受陰取著我與我所，不取著眼觸之受乃至意觸之受，不取著眼觸之想乃至意觸之想，不取著眼觸之思乃至意觸之思，不於六塵萬法有所執著，不復造作能生後有之諸行；世尊說如此行者能自覺煩惱現行滅盡之寂靜，已知滅諦而證得後有苦蘊不生之寂滅，自知不再受取後有而得解脫。

四、五受陰確實是我見之所緣

五受陰是我見之所緣，因此世尊不斷地宣說五受陰之各別行相及無常、變異、苦、不自在等法相，說五受陰非我與我所，令弟子們得以斷除緣於五受陰之我見；並且以此五受陰無我之解脫智慧而修證，得自覺涅槃、自知不受後有之解脫果。緣於五受陰而有之我見即是薩迦耶見，世尊於般若諸經說菩薩斷薩迦耶見、戒禁取、疑三結得預流果，於四大部阿含諸經說斷身見、戒禁取、疑等三結得須陀洹；其中身見（薩迦耶見）是指緣於五受陰而有之我見，並非如同應成派中觀師月稱、宗喀巴之曲解：世尊於阿含諸經所說五受陰非薩迦耶見之所緣。

彼等所信受之彌勒菩薩及無著菩薩，於論中亦說五取蘊為薩迦耶見之所緣。《瑜伽師地論》中彌勒菩薩說：「薩迦耶見者，謂由親近不善丈夫、聞非正法、不如理作意故，及由任運失念故，等隨觀執五種取蘊，若分別、不分別染污慧爲體。」《顯揚聖教論》中無著菩薩說：「薩迦耶見，謂於五取蘊計我、我所，染污慧爲體，或是俱生或分別起，能障『無我、無顚倒解』爲業。」是故，菩薩正解世尊所說薩迦耶見之意涵，同樣是說緣於五取蘊而計著我與我所即是我見的所緣，未曾說薩迦耶見是緣於依蘊假立之我而生，故月稱、宗喀巴、印順之說是扭曲事實的謊言。而所謂依蘊假立之我，乃是指世尊爲實證如來藏心體之菩薩，依止於般若實相宣說大乘人無我所舉之假我法：人、我、有情、衆生、壽者等皆是依諸法假名施設，是無常相、變壞相、非恆相，無有眞實不壞之體可稱爲人、我等。然而，此等假我法並非二乘修證解脫道所緣之智境，二乘人不知不證實相心、不得般若智故，其所觀行與所斷除之我見、我執，以及所證得之無我智，皆是緣於五取蘊之內涵故。月稱、宗喀巴不懂佛法名相之眞實內涵，緣於未斷五受陰我見虛妄想像所得之謬論，企圖將本質不離「緣於五蘊所生我見」之我法，粉飾虛構成大乘人無我智所觀之假我，起顚倒想而認爲無有緣於五蘊之我見存在，即可不受佛於阿含諸經所說解脫道至教量之約制，即可將我見之定義轉變而不受我見的拘束，任意將我見所含攝的意識建立爲常住法，即可成立其雙身法境界受的樂空雙運假名「報身佛」的「抱身佛」境界，使其邪淫的法教合理化，但卻難逃具慧眼者以阿含聖教予以出破。

月稱、宗喀巴、印順都妄計細意識我能入於色等諸蘊、能生亦能持色等諸蘊，月稱與宗喀巴即緣於此妄想而說我見是緣於依諸蘊而立之假我，也就是彼等視為能常住不壞之細意識我，而否定世尊於阿含諸經中所說一切有情緣於五蘊所生之我見內涵。我見即是薩迦耶見，或名身見，也就是於五色根執取其功能為我，執取眼觸色等所生識、受、想、思之功能為我，如是執取色身、六識身、六受身、六想身、六思身，即是身見之相貌。故身見（我見）之所緣即是五受陰，依止於身見而生我慢（因自我的存在而有喜樂是為「我慢」），月稱、宗喀巴、印順等人，都是緣於自身之身見與我慢而虛妄想像「依諸蘊而立之細意識假我常住不壞」，如是於五蘊中執取部分我與我所（細意識）常住不壞。然細意識、樂空雙運中的意識，都屬於人、我、有情、眾生、壽者等所攝之假我法，非對治我見、我執、我所執應機之藥，應當回歸世尊於阿含中所說緣於五受陰所生我見之內涵；於五受陰之內涵與過患，應如實思惟現觀方能察覺我見之存在。換言之，月稱、宗喀巴、印順等應成派中觀師所立之意識細心眞我仍然是假我，不脫意識或識陰六識範疇，仍是依止於身見與我慢而出生者；身見與我慢乃是緣於無常、生滅、變異之五受陰而生，因此依於身見所建立之唯名無體之「我」，非常、不實，是可滅之惡見及煩惱。唯有斷除薩迦耶見，進斷我所執與我執，方有阿羅漢能入無餘涅槃；若有一絲緣於五受陰之我見未斷，尙存有五受陰「我」已證解脫之念，則不能入無餘涅槃。彌勒菩薩如是說：【雖於一切苦、集二諦，數數深心厭離驚怖，及於涅槃數數發起深心願樂，然猶未能深心趣入。何以故？以彼猶有能障現觀粗品我慢，隨入作意，間、無間轉。作是思惟：我於生死曾久流轉，我於生死當復流轉；我於涅槃當能趣入，我為涅槃修諸善法；我能觀苦眞實是苦，我能觀集眞實是集，我能觀滅眞實是滅，我能觀道眞實是道；我能觀空眞實是空，我觀無願眞是無願，我觀無相眞是無相，如是諸法是我所有。由是因緣，雖於涅槃深心願樂，然心於彼不能趣入。】[13]

由於尙有一分我慢未斷故，此「我慢」仍然是緣於五受陰而有，以「我」能入涅槃、「我」得解脫諸法想，墮入意識心境不能脫離，故於現法不能趣入涅槃；必須將似有若無而極微細的「喜樂自我」作意亦滅，致於意識存在都無絲毫喜樂而願意滅盡意識自我，我慢才能滅除。因此說，二乘所證之涅槃，乃是將蘊處界法滅盡，不住於「我已證、已得諸解脫道法」或「我已證無我」，亦無極微細喜樂自我存在的作意，以無所住而安住，方得證取無餘涅槃，更何況緣於蘊處界所生之我見？而應成派中觀師月稱、宗喀巴之所以不許我見緣於五受陰，乃是恐懼斷滅故；彼等亦了知五受陰是無常法，倘若我見是緣於五受陰，則隨著五受陰之斷滅，「我」亦斷滅，彼等不許，才會自稱已斷我見而仍然執取意識我作為常住法，印順亦追隨宗喀巴而墮入其中。故月稱、宗喀巴如是說：【（月稱《入中論》之頌文）般涅槃時我定斷，般涅槃前諸刹那，生滅無作故無果，他所造業餘受果。（宗喀巴之疏文解釋說）若如汝說，自蘊是我者，則無餘依般涅槃時，由五蘊斷故，我亦決定應斷，故成邊執之斷見。以汝等說緣所計我執「常、斷」者，是邊見故。未般涅槃前諸刹那中，如五蘊刹那生滅，其我亦應一一刹那各別生滅。……若前後刹那自性各異，應無能作之我。由業無所依故，業亦應無。則我與業果亦應無關係。】14

月稱與宗喀巴、印順實同墮於邊執見之斷見中，卻自以為不墮斷、常二邊。何以故？斷見者，乃是以薩迦耶見為本，意即緣於五取蘊執為實有我與我所，是故若見身壞滅或見受想行識壞滅者，即說「**我**」已斷，因此主張無有我造業受果報，故死後斷滅；由是緣故，說斷見緣於常見、我見而生。世尊所說二乘聖者斷三界愛，捨報入無餘涅槃，不斷地宣說五取蘊無常、變異，是苦、是空，無我與我所；若有一分極微細我慢未斷者，尚無法趣入涅槃，更何況月稱、宗喀巴、印順執有意識我常住耶？由於應成派中觀師否定第七識意根與第八識如來藏的存在，故認爲五取蘊之一一法既然無我，無餘涅槃位五蘊滅盡而不再出生後世五蘊時即成斷滅，是邊見所攝，因此而主張：「**何有決定應斷的『我』可言？**」這是自己先植基於錯誤的六識論前提，不承認五蘊滅盡後仍有自己的第八識如來藏獨存，誤解世尊所說滅盡五蘊以後會成爲斷滅，所以恐懼斷滅空而返身建立意識細心常住不壞，轉而成爲常見外道，與佛世焰摩迦阿羅漢證悟聲聞菩提以前的邪見一樣。斷除五取蘊之我執與我所執，實質上所斷者乃是斷苦，到達苦的邊際，不再接受後有時苦即滅盡，苦滅就是涅槃。二乘所證之涅槃，乃是依於如來藏阿賴耶識（異熟識）心體之本來不生不滅、不來不去、不增不減、不垢不淨所施設者，此大乘法中的本來性淨涅槃即是一切涅槃之根本，非二乘聖者、外道、一切我見未斷之凡夫、及否定阿賴耶識之應成派中觀傳承者所能知、能見、能證；究實而言，無餘涅槃位就是自心如來阿賴耶識（異熟識）不再出生五陰之自住境界；既然第八識自心如來本自無生，當五蘊滅盡以後，有何斷與滅可言？而彼應成派中觀師本於六識論，否定第七、八識以後即不能理解如是正理，故始終不能斷我見。

五、緣於五受陰之我非業果之所依

未般涅槃前之五陰無常，剎那剎那生滅不住，故無有眞實、自在、常住之實我體性，因此世尊說五取蘊無我與我所；五蘊既然非我與我所，何有眞實我於五蘊之中一一剎那各別生滅？故應成派中觀所立之宗、因、喻皆不得成就。月稱、宗喀巴、印順所執者，本質上乃是有一能作業之細意識我常住不滅，而此我不應剎那生滅前後自性各異，亦不應隨著五陰而無常、變異，否則業種應無所依；法界現見之因果律中，應有一被業種所依之常住我不隨五陰壞滅故。唯有能出生五陰，而自身是無覆無記性的心，才可能執持一切業種及實現因果律，實證所得的自心如來阿賴耶識正是如此；然意識心不論粗細，從來都是有覆有記性的心，不可能是執持善惡業種的心，故應成派中觀師月稱、宗喀巴、印順等人，憑思惟想像而建立細意識常住不壞、是持種心，理不得成。

密宗應成派中觀師將生滅無常之細意識妄執爲常住不滅法、爲持種識、爲因果實現者，不離識陰範疇，事實上已墮於我見、常見中了，故彼等極力維護自身之邪見：**我見之所緣是依蘊假立之我，只要能證此細意識我之存在，安立其具無自性、自性空之無生而常住世間，即可滅我見而得解脫，繼續以意識受用貪愛五欲六塵。**故不許世尊所說能被滅之「我」即是「我見」之我，不許「**我見**」緣於五取蘊而有；而這樣的**細意識我**只是假名施設，然後再推翻這個假名施設的**細意識我**以後，就自稱是已斷我見了。如同愚人假名施設虛空中有一飯之資，假想把那些飯吃完以後就自以爲吃飽了一樣，終究只是假名吃飽而仍然未進粒米，仍然是餓漢——依舊是未斷我見的凡夫。但世尊所說我見所緣之我，全都是五陰中法，不是想像建立的細意識我；可悲的是月稱、宗喀巴、印順等人所認爲**非屬五陰我的細意識我**，仍然是五陰中的識陰所攝的意識心，不能超出意識心外，故其細意識我仍是五陰我所攝。佛說：「諸所有意識，彼一切皆意、法因緣生故」。五取蘊（五種能取三界諸法之蘊集法）都是所生法，識蘊中之眼、耳、鼻、舌、身、意識乃是根、塵、觸三法所生者，是無常、生滅、變異之法，並無常恆不變之自性，故五取蘊中無有能作名色、能作萬法之我，雖無能作名色萬法者而有業報，能作者實乃自心如來——能出生五取蘊之第八識如來藏。緣於五取蘊而妄執有一細意識實我能爲業種所依之應成派中觀師月稱、宗喀巴、印順等人，又如何能瞭解此等甚深之理？再舉示阿含部經文中世尊之開示略說之：【云何爲第一義空經？諸比丘！眼生時無有來處，滅時無有去處；如是，眼不實而生，生已盡滅，有業報而無作者；此陰滅已，異陰相續，除俗數法。耳、鼻、舌、身、意亦如是說，除俗數法。俗數法者，謂此有故彼有，此起故彼起；如無明緣行，行緣識……廣說乃至純大苦聚集起。又復，此無故彼無，此滅故彼滅；無明滅故行滅，行滅故識滅……如是廣說，乃至純大苦聚滅。比丘！是名第一義空法經。】[15]

略釋經文義理如下：「如何是第一義空能貫穿一切法之經？諸比丘！眼處、眼入、眼觸生時，非從業來，亦非從四大或四大聚集之色而來，滅時亦非有去處可至；由於無明而產生貪愛，因貪愛所作故有業，有業故眼根、眼識出生；如是眼根、眼識不實而生，出生以後隨著貪愛又有所作，此眼根、眼識隨著業報之受盡而消滅，故眼根、眼識不實，故非實我，非能造作根、塵、識之能作者，故眼非作者而有業報；此眼根、眼識、色塵等五陰所攝法，隨著受報而使業種消滅以後跟著滅，又有來世不同的眼等諸陰由於此世新的業行而相續不實出生，如是觀察了知就能除掉誤認世俗可以計數之眼等諸法是眞實常住的邪見。耳、鼻、舌、身、意也是同樣的道理：生無有來處，滅無有去處，不實而生，有業報而無有作者；如是清楚觀察以後，就除掉了『**實有世俗可以計數法**——**五陰**』等我見，不再落入五陰實有的惡見之中。世俗可以計數之法就是指因緣法中的『**此有故彼有**，**此起故彼起**』之法；由於有無明故造作有漏身口意行，由於有漏諸行而於現法長養眼等六識種子，以貪愛水滋潤後有六識之苦芽；由於後有六識種子之增長，現法之五陰壞滅後必有後世五陰名色之出生；名色出生後必定增長六入處；六入處增長時必定觸六塵，由於來自無明觸故不能正思惟，乃至領納覺受歸於自我，認定爲眞實而生貪愛；因貪愛故集取後有之苦因，導致現法中的名色出生，名色無常故必有老病死憂悲苦惱諸苦；又因不正思惟增長無明而有諸多有漏行，純大苦蘊之業報五陰如是聚集而起，於是生死不絕。又同樣的道理，若反過來觀察：『**此無故彼無，此滅故彼滅**』，能夠不顛倒而正思惟五陰無我，無明則滅，無明滅而不再貪愛五陰我與我所，有漏諸行即滅；有漏身口意行滅故，不再於現法中增長六識之苦芽：不再因觸而生受，因受而生貪愛，積集後有之苦因；無後有六識苦芽之增長，來世名色即不再出生；名色不再出生，純大苦蘊之五陰等法即滅。比丘！眼耳鼻舌身意生時無來處（來以前不是住在某處，是不曾存在的），滅時無有去處（滅後亦不是住在某處，是不復存在的），由於無明而有貪愛等諸有漏行積集苦蘊業報，現法五陰壞滅後，後有苦蘊業報的五陰等法相續而生起，其中無有作者，此有故彼有，此起故彼起的緣故。由於破除了無明，故斷除貪愛等諸有漏積集後有苦蘊之行，苦因滅了所以不再出生後世名色等法，純大苦聚即滅，其中亦無有作者；此無故彼無，此滅故彼滅的緣故，這就是第一義空貫穿諸法的經典。」這是聲聞人聽聞大乘第一義空經而結集下來的大乘經典，只剩下聲聞法中的解脫道妙義，已經沒有大乘法中的第一義諦妙義了。但卻是可以使人斷除我見與我執的解脫道妙義。

五陰是因緣所生法，是生滅、無常變異之法，五陰對於自己、對於宇宙萬法，都不是能自主之作者，若有認取五陰之某一法為能作五陰、能作業者，此亦屬於緣於五取蘊而認取其中某一部分為常住不壞我之我見內涵。五陰既是所生法，不是能作者；又是此有故彼有，此起故彼起之緣生法，是屬於不實而生之法，故說蘊處界空不是眞實空——不是第一義空，仍是聲聞聖者所知的現象界中有生有滅之有為空、無常空，不符菩薩所證的第一義空。然應成派中觀師月稱、宗喀巴、印順等人，卻企圖於此五蘊等生滅法中建立識陰中的細意識為能作之常我，以便指稱為業種所依，才能與業果連繫整合而不違背現實中存在的因果律，以為如此就能避開「他所造業而我受果」之因果混亂邏輯，但此建立卻是不能成立而違背基本邏輯的妄想法——將本無今有的被生法建立為本有的能生法。如果五蘊法中有某一蘊、某一識是能造作萬法之實我而與業果相繫，則此「實我」必定非生滅法，必然是本住法，方能生五蘊，方能持種令業種不失不壞，則此「實我」必定是自在而非緣生法，亦必定是能主宰者。然依應成派中觀師所建立的細意識既仍然是意識，即是以所生法建立為實我，理本不成；而此「實我」既能主宰而又能分別苦樂善惡，則必能決定棄捨惡業種子，而免受後世三塗苦之惡報；然而此細意識屬五陰所攝的「實我」，違背三界六道的現象法則，故應成派中觀師的月稱、宗喀巴、印順等人如是建立意識細心，作爲因果律的持種及實行者，根本不能成立。因爲，此「實我」既然是名色及善惡業種的執藏者，當然就會是因果律的作者、實行者；然而應成派中觀主張之「實我」細意識又是五陰中的識陰所攝之法，則必定有領受苦樂及分別善惡等之造業功能行相，一定不欲往生三惡道受苦，世間就不該有欲界三惡道的苦受眾生存在，然事實上卻有三惡道有情存在，故說這樣的立論不但違背邏輯，也違背三界六道的現象法則。而此細意識「實我」的實質就是五陰之行相，故此造業之「實我」必定是生滅法，所造之業種依止於此生滅法，則業種將隨著五陰的死滅而滅失，如是因果律即不能成就，同時也墮於斷見論者及常見論者之窠臼中。故應成派中觀師月稱、宗喀巴、印順等人，本質上已墮於薩迦耶見中，盡是於生滅有爲的蘊處界無常空中論說有我、無我，或於此戲論邪見中論說我與業果，若不是落入斷見就是墮於常見中，又有何眞實理可以與他人談論中道觀？更遑論寫書流通來教導他人修學中道觀？

蘊處界空之理不能貫穿一切法，蘊處界中的一一法（特別是指應成派中觀師所主張的細意識我）於分段生死之生滅期間（一期生死之壽命長短），都不能主宰（不是能作之我），更何況能執持業種？蘊處界（含細意識、極細意識等諸所有意識）都是被生之法，有生故有變異壞滅之時，當然不可能是持種心。蘊處界法是有增有減、有垢有淨、有取有捨之法：與六識心相應之雜染心所法有增減之時，蘊處界即有垢淨之差別；於欲界、色界與無色界種子有增減之時，蘊處界法即有三界六道之差別，此種種差別皆非由蘊處界所攝的某一法（譬如細意識、極細意識）來主宰；蘊處界一一法之功能互異故，不能互相替代、不能出生自己，更不能出生其餘任何一蘊、一處、一界；是故凡是蘊處界所攝的任何一法，都不是能出生名色者，都不是能出生其餘任何一蘊、一處、一界者；宗喀巴、印順新創的細意識，及當代達賴十四世新創的極細意識，既然都是識蘊所攝之法而名為細意識、極細意識，當知都是生滅法；既是生滅法，都不是能持種之心，即不是能作諸法之我，更非業種所依之處；故說一切粗細意識都不能持業種，何況是依附於蘊處界的生滅無常所顯現之空無法性，當然更不能受持業種。既然蘊處界法本身及蘊處界空都不能受持業種至未來世，蘊處界空之理只是蘊處界緣生緣滅的一個現象，當然不是能夠貫穿一切法之第一義空。而應成派中觀師妄想於五蘊中建立某一我見所攝之我，成爲業種所依者及業果相連繫者，本質上乃邊執見者之見取見所攝！見取見是以鬥諍爲業，所以不許他人宣說正法，不許他人弘揚佛陀於四阿含所說「**出生名色的本識阿賴耶識實存**」的正理，故極力鬥諍弘揚如來藏法之一切賢聖所說非是正法，乃至彼等所援引的彌勒、無著、世親所說正法，皆在其鬥諍之列。

由於蘊處界法乃是此有故彼有、此滅故彼滅之法，非自在之法故不能受持業種；倘若蘊處界法就是一切法，再無他法（入胎出生名色的第八識），則因果業報即成爲戲論，以無受持業種者因果必錯亂故。也由此證明蘊處界法不能含攝一切法，而蘊處界法仍然被含攝於一切法中；是故蘊處界空是依附於蘊處界而有，仍應由一切法所含攝，應知蘊處界法空之理不能含攝一切法，不是諸法的本源；是故必有一非斷非常、不生不滅而能出生並含攝一切法者，方能如實依照所持之業種於緣熟時給予異熟果報，然後始能有三惡道有情之存在。此法必定各各有情別別而有，與有情之蘊處界法不一不異、和合似一，此法即是世尊於阿含中所說「非我、不異我、不相在」的無我性之如來藏眞我，即是出生蘊處界之眞我。密宗應成派中觀師都如同一切愚癡凡夫及未斷我見者一般，同於五取蘊中見我、異我（我所）、相在（諸蘊互相攝入安立爲眞實我與我所），世尊之多聞聖弟子皆不於五取蘊中見我、異我、相在（特指不建立五蘊中的某一法—譬如細意識—爲常住眞我而與五蘊相在、互異）；世尊又教導弟子應知色受想行識五蘊，一一皆「非我、不異我、不相在」，是名如實知，是名已斷解脫道無明。

世尊於四阿含諸經中已密意說有一與五蘊不一不異之法，此法絕對不是與五蘊一（見我）、異（異我）之法；一旦是一異之法，必然是相在之法，則將隨其生而有、隨其滅而空無；應成派中觀師月稱、宗喀巴、印順等人，緣於五取蘊而另立之細意識我亦如是，將隨著五取蘊生而有，隨著五取蘊之滅而空無。世尊說如實知五蘊非眞實我，也就是說五蘊法本身不是第一義空之常住法（非本識如來藏）；如實知五蘊不異我，乃是指第一義空如來藏出生五蘊、執受五蘊，從無一剎那不執持，直到身壞命終；蘊處界一一法，皆是從第一義空如來藏藉自身所執藏之種子功能而出生，因此眼等並無常住之自性而無住處，故說眼等生無來處；眼等滅後之種子仍歸於如來藏心所執持，並無自己常住之處所，故說眼等滅無去處；由此緣故，眼耳鼻舌身意（五陰）所造之業種，皆歸出生眼等五陰之如來藏所執持，五陰之眼等並無一法能持業種，故說空性心如來藏方是眼等之出生處、歸依處，眼等諸法並無自住之處。故《般若波羅蜜多心經》說：「色不異空，空不異色……受想行識亦復如是。」聖弟子亦應如實知五陰與如來藏不相在：空性心如來藏雖出生蘊處界諸法，然而如來藏本來無我，不執著所生之蘊處界爲我與我所，故雙具人無我與法無我之眞如法性；所出生之色陰乃是四大聚合而有，是物質之法，然如來藏卻非物質之法，故色陰不在如來藏中，如來藏不在色陰中；乃至識陰是根塵觸處爲緣而由如來藏所生之法，而識陰不在如來藏中，如來藏也不在識陰中，當五陰死時如來藏方與之分離，故五陰滅盡以後仍有第八識如來藏獨存，不會成爲斷滅空。所以《般若波羅蜜多心經》說：「空中無色，無受想行識；無眼耳鼻舌身意……乃至無意識界。」

如來藏空性不是緣於五取蘊假立之法，不是從有生之五取蘊中建立某一法爲眞實不壞之空性；如來藏有其眞實不虛的自性，並非應成派中觀師說的五取蘊無常空無之性而可稱爲空性。如來藏空性是可經由菩薩親證而現前領受之法性，如來藏具足了集性自性、性自性、因性自性、緣性自性、相性自性、大種性自性、成性自性等七種性自性，具足證得此七種性自性者，方能了知心境界、慧境界、智境界、見境界、超二見境界、超子地境界、如來自到境界等七種第一義法[16]，所以第一義諦是指親證如來藏而現觀所得的法界實相的眞實理，不是指蘊處界緣生性空的一切法空之理；而第一義心如來藏，能成就世間法、出世間法、世出世間法，一切世間、出世間法之理，無有能過於此者，故名第一義諦。如來藏能執藏一切業種故，緣於五取蘊之我見我執未斷的有情，以執藏雜染業種、酬引成就善惡業果之性質，而稱如來藏現行識爲阿賴耶識，以其具有執藏分段生死種子之阿賴耶性恆時現行不斷故。雖名爲阿賴耶識，仍然是同一具足七種性自性、七種第一義之如來藏心體，世間一切六道輪迴、善惡因果皆由此一雙具人我空、法我空之第一義空性心來成就而無有錯亂。阿賴耶識若於斷除我執而不再有執藏分段生死種子的有漏功能時，即滅掉阿賴耶識名，但仍餘異熟識名；斷盡分段生死以前的阿賴耶識亦名異熟識，非唯斷盡分段生死以後方名之，以不離變易生死故；

若已斷盡異熟性而無變易生死種子，即除異熟識名，改名無垢識，即是佛地眞如心；然而所謂滅阿賴耶識、滅異熟識者，唯滅其名而不改其體，仍然是第八識如來藏心。如是不斷不常之如來藏本識心，方能執藏生滅無常的五陰種子及業種，而使生死及因果得以如實報償而無錯亂，由是建立三界世間。

二乘修道者，厭離世間輪迴之苦，隨佛修習四聖諦、八正道等三十七道品法，斷除緣於五取蘊之我見與我執，滅除阿賴耶識中所執藏能引分段生死輪迴之雜染業種，證得阿羅漢果；此位阿羅漢聖者之如來藏現行識，已經滅除了阿賴耶識性，此時以其尚有無記之異熟性卻不障礙出離三界生死，故說爲滅阿賴耶識而餘名爲異熟識，故阿羅漢捨報時不再出生五陰後有，其如來藏異熟識自住於自心境界而不再出生細意識、極細意識……等三界一切法，即是不與萬法爲侶之無餘涅槃界，故聲聞解脫道出世間法亦是由第一義空性心如來藏而成就，由此本識心而不墮於斷滅戲論中。

菩薩修道者，歷經三大阿僧祇劫，從初信位至六住位之修行，由親證自心如來藏而進入七住位中，轉依如來藏之中道自性而成就中道觀，發起實相般若智慧；再次第進修增上慧學、增上戒學、增上心學，歷經八、九、十住位及十行位、十迴向位，進入初地證得初分道種智，名爲生如來家；乃至地地增上而成就一切種智，方能成佛。菩薩之如來藏現行識於入八地時，斷除最後一分緣於五陰之我慢而改名爲異熟識，已斷分段生死苦而且同時斷盡習氣種子，並且生起八地心之無生法忍道種智；菩薩之如來藏現行識於入妙覺位而成佛時，無記之異熟性完全滅除而度過變易生死，故成爲純善淨之如來藏現行識，改名爲無垢識；故佛世尊已出離世間境界，但爲度化眾生而入世間教導佛弟子第一義諦世出世間法。佛亦教導畏懼生死之聲聞種性修學解脫道出世間法，此解脫道實證者所證的無餘涅槃境界，亦是依於第一義空性心如來藏而假名言說，實無無餘涅槃可說，所證無餘涅槃其實只是第一義空性心如來藏不出生五蘊，迴無六根、六塵、六識而獨住的絕對寂靜境界。故說能夠貫穿一切世間、出世間、世出世間法者是第一義空法如來藏，不是因緣所生法之蘊處界無常空、斷滅空之空理；蘊處界無常空、斷滅空，只是蘊處界藉緣而起終歸斷滅的現象，並無實法，依生滅性的蘊處界故有，故不能成爲無餘涅槃的所依，而無餘涅槃也不是蘊處界滅盡後的斷滅空。

有情所造業種由各自之第一義空性心如來藏阿賴耶識（異熟識）所持，

此心本來不生不滅故，業種亦永不失壞，除了酬引報盡或業因之造作而感生的善惡蘊處界諸法有所增減，自心及含藏之種種無漏有為法種子（功能）並無增減。然而五取蘊中並無作者，皆非眞實我故；五取蘊諸法無常、生滅而不自在，故皆非眞實能主宰者；非主宰者故非五陰之作者，乃因無明故引生諸有漏雜染諸行，如是積聚後有之因，皆屬「此有故彼有，此起故彼起」，是生滅法。而第一義空性心如來藏阿賴耶識（異熟識）雖生蘊處界，亦仍非是作者，人我空、法我空乃是其本來之眞如自性；既無人我亦無法我，何來作主之性而能造作諸行？祂是純依五陰所造作的業行而不加分別取捨地實現業果，故世尊說「有業報而無作者」。無我性之如來藏與有我性的五陰不一不異、不相在，正因為如來藏常住的緣故，業不失壞、果報不錯亂；也因為無我性之如來藏故，得立緣起法一一支俗數法，這才是世尊所說之甚深緣起第一義空法。

如今應成派中觀師月稱、宗喀巴、印順否定如來藏阿賴耶識以後，妄想假立五陰中的意識我，或建立不可知不可證的假名細意識我，作為業種之所依，期望藉此建立而能夠與業果成立關係，不墮於斷見或因果錯亂的過失中。然而這樣假立識陰所攝之細意識我，或假名建立之不可知的細意識，是否就是能貫穿一切法之第一義空法，而不墮於斷見、亦不墮於常見中？以下章節將再一一檢驗之。

《阿含經》中處處可見世尊於前經說，愚癡凡夫眾生緣於五取蘊行相而見有我與我所，又於後經說五取蘊非我、非我所，這樣的宣說絕對是正理，有何可以妨難之處？而受持六識論邪見的應成派中觀師月稱、宗喀巴、印順，不懂初轉法輪中之阿含解脫道法，如是虛妄辯稱：**如果五受陰為我見之所緣，則後經一切聖教說五受陰非我者，將有互相違難之過失。**這只是他們堅持六識論邪見，導致誤會佛法而生起顛倒見，故有此說。月稱、宗喀巴等人，將世尊所說「**一切有我者皆緣於五取蘊見我**」，強說為「**一切有我者都是緣於依蘊而別行假立之我，而不是緣於五取蘊本身**」；事實上，彼等所說依蘊假立而成為因果律實行者之我，其實就是依於身見與我慢而建立；身見就是薩迦耶見、我見，是緣於五取蘊而產生者，但事實上五取蘊中無有常住之實我可以供彼應成派中觀師建立為因果實行者之常住我。

彼等如此不顧經中對五受陰為我見所緣眞實義之分明解說，而企圖否定佛所說五受陰爲我見所緣之妙義，只是假借佛法名相扭曲而說，不知或故意曲解經中眞實義，主張依蘊假立之想像我才是我見之所緣。如是邪見之產生，不外乎以下幾個原因：

一、彼等即是世尊所說之愚癡少聞凡夫，不知不見五受陰的內涵，於五受陰見我與我所，貪取五受陰相，不肯直接否定五受陰，依於五受陰而建立另一假說之我，作爲我見之所緣，主張應斷此假立之我，主張如來藏正是依五陰所假立的我，妄稱「**如來藏實存的我見**」應該滅除，以此暗示「**如來藏實存**」的見解方是應斷的我見；謊稱如此斷除了五陰以外的假立我如來藏，即是斷除我見。他們一致認爲應該保持五陰繼續存在，方能用五陰來繼續領受彼所愛樂之無上瑜伽四喜淫樂，方能使雙身法的身觸境界得以成立而不被賢聖所訶責。所以他們認爲五受陰不是我見之所緣，謊稱出生五受陰的如來藏是假名施設法，謊稱如來藏我方是我見的所緣，所以極力破壞如來藏法，誣謗爲外道意識境界的神我、梵我。

二、彼等否定緣於五受陰之我見，故彼等不需說明、也不需修學驗證與斷除緣於五受陰我見有關的一切佛法，所以他們從來不弘傳、不修學、不曾證得四阿含中所教導的解脫道，卻自稱已經實證聲聞、緣覺所證的解脫道，公然欺瞞佛教界，古今雷同都無所異。

三、彼等抱持著五受陰之我，不知不解五陰之世間我性與無常不住的無我性，更不知如來藏常住的眞我性與迴無人我的人無我、法無我的眞如法性，欲於五陰以外虛設另一不存在的「**我**」而說爲我見之所緣，然後假說斷此假設之我見，自以爲已斷我見；或以實存而彼等不能證之如來藏作爲我見所緣之我，誤導世人應斷如來藏我見，自斷大乘見道之因緣；或藉如來藏我見之建立（譬如近代應成派中觀師謊稱如來藏是外道神我而應斷之），望之於世尊在般若、方廣及四阿含諸經中所說出生五陰之無我性的如來藏我，企圖免除未知、未證如來藏本識之愚闇過失，企圖擺脫五取蘊無常生滅相之過失，繼續保有生滅無常的五取蘊作爲眞實不壞我，墮在我見中；再以生滅性的蘊處界緣起性空而攀附大乘，取代如來藏所顯第一義空之中道名相內涵，魚目混珠來欺瞞佛教界，遮掩其既墮於斷見又不離我見、常見之無因論本質。

應成派中觀師月稱、宗喀巴、印順所說緣於五取蘊另立之我，到底是何種法相？下一節中將予以檢討並徵其諸多自相矛盾之事實。

第五節　應成派中觀認取識蘊為本住法之我

宗本於聲聞部派佛教之聲聞凡夫，外現大乘菩薩身相而將小乘解脫道及大乘佛法一路演變下來，對於如何是蘊處界的內涵？如何是蘊處界之我與無我？如何是解脫之眞實義？一代比一代更加誤會，演變得越久越廣泛，眞實修證者就隨之越來越少。在龍樹菩薩與提婆師資時代，已經充斥著聲聞部派僧人對大乘法義各執異見的情況：或以意識層面而妄想於蘊處界中尋求實有不壞法，或外於佛說出生名色的如來藏而妄想另有名色之生因；更有諸多外道立下諸多「**實我**」與「**實法**」之主張而否定佛法。聲聞部派佛教繼續演變到了佛護與清辨之時代，更有純以二乘之蘊處界「**緣起性空**」之法認定為龍樹菩薩《中論》所說之法義，並以六識論之狹隘謬論而妄行月旦唯識正義—八識論—的廣大深妙宗旨；不論是自續派或應成派之中觀見，其實都是緣於聲聞部派佛教中的聲聞凡夫僧邪見，所演變發展出來的產物；其最主要之問題都是緣於不能如實解了蘊處界法之內涵，不能進而斷除緣於五取蘊之薩迦耶見（我見），因此以諸多見取見而不斷興起諍論，對八識論的大乘法中實證賢聖作出種種鬥諍的行為。本節中的法義辨正，則以論述應成派中觀見的六識論內容為主，暫不論述自續派中觀見。於《成唯識論》卷一中玄奘菩薩這麼說：【頌曰：由假說我法，有種種相轉，彼依識所變……愚夫所計實我實法都無所有，但隨妄情而施設故，說之為假。內識所變似我似法，雖有而非實我法性，然似彼現故說為假……諸所執我（數論、勝論等外道所執），略有三種：一者、執我體常、周遍，量同虛空，隨處造業受苦樂故。二者、執我其體雖常，而量不定，隨身大小有卷舒故。三者、執我體常至細，如一極微，潛轉身中，作事業故。……又所執我（小乘所執），復有三種：一者、即蘊，二者、離蘊，三者、與蘊非即非離……故彼所執實我不成……是故我執皆緣無常五取蘊相，妄執為我。】

外道與小乘聲聞部派佛教之學人，以恐怖墮於斷滅故，妄想有一實我為作業者，此乃彼等非如阿羅漢深信佛語，而知有一本識為能生者—能出生名色—是涅槃之本際，故能斷我見及我執；聲聞凡夫之部派佛教學人，不能如阿羅漢深信佛語，對於四阿含中所說有本識入胎、住胎而生名色之聖教，未能信受，恐懼墮於斷滅境界中，是故妄自施設識陰爲「實我」常住不壞，以致未能斷除我見，實質上仍然是安住於五取蘊之法相而取著所得者。然而，有情緣於五取蘊法相所取之我，乃是由於意識等覺知心依於五根受取五塵，而有能領受之法相及受用所領受五塵相所產生。五取蘊之色蘊—**色法及識、受、想、行蘊**—心法，都是由本識—**如來藏**—阿賴耶識（異熟識）藉眾緣所親生而幻有，因此五取蘊之色、心二法皆是因緣所生法——由如來藏親生，卻刹那生滅不住，無有實體，故五取蘊之色、心二法中無有實我與實法。常見外道及一般有情所說之我能見、我所見乃至我能知及我所知之「**我**」，定是緣於五取蘊法相妄執而取而說，故是假說非實。能變生色、心二法之本識如來藏，雖是有情各各唯「**我**」獨尊，而本識自身一向無我、無我所，雖有眞實法體具足種種清淨自性，而非蘊處界我法，都無蘊處界我性；玄奘菩薩說本識自身之現行，以及本識所變幻而生之眼識乃至意識，雖似有我、似有法，雖能爲有情所受用，然非實我法性，故此「**我**」亦是假說爲我，非實有我。不知此似有我、似有法而執取爲有眞實我、眞實法者，即是人我執與法我執之相貌；由於無明所罩，於非眞實我與非眞實法中卻欲尋求眞實常住法，故有諸多外道所執與聲聞部派佛教中的小乘凡夫所妄執之實我說出現。緣於無我之本識所生諸法假說爲「我」，並非凡夫與不知不證本識之二乘愚者所能知，更不是否定如來藏阿賴耶識之應成派中觀師佛護、月稱、寂天、阿底峽、宗喀巴、印順等六識論傳承者所能知，更何況應成派中觀諸傳承者又皆墮於緣五蘊而生之我見中，故彼等主張與立論都不能成立，皆屬依於我見而執取之見取見所攝。

一、應成派中觀以能取境界之法性爲本住法我

如今應成派中觀主張意識常住不滅，故於不許五取蘊爲我見的所緣之外，又另立一法作爲我見之所緣，其所謂「我」之相貌是這樣的：【如是計執所破究竟之邪分別，即十二支之初支，俱生無明。分別所破，亦以彼爲根本，唯是增益。故**根識等無分別識，一切行相，終非正理之所能破**。故正理所破之心，唯屬分別意識。後以二種我執或於我執所計之境，增益差別諸分別心，非謂一切分別。由彼無明如何增益自性之理者，總此論師之論中，雖於諸世俗義，亦云自性或自體等，設立多名；然此中者，謂於諸法或補特伽

羅，隨一之境非由自心增上安立執，彼諸法各從自體有本住性，即是其相，如彼取境之諸法本體，或名曰我，或名自性，是就假觀察而明。」

宗喀巴於《廣論》中說：「計著於所應破最究竟之我執境之邪分別，就是十二有支之首，就是俱生無明。分別無明所破者，也是以此俱生無明爲根本，唯是於邪分別再作增益分別。因此六根與六識等一念不生時成爲無分別識，其一切分別六塵之行相，終非破除邪分別之無自性正理所能破。所以破除邪分別之無自性正理所破之心，唯屬分別意識之層面。分別意識所應破者，是其人我執及法我執或者我執所計著之境，而增益實有自性差別之分別心，不是一切分別都應破除。分別意識於我執所計境之無明如何增益自性差別的道理，總月稱論師之論中所說，雖然於諸世俗義，也說自性或者自體，設立多種名稱；然而這裡所說，是指於諸法或諸有情，隨於諸法或者有情五陰之法相，不是由意識心自心增益增上安立而執，而是諸法或者有情五陰各自從其自體中都有其本住性（非有生有滅之性），這就是諸法與有情五陰本住而不生滅的法相；猶如眼等根識及意等根識能取境界等即是諸法本體，此等能取境界之諸法及有情五陰等本住法性，或者稱爲『我』，或者稱爲『自性』，是就世俗假法觀察而可明瞭的。」

換句話說，應成派中觀是以能取境界之眼識乃至意識立爲諸法之本體，並且是將六根與六識處於一念不生時即名爲無分別識；在覺知心識陰六識於所取諸法或有情之法相中，不增益、不執有差別自性而安立諸多自性之差別，再以諸法無自性故去除差別自性之分別，卻仍然保持識蘊六識的存在而以一念不生作爲不分別識；是以識蘊六識爲常住之主體而不起分別，認爲如此即是究竟破除我執之邪分別。如是認取眼等六識能取境之法性爲諸法常住本體，並以之稱爲「我」或稱爲自性，稱此「我」是就識蘊假法觀察而明瞭，認定六根六識於一念不生、不起語言妄想分別時即是不生滅心，即不屬於我見所說的假我；因此而無視於識蘊乃根、塵、觸三法爲緣所生之佛陀聖教，無視於現實生活中離根、離塵即不能出生識蘊六識的現實常識，妄執這樣的「我」是不仗他法爲緣而能自行存在的，妄想這樣有生的「我」不會隨於五蘊無常生滅而斷，故意識得能持種而與業果相連繫。

應成派中觀師全部墮於常見中，同執識蘊所攝的意識爲常住不壞法，依此假立施設而建立意識爲執持業種者；然而佛說一切粗細意識皆是意根、法塵相觸爲緣所出生者，明說意識是有生有滅之法，是無常之法；假藏傳佛教應成派中觀師爲了迴避五取蘊無常生滅之過失，因此曲解聖教而將聖教所說我見之內涵加以篡改，變更爲：我見是緣於五蘊外所施設之某法而有，若不緣於五蘊外之某法執以爲實，即是斷我見，繼續認定五取蘊是常住不壞的自我，同於常見外道。如是變更我見之內涵以後，不許賢聖及佛陀聖教所說「我見緣於五取蘊而有」，乃至極力加以抵制及毀謗；皆因恐怖五蘊「我」（特別是恐怖意識我）終將斷滅而導致其五陰境界的雙身法樂空雙運失去合法性，是故曲解聖教中我見的內涵而別立自己新定義的我見內涵，正是標準的我見執取者。由於我見不斷故，三縛結具足存在，故由見取見所驅動而廣破一切賢聖所說正法，號稱「**一切法無執**」，並以此廣破他宗，其實暗地裡則是建立自宗「**以意識為萬法的所歸**」，正墮於佛說的我見之中，是標準的凡夫惡見。

彼等不知五取蘊之我純是假說，不知輪迴之因、十二有支之無明，乃是執取五取蘊爲我與我所；此等緣於五取蘊而有之「我」本是生滅法，是虛妄倒計者所執，無有實我與實法。如今應成派中觀師佛護、月稱、寂天、阿底峽、宗喀巴、達賴、印順等人，反將五取蘊法中攝屬識蘊而能取法相之意識心，視為不可摧破且自在之法我；例如彼等稱說眼等根識為無分別識，誤以為其能取境之自性為本住性、不壞性。然而眼等六識必須依止於六根觸六塵才得以生起，必須緣於六塵才能有取境之法相；而眼等六識現前之功能任務就是分別色等五塵及諸法塵，世尊與諸地菩薩皆稱眼等六識為了境識，即是分別境界之識，未曾宣說眼等根識為無分別識；既是有分別性之識，又是根、塵、觸等三法為緣而生之識，當知六識皆是有生有滅之法，不可說是常住不壞之識，故應成派中觀師不應說之為眞我、不壞我。

應成派中觀師為成就自己所立之五陰「我、自性」具有本住不壞之法性，聲稱只要不去增益所取諸法有諸多自性之差別（即是所謂皆無自性之自性空，故無自性之差別），就是破除法執無明，就是破除最究竟之法執。但他們其實仍然落在意識或識陰之中，誤以為意識心不依止六塵境界、不起名言時即是自在心、本住法；如此見解，連人我見都未曾斷除，何況能斷除法執？何以見得彼等如是主張？續讀下文自能揭曉：【如云：「此皆無自性，是故我非有」，四百論釋云：「若法自性自體自在，不仗他性。」此說彼諸異名；不仗他者，非謂不仗因緣，是說有境名言之識為他，非由彼增上安立為不仗他。言自在者，謂彼諸境各本安住不共體性，即彼亦名自性自體。此如計繩爲蛇，其蛇唯就妄執之心假計而立。若觀何爲彼蛇自性，則於境上蛇全非有，故彼差別無可觀察。如是諸法，亦唯於名言識，如所顯現觀察安立，若於境上觀察諸法本性如何，全無所有；不如是執，謂非唯名言識增上安立執，彼諸法各由自體有可量見本安住性。如四百論釋云：「唯有分別方可名有，若無分別則皆非有。此等無疑如於盤繩假計爲蛇，定非由其自性所成。」此說自性所成之相。故若非由內心增上安立，於其境上就自性門有所成就，說彼爲我或名自性。若於差別事補特伽羅境上無此，名補特伽羅無我。若於眼等法上無者，名法無我。】[18]

宗喀巴這麼說：「就像說『此皆無自性，是故我非有』，（月稱之）四百論釋中說：『若法有自性、自體、自在，不仗他性而有。』這就是在說那六根六識（我）之種種異名；而所謂不仗於他的意思，不是不依仗因、緣，**而是說住於語文名言境界相**中之意識即是他，**不住於語文名言境界相**之意識即是自，（法自性自體）不是由此語文名言境界中之意識來增上安立，這就是不依仗於他的意思。所說自在的意思，是說彼等能取境界之六識心，都是本來各自安住於不共他識的能取不同境界的體性中，這種本來就各自安住於不同於他識的自性，又稱爲自性、自體。這就像誤計暗夜中的繩子爲蛇，被誤認的那條蛇只是妄執之心中虛假誤計而建立的。倘若觀察什麼是那條蛇之自性，則於事實境界上根本全無那條蛇可說，所以在依繩假立的蛇身上面的種種差別自性都無可觀察。一切法就像這樣，也僅是依**住於語文名言中**的六識，如其所顯現於語文名言境界中的虛妄狀況而假名安立；若是在名言境界上來觀察諸法的本性，而說諸法的本性如何，其實如此觀察所得的自性都是全部虛假而無眞實自性的（只有離開語文名言、境界的六識心，才有眞實常住不壞的自性）；假使不是像這樣虛妄執著，也就是說不是僅僅在名言中的六識自性上面加以增上安立而執著，那麼**不住於名言境界**中的六識等法，就各都可以由其自體中，同樣有現量上可以證明出來的各自本來獨自存在的安住性。譬如（月稱的）四百論釋中所說：『唯有生起分別性時方可說是屬於三界有之無常法，若是不生起分別性時則境界中的一切法皆成爲非有。此等道理無疑是說明：如同於暗夜盤繞之繩上假計爲蛇，那條蛇必定不是由蛇之自性所成。』這就是在解說自性所成就之法相（蛇之自性不是由繩之自性所成，乃是分別所成）。因此，如果不是由內心虛妄的增上安立（虛妄建立語文名言中的六識心各有本住不壞之自性），於眼等六識針對各自能在語言文字存在的境界中能攝取境界之自性有所建立，就以名言中的六識自性說爲『眞我』或稱爲『眞實自性』；倘若於種種不同狀況下，對**有妄念的六識心**並不加以增上而建立爲本住不壞的心，就是證得**入無我**。若於**眼等六識所取境界諸法**不虛妄建立爲實有者，就稱爲親證法無我。」

這就是說，六識論的應成派中觀師認爲：若將處於**與語言文字妄想相應時的意識等六識心**妄計爲實有，即是人我執；若將處於**語言妄念時的意識等六識心的取境自性**妄計爲實有，即是法我執；若不將與諸多語言文字妄想相應時的意識等六識心妄計爲實有，改將**捨離語言妄念時的意識等六識**認定爲實有，即是已經沒有人我執。若不將**於語言妄念中的意識等六識心的取境自性**認爲實有不壞的自性，改將**離念的意識等六識的取境自性**認定爲本來常住不壞的法性，即是已去除法我執的聖者。

換言之，彼等主張：倘若不於**有念**之六識心（不於繩上妄計安立之蛇）妄計爲實有，則有念之五取蘊中（繩上假立之蛇）之種種差別自性都不可得；也就是說，於**有念時**的五取蘊自性分別有種種差別，則是有我之法，不是親證人無我；**有念時**的眼識、耳識……等分別青黃赤白、大小聲……等五塵，**有念時**的意識了知所分別之法塵內容，即是有我之法，不是證得人無我；若**離語言妄想時**即是不分別，即是遠離虛妄諸法的分別，這時**已離念**的六識都無差別自性可作分別（作者案：應成派中觀師認爲，若無語言妄想時，縱使了了而知，仍是不分別。其實，了了而知時已是分別完成了），則一切法皆非有我，即是證得法無我。而所謂的「**此皆無自性，是故我非有**」，就是說**有念時**的眼等六根六識（特別是指意識）之分別，皆無自性，因爲是虛妄法，故說**有念靈知心**（假蛇）並無自性，是故此**有念靈知**等六識我非眞實有；對此境界有所了知，即是證得人無我（假蛇無自性）。倘若**不起語言妄想時**，成爲**離念靈知**境界的六識，即是眞實自性（繩有自性）；若對**有念靈知**所分別之種種法，計著眞實有差別自性（蛇之自性），即是法執。凡是**有念時**一切能取境界之法，都如同繩上假立之蛇的差別自性，即是彼等所聲稱之無自性；彼等妄想著既然無有相對於無分別（離念靈知心——繩）而有之差別（有念靈知心——蛇）自性，則必然無因差別自性而施設之我（有念靈知心——蛇）。

應成派中觀師如是說法，其實都是戲論，只是在意識的有念及無念上，來建立繩之眞與蛇之假，來詮釋人無我與法無我，大異佛說；本質上乃依止於所妄想之無自性本住法性，因而聲稱離念時的眼等根識及意識之取境界法性爲無分別，但仍不能排除佛所闡釋眼等六識是依仗因、緣而有的聖教與現量，猶聲稱此離念之時能取境界之六識法性並非由內心增上安立而有，故執取此等取境界法性爲不可摧破之本住法性。很顯然的，應成派中觀妄想施設之人無我與法無我，只是在**有念**與**離念**的識陰六識自性區分上著眼；將**離念時**的六識建立爲人無我的實證，將**離念時**的六識自性建立爲法無我的實證，認定**離念時的識陰**及其**自性**是常住不壞法；藉此建立即可成立雙身法中的樂空雙運、樂空不二的理論，使應成派中觀師取自印度教外道的雙身法行淫享樂境界，可以正式成爲佛法中的人無我與法無我的實證境界。事實上，這種建立是完全違背聲聞、緣覺所證的解脫道，也完全違背大乘菩薩所證不可思議解脫及法無我的實證。

由上面的舉證，證實應成派中觀師總共施設了四法：人無我、法無我、眞實我、眞實法。人無我是觀察**有念時**的識陰六識是假名之法，如同繩上假立之蛇；法無我是觀察**有念時**的識陰六識自性諸法是假名之法，如同繩上所假立蛇之種種法自性；進而證得靜坐中的**離念境界時**，即是證得眞我，認爲即是證得顯教佛的法無我無分別境界，成爲「**顯教佛**」；若經由密灌而與異性合修雙身法，進入樂空雙運時的**離念境界**中，即是證得「**報身佛**」的境界，即是密教佛的境界；若進而現觀**樂空雙運中**的六識相應一切法而無所不知、了了常知時，即認定是究竟諸法的「**法身佛**」至高無上境界。六識論的應成派中觀師便是如斯而將自身所建立的離念靈知眞實「**我**」法，認爲是自在且有自性之法。然而證悟者皆知，此種取境界之自性，不論是有念抑或離念之時，卻都是需要眼等六識依仗六根觸六塵之緣，以及如來藏執持六識、六塵種子之因，才能出生，故六識都是有所依亦有所緣的法，不是自在法。換言之，有念或離念時的六識雖各有所依、各有所緣而各有其差別自性，但同樣都必須以如來藏心體及如來藏所持六識種子作爲因緣，也同樣都必須依如來藏所生的根與塵作爲疏所緣緣，才能生起及繼續存在，才能處於有念或離念境界中生起作用，故都是無常生滅、不寂靜、不自在之法。若究其實，眼等六識之取境界法性即是五取蘊中識蘊見聞覺知之能取與所取性，不論是有念時抑或離念時，都不能外於此因、緣而存在；從聖教或理證，乃至從世間有智之人的觀察及醫學常識上觀察之，都是如此。然而，六識論的應成派中觀師舉繩蛇爲例而說，自己卻也不免「將繩計蛇、於假蛇計有自性」之譏；因爲他們自己也是於根塵識和合相中，將不眞實之見聞覺知自性計著爲常住、本住我自性，此等計著就是緣於五取蘊而生我見之行相，不論有念抑或離念時的識陰六識靈知之性都是如此，都是聲聞初果人斷我見時所斷的五取蘊我；彼等不能了知故，先予以推翻——不許我見之所緣爲五取蘊，又自創五取蘊中離念之識蘊能取境界的法相，作爲有眞實自性之本住我；再自創五取蘊中有念之識蘊，作爲佛法所說我見之所緣；更將有念時能取境界的六識差別自性法相作爲法執境，說爲法我執之所緣，實乃將繩自繫於頸，再將繩頭繫於露柱，而說如是可以圍繞著露柱自由活動的現象即是解脫境界，正是繫柱而繞圈子，不斷增長纏結之愚癡人。

無著菩薩於《大乘阿毘達磨集論》卷一中說：【於五取蘊有二十句薩迦耶見，謂「計色是我，我有諸色，色屬於我，我在色中。」如是，「計受、想、行、識是我，我有識等，識等屬我，我在識等中。」……薩迦耶見當言

於事了不了耶？當言於事不得決了，如於繩上妄起蛇解。】

彌勒菩薩嫡傳弟子無著菩薩，於《集論》中明明是說：薩迦耶見之所緣就是五取蘊，正是因爲對於五取蘊之不實法相不能如實了知而有此無明，好像暗夜中見到似蛇之繩索一樣錯計，如同於暗夜中誤將繩索妄計爲蛇一般，而於五取蘊妄計爲實我與我所，這就是薩迦耶見之法相。這已明示薩迦耶見的所緣正是五取蘊，而應成派中觀師佛護、月稱、宗喀巴、寂天、阿底峽、印順等傳承者，已經於繩上妄計而作蛇解，又於蛇解中妄計爲龍；將繩上所顯似蛇法中受想行識虛妄不實之差別自性，虛妄計著受想行識等無自性之法性爲常住不壞之本住法性，自稱此等自性雖依仗因緣而有，然而各各於其自體有本住之自性，並非由意識增上安立而有，如是將假蛇妄計爲龍。就這樣將受想行識之自性當作常住不壞之本來自在自性，將生滅不住之受想行識自性妄自區分爲有念與離念二種，離念的受想行識就成爲其所謂本住法性之「我、自性」，有念的受想行識就是其所主張薩迦耶見之所緣；實質上仍不離緣於五取蘊而生之我見，只因彼等不能了知我見之內容故不能斷除我見，爲遣除「入無餘涅槃後無人證涅槃」之斷滅恐懼，亦因恐懼其所貪著的男女合修雙身法享樂行門成爲五取蘊所攝的應斷除法，因此而不許世尊所教導「緣於五取蘊之我見應斷除」之正說。

二、依仗因緣而有者即非本住法

取境界之法性既然是依仗因緣而有之法，又有何等本質可以成爲常住不壞之本住法性？因緣所生法即是所作法，就如同宗喀巴自己所說：**所作定是無常，無常定是所作**。眼識乃至意識皆是根塵觸三和合之所生法，皆屬於如來藏之所作法；縱然意識能夠不於繩上妄解爲蛇，縱然意識能正解繩即是繩而非蛇，但仍不能改變意識及眼等根識是因緣所生法之**所作法**本質，不能改變意識等法是無常、生滅之本質；非唯生活及醫學等現量上皆可證實意識等根識諸法都是無常、生滅，不是常住法之法性，世尊於阿含、般若、方廣諸經聖教中亦皆如此宣說。而本住法必定是常住法，不可毀壞，法爾本在而非因緣所作法故；既不因有無正見、薩迦耶見而有差異，亦不因眾生對於薩迦耶見的認知正確與否而有所改變。佛護、宗喀巴……等應成派中觀師，企圖建立意識爲常住法、本住法，使其識陰境界中的雙身法樂空雙運理論合理化，故將我見的內容加以改換，不許五蘊爲薩迦耶見（身見、我見）所緣的內容；如是改變替換了身見所緣之內容以後，意識或識陰常住的說法便合理化了；由於意識、識陰常住的歪理已經合理化的緣故，雙身法樂空雙運的意識境界強說爲本住法的歪理便可以成立了！故假藏傳佛教四大派都不許五蘊是薩迦耶見的所緣，共許五蘊中的識蘊—特別是意識—常住不壞，原因都是爲了使雙身法意識境界說爲本住法的歪理得以合理化。然而，意識永遠都是生滅法，不是本住法，如世尊於經中說：**【云何本住法？謂法本性如金等在礦，若佛出世若不出世，法住法位，法界法性皆悉常住。】**[19]

也就是說，法之本性要猶如礦中之金，不需任何陶鍊因緣，其金體、金性本來就在，這樣的法才是本住法。換句話說，識蘊所攝之眼等六識，若是不需仗因托緣而能自己獨自存在，方可說是本住法、常住法；然而聖教及理證上都已證明，識蘊等六識心，不僅需依托因、緣而生，出生以後其分別之法性亦隨著因、緣之不具，而使能分別之識性不再現前，了知之性即不復存在；故說識陰六識之識體及識性都不能常住，都是因、緣所生法，非本住法。而此六識無有本來清淨之自性，必須經過對治陶鍊修斷煩惱方得清淨，故非本來清淨之本住法，本住法則是本來清淨而非經由修治然後清淨，唯是本識如來藏一心。能生五蘊名色之本識才是本住法，本識—如來藏—阿賴耶識（異熟識）不依仗任何因緣，而有其自體與自性，法爾如是本來自在，故本識心體才是本住法，故本識所擁有的本來具足非因緣所作之清淨法性才是本住法性。然而本識卻是出生意識等根識之識，不是我見之所緣——不是斷我見者所應斷法；我見之所緣是本識所生之五取蘊，而意識等根識及其自性則是五取蘊所攝。聖教量不可任意非毀，生活上及現代醫學上的現量亦不可能推翻，然應成派中觀傳承者非唯不依現量，亦不遵循聖教量，隨意改變聖教量意涵而自意施設我見之內容，不許五取蘊為我見之所緣，又另立識蘊之自性為本住法、為有自性之我，作為我見之所緣（本住法、有眞實自性之眞我，絕對不是我見之所緣）；彼等之施設俱違聖教量與理證現量故，實非正理。綜觀佛護以來的所有應成派中觀師，乃是依戒禁取見隨意移轉替換聖教內容，隨後即以見取見而鬥諍他宗他派正法，所作實為非法。

宗喀巴主張：眼識等根識之分別行相，縱然破除計繩為蛇之邪分別以後亦不得破除之；同樣的，破除意識之計繩為蛇之邪分別以後之分別行相，亦不得破除之，總此六識之分別自性爲本住法性，稱其爲「我」或者「自性」，妄稱爲本住法、常住法。如是佛護、月稱、寂天、阿底峽、宗喀巴等人自稱具有自性之我、本住之我，應予以檢驗，將其淆訛之處檢點出來，以正視聽。月稱說：【於諸蘊中無有我，我中亦非有諸蘊，若有異性乃有此，無異故此唯分別。我非有色由我無，是故全無具有義，異如有牛一有色，我色俱無一異性。我非有色色非我，色中無我我無色，當知四相通諸蘊，是爲二十種我見。】[20]

茲以月稱所說，檢查應成派中觀所另立之「我、自性」，是否爲世尊所宣說愚癡凡夫於五取蘊見我、異我、相在之五蘊所攝「我」？又是否爲與五蘊非一非異？是否爲大乘菩薩緣於五取蘊所見非我、不異我、不相在之本識我？

月稱說：「於諸蘊中無有眞我（月稱認爲意識是常住的眞我），眞我（意識）中亦非有諸蘊，倘若諸蘊與眞我（意識）各有其可成就相依之自性，才有所謂蘊中有我、我中有蘊互依之差別，諸蘊與我（意識）不是各有成就相異之自性故，而唯有於繩作蛇解之分別。眞我（意識）無色而說眞我（意識）是無，由此緣故說眞我（意識）全無五蘊所攝之虛妄性，而具有本住、常住之眞義；這與所有的牛都一樣是有色而眞我（意識）全然無色，與牛有色而說的一異性是相異的。眞我（意識）無色而色蘊不是眞我（意識），色蘊中沒有眞我（意識），眞我（意識）中沒有色蘊；應當知道四相（我相、人相、眾生相、壽者相）通於五蘊的每一蘊，這就是二十種的我見所緣。」

很顯然的，月稱企圖扭曲無著菩薩於《大乘阿毘達磨集論》中說「於五取蘊有二十句薩迦耶見」的內涵，欲撇清其另立常住「我（意識）、自性（意識自性）」無有緣於五取蘊見我、異我、相在之一異性；然而其所謂之「眞我、自性」本質上乃是緣於五取蘊而有，仍是識蘊所攝的意識，所以特地主張說：意識眞我無色故非五蘊所攝，將意識我排除於五蘊之外，避免成爲因、緣所生的生滅法；又恐怕墮於離蘊之過失中，故說「我、自性」與諸蘊無異，唯有顚倒分別才有於繩計蛇之蛇自性諸多分別，說這樣才是我見之所緣。這樣取識蘊眼等六識之見聞覺知「我、自性」，妄說爲眞我、本住我、常住我，已經是即蘊而得者，乃至緣於五取蘊或總或別而得者，皆不外於五蘊法，當然不能說與諸蘊有異性，怎可強說其「我、自性」與諸蘊無「一異性」？故六識論的應成派中觀所立之識陰或意識我，乃是世尊所說凡夫眾生於五蘊見我、異我、相在之五蘊我，其妄想建立之見聞覺知我性爲本住法，即不得成就，不離我見之範圍。

假設月稱所說之「**我**（意識）」與諸蘊確實無一性亦無異性，那麼應該就是世尊所說與五蘊非我、不異我、不相在而與五蘊非一非異之本識我如來藏；因為應成派中觀以此「**我**（意識）」為業之所依故，此「**我**（意識）」當然應該是世尊所宣說之本識如來藏，因為世尊說能持業種的心是本識如來藏，不曾說過意識可以受持業種。然而月稱說，其「**我**（意識）」非有色，色非我，色中無**我**（意識），**我**（意識）中無色，卻無法與彼等所推崇為最究竟之般若經所匯歸之精華——《般若波羅蜜多心經》之經文相符合。《般若波羅蜜多心經》說五蘊全都無常故空之時，同時也說：「**色即是空，空即是色，受想行識亦復如是**。」說的是色蘊非眞我，而又即是空性眞我；也說受想行識非眞我，同時即是空性眞我，難道世尊所說之眞我心是墮於二十種我見中？是五蘊中法？事實上，世尊於《心經》所說之心乃是本識—**如來藏**—阿賴耶識（異熟識），並非五蘊所含攝之識蘊中的眼識乃至意識，更不是二十種我見所緣之我，而是出生五蘊之第八識—**如來藏**—本識。二十種我見之所緣，如前所舉世尊於阿含聖教中所說，亦如前舉無著菩薩於《大乘阿毘達磨集論》

中說，凡夫皆是緣於五取蘊而顛倒分別爲我與我所。

月稱主張其「假我（色蘊等）」才是二十種我見所緣之我，又主張「眞我」（意識）能夠成爲業之所依，然而其「眞我」（意識）非有色，亦非出生色蘊者，則其所計「眞我」應無有蘊，如是「我」非身所相應故；既然非身所相應，亦應非苦樂等受所相應，也應非種種有想、無想、諸想、善思、不善思、無記思所相應，即應於六塵境界中都無受、想、行及認知（識）之功能，怎能成爲月稱所修之雙身法境界中領受四喜淫樂境界的意識？這樣的「我」應無所依、無受、無想亦無分別，也應該本來無有任何染污，亦不需經由任何功用加行即已解脫；此無受、無想、無任何法性之「我」既與諸蘊皆不相應，如何能成爲凡夫我見之所緣？如何能夠持諸業種？如何能夠成就一切善惡業報？故月稱、宗喀巴欲將其所主張緣於非有色而有分別之「我（意識）」安立爲假我，作爲二十種我見之所緣，再將非有色而無分別（事實上仍然是有分別）之「我（意識）」排除於我見所緣之外，理卻不得成立，事不得成故，同屬因緣所生法故，同屬生滅法故。而月稱自認爲本住不壞之「我（意識）」，實質上仍須依五陰根塵及諸識之見聞覺知自性方能運作，而且有受、有想、有分別、有染污，貪著於雙身法行淫享樂的離念境界，或貪著於靜坐中的離念識陰境界，故不得解脫；分明墮於識陰及識陰自性中，而竟強言其所主張之「我（意識）」之自性全無諸蘊之自性，實無可信之處。故月稱、宗喀巴、印順主張之本住法「我、自性、細意識」亦成就不了世尊所說非我、不異我、不相在之本住法中道觀。

落入識陰中的應成派中觀，欲於依仗因緣而生滅有爲之蘊處界法中，取彼意識而安立爲常住之本住我法，理皆不得成；於主張識陰意識常住不壞的前提下，不斷我見，而意識亦已於正教量及現量上被證實爲生滅法，不是自在常住的實我，卻又不許有本識—如來藏—阿賴耶識（異熟識）本住法，則因果業報及修行成佛的正理悉皆不能成立，試問：彼等牽強附會、隨意轉計，導致不離斷、常二邊，處處過失，如是都非正理之邪說，處處違背世尊聖教而又非毀佛法，如是事實所顯示之應成派中觀月稱、宗喀巴、印順等所主張者，爲是佛法？爲非佛法？如果彼等之主張眞是佛法，那麼世尊所說「五蘊非我、不異我、不相在」，及《心經》所說「色即是空，空即是色，受想行識亦復如是」，即成爲邪說。墮入識陰中的六識論應成派中觀所說，所有正信佛弟子應許或應不許？倘若彼等之主張非屬佛法，即是外道見，則應令彼回歸其喇嘛教之名義，不應繼續假借佛教之名義而妄託爲世尊所說法；亦不應竊取佛法之名相，吸取佛教之資源壯大其喇嘛教之邪見勢力而戕害佛教正法，誤導佛教界墮於斷見與常見中，此乃一切有智慧之佛弟子所應警覺之處。

三、恐懼墮於斷滅故執識蘊自性爲本住法

假藏傳佛教應成派中觀師爲顯自己之超勝，皆就意識各自施設異說，是故同一意識往往各創新詞而說，日新月異而皆不脫意識範疇；今觀月稱、宗喀巴、印順之所以另立「我、自性、細意識」成爲認取眞我之所緣，乃是因於熏習並接受斷見論爲基礎的六識論所衍生者。何以故？彼等實質上乃執取五取蘊之識蘊自性爲常住我，於否定第八識本住法以後，恐懼因緣所生法之五取蘊終歸無常壞滅，假如承認了我見之所緣爲五取蘊，將來斷除我見之時，即不能再受用五取蘊之能取與所取，樂空雙運之理論與行門即不能成立，又恐懼將會墮於斷滅境界而心生恐怖。故宗喀巴如是說：【見諸蘊之薩迦耶見，由於實物轉故，是緣實物之心，應非顚倒，如緣青黃等識。故斷薩

迦耶見，應非令其同類相續不生名斷。應如斷緣青黃色等之識，唯斷緣薩迦耶見之欲貪，說名爲斷也。】[21]

意思是說：「看見五取蘊常住薩迦耶見，因爲是緣於人間眞實之物而運轉的緣故，是緣於色蘊實物之心，這應不是顚倒心，譬如緣於青黃赤白的眼等五識一般。所以說，斷除薩迦耶見的意思，應該不是『使六識心各自同類相續的現象不再出生』而稱爲斷；應該如同斷除緣於青黃色等之眼等五識一樣，僅斷除緣於薩迦耶見所生之欲貪，不必斷除眼等六識之相續而生，稱爲已斷薩迦耶見。」

宗喀巴不解何爲眾生之顚倒，以爲眼見色、耳聞聲乃至意知法之法性，都是緣於人間眞實存在的色蘊及六塵，不違現象界之現量，故稱爲不顚倒，認爲斷除基於我見而生的外我所的欲貪即是斷我見，不知世尊所說眾生墮於四顚倒之我見相貌。四倒者，於不淨之**色蘊**計著爲淨，此乃不淨計淨顚倒；於所有受皆是苦之**受蘊**，計著樂想，此乃於苦計樂顚倒；於依仗因緣而起之無常法見聞覺知**識蘊**計爲常，此乃無常計常顚倒；於取一切法相之了知相**想蘊**及造作相之**行蘊**計著爲我，此乃無我計我顚倒。如今宗喀巴以無常之識蘊、不淨之色蘊計爲常、計爲淨，又以苦而無實我之受、想、行蘊計爲實我，乃是實質墮於四顚倒之我見者，故計執受想行識爲不顚倒之法，一反佛說而如是主張：薩迦耶見若是緣於五蘊而生，二乘聖者修證解脫道斷除我見我執，應該僅是斷除由薩迦耶見而生之貪愛，而非將識蘊我斷除，非滅盡五陰後有，非捨報入無餘涅槃後不再有同類五陰相續而生。宗喀巴等人認爲：倘若如是，則隨著同類五陰不相續生，即成斷滅。故宗喀巴不許諸蘊（特別是識蘊六識）爲薩迦耶見所緣，改以我見相應的我所貪著作爲我見的所緣，認爲只要斷除「我見所引生的我所貪著」時就是斷我見，因此而妄計眼等根識之取境法性是不可摧破之本住法性，正墮於我見之中。但二乘聖者所證之涅槃，乃是斷除後有苦蘊積集之因，使得同類五陰不再相續生，到達苦的邊際而無六根、六塵、六識，識蘊六識全部滅盡而成爲絕對寂滅，其所自覺之涅槃雖是依仗因緣而得者，卻是必須依於涅槃本際如來藏阿賴耶識（異熟識）之本來無生才能得。然而，此涅槃本際如來藏不需依仗因緣，即已自住於不來不去、不生不滅、不垢不淨、不增不減之涅槃界中。故二乘聖者捨報後五陰不再相續出生而入無餘涅槃，不是斷滅法，尚有涅槃本際自在故，卻是古今所有假藏傳佛教應成派中觀師所否定者。

墮入六識論中的應成派中觀師月稱、宗喀巴、印順等人，我見深固，具足凡夫我見而月旦世尊之涅槃法，實屬可悲而又狂妄。天界中之色界、無色界，以五陰所有之五塵法等我所貪愛爲苦，故滅除欲界五塵之貪愛（特別是滅除男女欲貪），是離欲的天乘之法；二乘以五陰及五陰後有之存在爲苦，故以滅除眼等根識能取境界之我爲首要，隨著眼等根識不再對自己生起希望繼續存在之作意，意根及眼等五根之後有種子亦隨之滅除。故二乘以滅五陰想而修遠離，非唯遠離一切我所：遠離眷屬、遠離世間五欲、遠離塵囂，住於阿蘭若而隨佛修道，進而聞佛教導後思慮觀察五取蘊之無常、苦、空，斷除我見及我執，乃至自覺涅槃，自知不受後有；這是將此世五蘊全部滅除而令後世不再出生五蘊，名爲不受後有，如是正理具載於四阿含諸經中。如今四阿含之聖教猶在，不可任由六識論的假藏傳佛教應成派中觀師曲解妄說，將一切修學解脫道與佛菩提道者所必須斷除，而且是可現觀而知、可現觀而斷除之我見，隨意轉變成未能斷除我見之常見外道邪見。月稱、宗喀巴不僅否定涅槃本際如來藏阿賴耶識（異熟識），更以其狂妄之言語，轉易阿含解脫道聖教之我見內容，蠱惑未具擇法眼之隨學者，使墮於見聞覺知之我見中，進而接受其喇嘛教之男女欲貪至極之「無上瑜伽」雙身邪法，所作所爲眞可謂大不善！

月稱、宗喀巴否定涅槃本際第八識之後主張：能取境界之「我、自性」是不可摧破之本住法，於是我所方可建立爲薩迦耶見之所緣，因此意識及其自性方可建立爲業之所依，方得於「證涅槃」時不墮於斷滅。所以宗喀巴這麼說：【以有自性所立之我及念我心取境之我，二中初者是正理所破，後者許名言有，故非所破。此顯不破薩迦耶見俱生所緣，然非不破彼執行相自性之我。】[22]

宗喀巴說：「由於有依六識自性而建立之我，以及能了知『我的心正在攝取境界』之我；兩者之中，前者乃『依自性所立之我』是正理所破除的，後者是『能返觀自己覺知心正在取境的自我』，由於那個自我名言上允許存在，但能攝取境界之心非我見所應破。這是顯示應成派中觀不破除薩迦耶見同時俱生所緣的意識等六心，但是並非不破除那些執著我所時的種種分別過程中依自性所建立的名言我（破斥依六識自性建立的我所境界中的能見之自性我、能聞之自性我，乃至能覺能知之自性我）。」

所以假藏傳佛教應成派中觀所說的斷我見，只斷六識自性我常住的我見，是斷阿含所說**內我所**常住不壞的我見，但是不必斷除**六識心自體**常住不壞的我見。他們認爲，六識心中以語言在分別六塵我所之過程中的自性之我，是斷我見時所應斷除的惡見；但是六識心正在冷眼返觀有語言的覺知心時，那個離於語言而能返觀的覺知心意識卻是不生滅的，不是我見所破斥的我。然而彼等都不瞭解：覺知心有分別而起語言妄想時，當然是識陰所攝的意識心，而同時正在返觀的無語言分別的覺知心，其實仍是同一個分別心，仍是識陰所攝的意識心；而且只是意識心的證自證分而已，屬於意識心的慧心所，只是意識心的心所法，是意識心的內我所，不外於意識心。意識是識陰所攝，仍然不脫根、塵、觸三法爲緣生的範圍，是故佛說意識也是我見所破的妄心。舉凡五陰所攝的法，全都是虛妄法，都是我見所破的範圍，不因有語言妄想或無語言妄想而有差別，也不因爲是否緣於妄想而不返觀，或者不生妄想而直接返觀，就有差別；因爲同樣都是識陰所攝的意識心，同樣都是根、塵、觸三法爲緣而出生的生滅法，同樣都是斷我見時所應破的虛妄法。

具足我見者凡有所說，必然以其我見所產生之邪見爲最勝，成就戒禁取見的同時，必定生起見取見而維護其我見之根本法相，必定會以鬥諍爲業而隨處破斥與其說法不同之人。因此應成派中觀師月稱、宗喀巴，雖不許於繩計蛇之蛇（假立之我），卻守護著能計繩爲蛇、能取境之意識心我（現象界中確實存在的識陰我、五蘊我）。而其所謂能破除於色受想行等自性，建立我之正理，則是這樣的內容：【（中觀）正理者，如中論云：「由遮心行境，即遮諸所說，不生亦不滅，同法性涅槃。」】[23] 依照宗喀巴所引用，由藏文翻譯爲中文之《中論》論文，他的意思是說：「其應成派之中觀正理，就像《中論》所說：由於遮遣了意識覺知心所運行的文字言說境界，就遮止了種種有所言說的妄想境界，這樣離言說的意識等六個根識即是不生亦不滅，同於本住不滅法性之涅槃。」以此種遮遣部分意識心行後之能取境的意識我，作爲本住不壞法；即以此惡見作爲不可摧破之正理，來破除所取之色受想行等自性所立之我，亦破除能取境界相之有念靈知意識心爲我見所立之我，卻將同屬意識而能取境的離念靈知，認爲離語言妄想時即是離能取所取、即是離分別性，而建立爲無分別的本住法。

依如是惡見而建立假藏傳佛教應成派中觀見，稱說爲中觀正理，稱遮遣後不需語言文字而仍然能夠取境之意識我爲勝義，故應成派中觀師月稱、宗喀巴等，許可以名言說之而不可摧破。也就是說，月稱、宗喀巴等認爲可以摧破之言說中我可以成爲我見之所緣，而現實中暫時存在的離言說的意識等六識則不可摧破，不許作爲我見之所緣，否則在否定第八識的大前提下，即無人可證無餘涅槃而成爲斷滅，因此而創造一個離言說時不可摧破、能取境之本住法性的意識我，以免墮於無人證涅槃之斷滅恐懼、無我恐懼中。但是離言說時能取一切境界之意識，乃是意根、法塵相觸爲緣所生之識；而意根與法塵皆是所生法，不是常住法，依此兩法爲緣所生之意識當然更不是常住法！意識雖可經由作意而捨離語言文字之分別，但卻遮不了其能取境了知之顯境名言；也就是說取境了知時，這個了知本身就是顯境名言，此乃意識之識性，任何修行人乃至諸佛都無法改變其定位與定義。意識離言說時仍能了知他人所說的名言，而意識自身亦不能外於顯境名言而存在；既然能了知言說，亦無法脫離顯境名言，就到達不了離言法性之涅槃本際；又屬意法爲緣所生的有生有滅法，不是不生亦不滅的涅槃法性。

倘若猶如宗喀巴所說，意識乃至眼等根識之取境法性是俱生我執之所緣，應當於每日眠熟—睡著無夢—六識暫斷沒有覺知時，俱生我執即隨之而滅，成爲無有俱生我執之無餘涅槃狀態，次日應當無由再醒過來，而使人人眠熟後都進入無餘涅槃中；然而世尊說，乃至意識滅後之沒有意識現行的無想定或無想天境界，皆是我見深固的常見外道所說涅槃，而不是眞實出離三界之解脫涅槃，更何況是眠熟位？當知眠熟位、無想定位、無想天中，都仍有意根相應之俱生我執存在，並非意識斷滅時就能使俱生我執斷滅，故不應說意識等六識之取境法性即是俱生我執之所緣。月稱、宗喀巴等人否定第八識而墮於六識論中，故不知此理，不知事實上另有染污意根爲俱生我執所依止；不但清醒位如此，乃至眠熟位、悶絕位、正死位、無想天中都是如此；而此亦爲月稱、宗喀巴等應成派中觀師所否定，後將於第五章中專節申論辨正。

又觀前舉宗喀巴所引用藏譯之《中論》，與《大藏經》中姚秦三藏法師鳩摩羅什所譯、龍樹菩薩所造《中論》有很大出入。該段偈頌漢譯原文是這樣的：「**諸法實相者，心行言語斷，無生亦無滅，寂滅如涅槃。**」[24] 乃以不生不滅實相心統攝由其所出生之一切生滅諸法，然藏文所譯則是依假藏傳佛教應成派中觀見而曲解翻譯者，故其藏文翻譯後之內容，都與《中論》本文及教證、理證不符。實相境界乃依實相心所住境界而言者，實相心所指乃是本識如來藏阿賴耶識（異熟識）運行於所執持之諸法中時，其自身之心行本已斷於言語道，不假修行而後如是；無始以來本自如是故，出生、顯現六塵境時本已不於六塵之中取境了知而作分別故；此本識如來藏之離言法性，是無始以來本即離語言道，是從來不落於所生蘊處界諸法之假說自性中；此等不落於所生「**有法**」中、亦不落於「**空無自性之法相**」中，才是諸法之實相。

本識心體及其本來具足之清淨法性，非因五蘊出生之後修行所作而生，乃本來無生；非因修行而淨，乃本來已淨，故無有他法可滅之、可淨之；諸法因於本識實相心之不生不滅而得不斷現行、似有生滅，而諸法本屬不生滅之實相心所有，故說諸法的實相寂滅如涅槃。並不是像藏譯本把這個實相心的本來離言自性，翻譯成是要以遮止對治法來遮止意識心差別、分別之心行境，來遮止一切言說所說，而說爲可以離於言說；是故藏文密續的《中論》是以自意所解而翻譯，不是依經論原意而翻譯，違逆龍樹所說、悖離世尊原意，皆爲想像所得者，非諸法之實相。實相心—**如來藏**—心體之心行，從無始劫以來就是離言法性，不是修行以後經由任何一法遮遣而得者；這樣的心不依仗任何因緣，本來就在，因此無生亦無滅；這樣的心與其所生諸法不一不異，諸法皆此心所生故曰不異（海不離浪），離心行處、斷言語道故曰不一（海非即浪）；不一不異，不常不斷，不來不去，不生不滅，故稱中道，斯為寂滅涅槃。

假藏傳佛教應成派中觀以意識離開語言文字表義名言之取境心，自己隨意轉計為斷言語道之實相心本識如來藏阿賴耶識（異熟識），將生滅法意識與眼等根識離語言文字時之能取境界的見聞覺知性假我，推崇為不能摧破之常住法我而高談中觀，所談者皆墮常見、斷見中，都是意識思惟而墮於邪見與戲論。彼等對於識蘊諸識之緣生緣滅法相不能如實了知，乃是由於對五取蘊不能如實了知的緣故，也是由於對識陰六識心的內我所（心所有法）不能如實了知的緣故。若究其實及依聖教，能取境之六識心依於眼色、耳聲等有變異性與質礙性之**色法**自性，領納眼觸色、耳觸聲等所生受之受自性，取眼觸色、耳觸聲等境界相了知之想自性，於眼觸色、耳觸聲等所生思令心造作之行自性，都屬生滅法；但假藏傳佛教應成派中觀師對此視而不見，如是攝取**色受想行**自性而安立為我與我所，或將**色受想行識**自性定義為我見之所緣，而將識陰六識自心排除於我見所緣之外，不許為我見之所緣，正是世尊所宣說緣於五蘊所生我見之相貌，都是因爲不如實知五取蘊正確內容所致。墮於言說中之色受想行乃至識陰六識，皆是生滅無常變異之法，是苦空無我之法，無有不生不滅之本事，固然非涅槃法性；然而遠離表義名言（語言文字）能取境之六識心，仍然屬於五蘊所攝識蘊之法；能了知自我而取一切境界之意識我，亦同樣是生滅無常變異之法，乃意法爲緣所生之法，都沒有本事成爲永遠不生不滅、言語道斷之涅槃法性故。

又《瑜伽師地論》卷五十三中，彌勒菩薩如此闡釋識之自性：【問：何等是識自性？答：略有六種，所謂眼識乃至意識，是識自性差別。又識有三種，一、領受差別，二、採境差別，三、分位差別；領受差別有三，採境差別有六，分位差別有三。如是識蘊差別，總有十八自性。】

略釋論意如下：「問：什麼樣的法相是識的自性？答：略說有六種，也就是依眼根了別色塵之眼識自性，依耳根了別聲塵之耳識自性，乃至依意根了別法塵之意識自性，這是識陰六識的六種自性差別。識的自性差別又可分成三類，一是領受差別，二是採境差別，三是分位差別。領受差別有三種，領受苦受之自性、領受樂受之自性、領受不苦不樂受之自性；採境差別有六種，眼識緣於色塵取顯色等境之自性、耳識緣於聲塵取大小聲等境之自性，乃至意識緣於六塵取形色、表色、無表色，取樂音、噪音、男聲、女聲，取種種六塵法中諸法塵境之自性；分位差別有三種，隨於思善而與善心所相應之自性、隨於思惡而與煩惱心所相應之自性、隨於不思善不思惡而墮於無記之自性。因此，眼識乃至意識等識蘊差別總共有十八種自性。」

彌勒菩薩於論中很明白地將含攝於識蘊中之意識自性宣說清楚了，意識離於表義名言（語言文字）時仍然能取一切境，這就是意識之採境自性，此採境自性亦名顯境名言；也就是指意識現起時必定與之相應的五遍行心所法中「想」心所法等之了相功能。「等」就是取一切境，「了」就是了別一切法；常見外道以意識心所法能取一切境之功能作爲不可摧破之我，這就是典型具足我見所產生之常見見，號稱最勝妙的假藏傳佛教應成派中觀思想，竟與常見外道一模一樣。在阿含中，佛說「想亦是知」，六識的了知功能，不論是有語言文字的想，或是離念靈知位的了知六塵（仍是想），都是想陰所攝之法；應成派中觀師月稱、宗喀巴，將意識心之「想」心所法——取境自性（包含眼識等五識之取境自性），也就是具有言語相及離念靈知等顯境名言法相，妄想爲離言語道之涅槃法性，以此實質爲生滅心之意識，等同涅槃法性中道心如來藏阿賴耶識（異熟識），抄襲、套用而攀附龍樹菩薩、提婆菩薩師資及無著菩薩等諸多論著中之法句，假以言語粉飾而成爲假藏傳佛教應成派中觀之理論根據，毒害未具正知見及擇法眼佛子之法身慧命至巨，有智之佛子不可不重視！

能受用一切法而念念不忘者，能計著有我、無我者，就是意法爲緣所生之意識，世尊已於經中處處宣說眼等根識乃至意識之生滅因緣相，例如：【我說識因緣故起，識有緣則生，無緣則滅。識隨所緣生，即彼緣，說緣眼、色生識；生識已，說眼識。如是，耳、鼻、舌、身，（緣）意、法生識，生識已，說意識。】[25] 故眼識乃至意識皆是因、緣所生法，識生起之緣具足，則從因中生起；若識生起之緣不具足，則不能從因中繼續生起而消滅；意識生起之緣者即是意根與法塵，因者即是本識及其所含藏的意識種子。眼等六識都必須隨於所緣具足方得生起，既是隨緣方能生起之法便是所作之法，所作之法即是無常之法，即是生滅之法！無論假以言說或者不予言說，皆不能去除其無常性。意識藉意根與法塵之緣而生，若在欲界，尚需有不壞之五色根，隨意根作意方得從本識因中生起；於眠熟無夢、無想定、無想天、滅盡定中，無意根作意之緣故，意識即不現前。於悶絕時或因五根受損之緣故，意識暫不現前，即是世尊所說「無緣則滅」；因此，宗喀巴所說能念了知自我之心、能取境之我——意識，一旦緣缺則必斷滅，怎可說是不可摧破之常住我？宗喀巴所說，乃是未斷我見之具體表徵。

又意識能念「能了知自我、能取境之我」，皆是斷我見者所應捨棄者，無有眞實不壞之法性故；意識心雖然隨於所緣方得生起，然意識現前時其能取一切境之分別法性本是其識性，此識性不是常住法，乃依於無常之意識覺知心而有故；識於緣缺時則滅，此識自性即隨識滅而不現前故。如實了知此因緣所生法是無常、是苦、是空，故無我；了知並確認意識我非不可毀壞之常住法，此乃斷我見者最基本之初分解脫智慧。然天竺及假藏傳佛教應成派中觀的佛護、月稱、安慧、寂天、阿底峽、宗喀巴、印順……等人卻恰恰相反，極力維護此需藉緣而生之無常生滅心爲不可摧破之我，套一句禪師所說，彼等四處撩著狐狸尾巴漫天搖晃示於世人面前，以墮於斷常二見中，具足我見之心而大談中觀，只能蠱惑同墮我見者，通不過世尊三乘正法之檢驗！

五取蘊中包含識蘊所攝之眼等根識及意識在內，確實無有常恆之法性可稱爲本住、眞實之我；彌勒菩薩亦針對修解脫道者緣於五蘊之無常、苦而入無我空中，教導觀行之法要，茲摘錄並略釋如下，以救護被佛護、月稱、宗喀巴、印順……等人誤導之應成派中觀學人：【如是名爲由無常行作意爲先，趣入苦行。復作是念：我於今者，唯有諸根，唯有境界，唯有從彼所生諸受，唯有其心，唯有假名我、我所法；唯有其見，唯有假立，此中可得，除此更無若過若增，如是唯有諸蘊可得。於諸蘊中，無有常恒堅住主宰，或說爲我或說有情，或復於此說爲生者、老者、病者及以死者；或復說彼能造諸業，能受種種果及異熟。由是諸行皆悉是空，無有我故，如是名爲由無所得行趣入空行。】[26]

彌勒菩薩於《瑜伽師地論》本地分中聲聞地，如是開示：「於一切行無常，觀行、修習，獲得決定以後，由無常行之作意而趣入生苦等五蘊熾盛苦。接著又思惟：我現前觀察所得者，唯有眼等諸根，唯有色等六塵境界（色蘊），唯有從眼觸色所生受乃至意觸法所生受（受蘊），唯有能分別色塵之眼識乃至分別法塵之意識等六識心（識蘊），唯有取六塵相之了知（想蘊）與思有所造作（行蘊）之假名我與我所法；此中之我與我所，唯有從所見聞覺知之分別行相中，假立我見與我所見乃至我知與我所知，故我與我所法唯是假立，故由現前觀察可得者，除此以外更無過於五蘊者，亦無第六蘊可得，如是唯有色受想行識五蘊可得。於色等五蘊中，無有常恆堅住之主宰者可說為我或說為有情，或於諸蘊中說有我或有情為生者、老者、病者以及死者；或者說於諸蘊中有我或有情能造作諸業，能受種種果報及任持種子與業種而有異熟法。因此緣故而說五蘊諸行無有作者與受者，皆是空故，無有實我故，如是觀行思惟而領悟五蘊所行諸法無我，稱為由無我故行於無所得而趣入空行。」

於諸蘊中無有常恆堅住之主宰者可說為我或說為有情，此乃世尊於初轉法輪諸阿含中所諄諄教誨者。能如實觀行思惟五蘊（含攝識蘊中之意識）無有實我，進而領悟五蘊所行諸法無我，意謂無有能作與所作、能取與所取，由無我而趣入無所得之空行；此等皆屬於五蘊空、蘊處界空乃至一切我所緣起性空，皆非大乘勝義空。緣於五蘊或總或別而說我與我所，唯是假名而說，於五蘊中無有實我與實法故；雖已能如實不緣於五蘊或總或別，分別執為我而斷除分別我見，也就是不於盤繩假計為蛇，然而仍可分別諸根、境界、六識心之自性差別。雖由分別可得見諸法自性差別，而此等自性差別確屬無常、生滅、變異、不自在之法；進而修斷緣於五取蘊之我執，成就解脫果。緣於五取蘊斷除我見與我執所得之解脫果，都是屬於世俗諦的內涵，也就是二乘修證解脫道之內涵，仍未曾觸及勝義諦，未曾知證勝義空性，只是解脫道中之空行者。

又，純粹觀行五蘊空、蘊處界空，偏於可滅之斷滅空而否定了本識實相心，本質即是斷滅空，無有一法得以讓修大乘觀行者可以緣之，則不能處中而觀，不免要墮於斷與常二邊。宗喀巴主張能念之我及能取境之我是常住之本住法，以其非色法故說為大乘所證之空性心；但此能念我之心以及能取境之我，正是識蘊所攝之五俱意識及其了境行相，並非大乘賢聖所證空性心第八識，故已墮在我見中，未斷我見。世尊及彌勒菩薩於經、論中，都說諸蘊皆無常恆堅住法，若有人堅持應成派中觀佛護、月稱、宗喀巴、印順等人之所說為正，則與世尊、彌勒菩薩所說相違，即是指責世尊、彌勒菩薩所說之經論為邪說。凡具清淨信之佛弟子，應當認清以上彌勒菩薩所說皆契合世尊之聖教，不應隨於應成派之六識論假名中觀、邪見中觀而妄作評論，以免成就謗佛、謗等覺菩薩之地獄重罪。

應成派中觀師月稱、宗喀巴等人強力主張：「若非由內心增上安立，於其境上就自性門有所成就，說彼為我或名自性」、「以有自性所立之我，及**念我心取境之我**，二中初者是正理所破，後者許名言有，故非所破。此顯不破薩迦耶見俱生所緣，然非不破彼執行相自性之我。」但他們為何要違背佛說、菩薩說而如此強力主張？彼等所主張與堅持者，即是彌勒菩薩所教導應以身受心法四念處觀思惟其假有而棄捨者：能領受諸境界之眼識乃至意識心，了知諸法而於所了知之諸法起思造作，皆是假名所說之我與我所法，並非眞實常住之主宰者，更非能造業者、非能持業者、非能給予異熟果報者，修觀行者對於能觀行之假名我生起此無我、無所得之智慧，才能趣入無人、無我，成為空行者而證解脫道之空三昧。月稱、宗喀巴等倘若不承認眼識乃至意識之取境自性為識蘊之自性所攝，則是分明主張只有四蘊或者別有第六蘊，違背諸佛菩薩之聖教，彼等所說即不歸屬於佛法，弘揚其法之一切人都應去除所有佛教、佛法之名相與表相。月稱、宗喀巴等主張眼識乃至意識能取境之我為不可摧破之眞我，妄稱是本住法性，正是二十種薩迦耶見所緣之我。他們之所以會墮於薩迦耶見中，最主要的原因有以下幾點：

一、主張意識乃是結生相續之識而以為不墮於斷見。

二、以意識能取又能捨，偽證大乘之無分別智。

三、以生滅性的意識之一分，建立為本住不壞法，別稱為細意識我，妄認為本住法，反將出生六根、六塵、六識（含粗細意識）的如來藏（阿賴耶識）謗為實無，妄稱為名詞施設之方便說。

四、以意識為根本而說三有唯是意識所成，抄掠佛法名相再加以曲解粉飾，詭稱應成派中觀之意識境界為含攝般若與唯識之大乘法。

五、主張五識自性及意識自性之取境自性不可毀壞，故主張外境實有而墮於內我所執著之惡見中。

六、主張五識自性、意識自性若暫時離開語言相時即為常住之離言法性，故主張性空唯名而有作用不墮於無。

七、主張僅有六識，無有七、八二識，故認爲煩惱障含攝所知障。

八、主張聲聞緣覺亦證意識微細我——細意識，才得以出離三界，故亦證法無我，辯稱實證法無我者非唯菩薩。

九、爲成就其誤會後的解脫道即是佛菩提道之主張，故將成佛之道唯一依憑的第八識本識，在自身無力實證的情況下加以否定。

十、以五識及意識自性「我」爲眞實常住之法性，再以五識及意識「我」緣起故無自體性之無自性，妄攀爲唯識種智之三性、三無性。

以上十點是假藏傳佛教應成派中觀師之重要主張，皆以意識取境之心爲宗旨，盜取大乘般若經典中一切法以無性爲自性之名相，以及曲解龍樹菩薩論著內之般若中觀眞實義而攀附之，詭辯爲了義佛法，欺瞞未證實相之佛教界人士。以下將分成三章，逐項披露上面所列舉彼之常見、斷見、無因論本質之內涵，以挽救久被誤導之假藏傳佛教應成派中觀學人。

1 宗喀巴著，法尊法師譯，《廣論》卷二十，福智之聲出版社（台北），頁四七〇。

2 《迴諍論》〈釋上分〉第四，《大正藏》冊三十二，頁十八－頁十九。

3 宗喀巴著，法尊法師譯，《廣論》卷二十，福智之聲出版社（台北），頁四七五—四七八。

4 宗喀巴疏，法尊法師譯，《入中論善顯密意疏》卷六，成都西部印務公司代印，頁三。

5 宗喀巴疏，法尊法師譯，《入中論善顯密意疏》卷二，成都西部印務公司代印，頁七。

6 本段「十六行」之解說係參考《瑜伽師地論》卷三十四，本地分中〈聲聞地第十三〉第四瑜伽處之二，《大正藏》冊三十冊，頁四七〇。

7 宗喀巴疏，法尊法師譯，《入中論善顯密意疏》卷二，成都西部印務公司代印，頁十一。

8 宗喀巴著，法尊法師譯，《密宗道次第廣論》卷十四，新文豐出版公司（台北），一九九六年二版，頁三〇七－三一〇。

詳細解說請參考平實導師著，《狂密與眞密》第二輯，正智出版社（台北），二〇〇二年四月初版，頁六一九－六二五。

9 宗喀巴疏，法尊法師譯，《入中論善顯密意疏》卷十一，成都西部印務公司代印，頁十三。

10 《雜阿含經》卷二，第四十五經，《大正藏》冊二，頁十一。

11 《雜阿含經》卷二，第四十六經，《大正藏》冊二，頁十一。

12《雜阿含經》卷二，第三十三經，《大正藏》冊二，頁七。

13《瑜伽師地論》卷三十四，本地分中〈聲聞地第十三〉第四瑜伽處之二，《大正藏》冊三十，頁四七五。

14 宗喀巴疏，法尊法師譯，《入中論善顯密意疏》卷十一，成都西部印務公司代印，頁十九－二十。

15《雜阿含經》卷十三，第三三五經，《大正藏》冊二，頁九十二。

16《楞伽阿跋多羅寶經》卷一〈一切佛語心品〉第一之一，《大正藏》冊十六，頁四八三。經文解說請參考平實導師著，《楞伽經詳解》第二輯。

17《廣論》卷二十，頁四六二。

18《廣論》卷二十，頁四六三。

19《大乘入楞伽經》卷四〈無常品〉第三之一，《大正藏》冊十六，頁六〇八。

20 法尊法師譯，《入中論善顯密意疏》第一版二刷，方廣文化（台北），一九九八年六月，附錄〈入中論頌〉頁四十。

21 宗喀巴疏，法尊法師譯，《入中論善顯密意疏》卷十一，成都西部印務公司代印，頁十。

22《廣論》卷二十，頁四六五。

23 宗喀巴著，法尊法師譯，《辨了不了義善說藏論》卷三，大千出版社（台北），一九九八年三月，頁一一四。

24 《中論》卷三〈觀法品〉第十八，《大正藏》冊三十，頁二十四。

25 《中阿含經》卷五四，第二〇一經，《大正藏》冊一，頁七六七。

26 《瑜伽師地論》卷三十四，本地分中〈聲聞地第十三〉第四瑜伽處之二，《大正藏》冊三十，頁四七四。

第四章　假藏傳佛教應成派中觀思想否定如來藏之主要論點

第一節　假藏傳佛教應成派中觀以意識為結生相續之識

一、意識結生相續有諸多過失

應成派中觀師月稱、宗喀巴等不許緣於五取蘊生我見，乃是認取五取蘊能作用見聞覺知中之五識及意識自性爲眞實；所知之一切法性空，唯名言假立而能生作用，是假藏傳佛教應成派中觀的主要邪見之一。若我見是緣於五取蘊，則能作用之見聞覺知亦屬於五取蘊法之一，應予破斥；若斷除此種緣於五取蘊之我見，則不能成立彼等樂空雙運及性空唯名之邪見，故彼等必須極力維護離表義名言取境之意識心爲本住法。（印順法師將般若賦以性空唯名之判教，以及細意識不壞、滅相眞如常住之說，皆源於假藏傳佛教應成派中觀這種邪見而生。）以下舉示彼等所說予以佐證：【既離意識不許異體阿賴耶識，則所言阿賴耶者，是總於內心明了分，特於意識立為阿賴耶。以是破心有自性，答他難時，說心雖非寔〔實〕，能作所作皆應理故。許能取後有之心是意識故。復許意識，是一切染淨法之所緣故。……。不許外境之蓮花戒論師亦云：「唯此意識，有與餘生結生相續之功能，如云：斷善根與續，離染退死生，許唯意識中。」此引俱舍為證。】[1]

宗喀巴於《入中論善顯密意疏》中推崇意識心能取後有，是一切染淨法之所緣，又是結生相續之識；也就是主張意識是實相心，是持種住胎出生五陰之心，能為諸法的本源，是可貫穿三世之心，是可貫穿一切世間、出世間法之心。倘若眞的如是，意識理當不生不滅，於一切時、一切位均不可暫斷亦不可滅失，否則各類法種必定散失，因果必定混亂；亦應本無今有、無因而有之各類不符現象界之果報將隨時出現於世人面前，然而事實現見不然。這是一切修學佛法者所應理智面對之問題，學般若者皆應該仔細一一檢驗之。首先檢驗意識果眞是結生相續之識嗎？結生相續之識應該有哪些條件，才能具有因果不混亂、果報體得以生起之法界功德？

心中有了第一個檢驗主題，回到宗喀巴所舉蓮花戒所說來加以檢驗。蓮花戒舉出《俱舍論》中「斷善根與續，離染退死生，許唯意識中」三句偈，想要以此證明彼等主張意識具有與餘生結生相續之功能的說法，是與《俱舍論》中所說相符的。假藏傳佛教應成派中觀諸傳承者一向的作法，皆是僅於經句中或者菩薩論著中斷取彼等想要的部分，或者捨棄不利於彼等之主張者，不觀察前後文之整體意涵，以斷句取義的方式來粉飾及包裹自身與經、論完全不同之法義。茲摘錄《俱舍論》中相關之論句如下：

【斷善根與續，離染退死生，許唯意識中；死生唯捨受，非定無心二，二無記涅槃；漸死足齊心，最後意識滅，下人天不生，斷末摩水等。

論曰：斷善、續善、離界地染、從離染退、命終、受生，於此六位，法爾唯許意識非餘。所說生言應知，亦攝初結中有；死生唯許捨受相應，捨相應心不明利故，餘受明利不順死生。又此二時唯散非定，要有心位必非無心，非在定心有死生義。界地別故，加行生故，能攝益故，亦非無心有死生義，以無心位命必無損。若所依身將欲變壞，必定還起屬所依心，然後命終，更無餘理。又無心者不能受生，以無因故，離起煩惱無受生故。】[2]

世親菩薩於尚未修學大乘法之前所造之《俱舍論》，觀察斷善根、續善根、離界地染、從離界地染而退時、命終時、受生時等六位中之意識心法相，闡述意識於此六位中之相貌，應當屬於有心位，不當屬於無心位；若此六位中屬於無心位時，有種種過失等。造此論當時，世親菩薩雖然還未信受大乘法，卻不是主張意識心不滅而能夠接續餘生之結生相續者，但假藏傳佛教應成派中觀師還是誤會了世親菩薩的論意而斷句取義。若是如同蓮花戒、宗喀巴所局部引用而作的解釋，想證明意識有結生相續之功能，世親菩薩於論中就不應說「最後意識滅」。於有情臨命終時必定有意識存在，方能轉入正死位；若在滅盡定、無想定等無心位中，必定無法捨壽進入正死位中；而意識現前、進入正死位，最後意識還是壞滅而不存在了；死後必須如來藏出生中陰身時，意識才會在中陰身中重新現起；當有緣父母和合境界現前時，入胎之緣成熟了，仍必須有意識心存在才能入胎，但是入胎受生時前生的意識同時斷滅，永遠不再有現前的時候；以後出生而有的意識，已是依入胎而生的下一世五色根爲緣所生的全新意識，已非此世的意識了。由此緣故，證實命終位及受生位，必定要有意識存在；然而正死位及正受生位，意識都已斷滅而不現前了；這才是《俱舍論》中世親菩薩所說的正理，蓮花戒及宗喀巴都加以曲解而作錯誤的援引。意識既是會中斷、會壞滅之心，就沒有遍一切時都能作用的功德，故在正死位、正受生位、住胎位初期數月中，都不存在而無遍一切時作用的功德；既不存在，亦無遍一切時作用的功德，焉有能力作為聯結餘生而有結生相續之功德？也就是說，世親菩薩當時雖然以小乘法之知見造《俱舍論》，卻知道這些道理，所以論中沒有絲毫之立論主張意識是常住法、是可以貫穿三世結生相續之識；他的偈與論中都是如此說的，只是蓮花戒與宗喀巴二人都讀不懂《俱舍論》，引證了此論以後卻提出了違背世親論意的說法，誤導了後世密宗諸大法王及顯教的印順法師等人。

後來，世親菩薩隨著無著菩薩修學大乘法以後，對於意識結生相續之說法，也是予以破斥的，這個事實也證明假藏傳佛教應成派中觀師們都誤會了世親菩薩偈與論的宗旨了。世親菩薩於《攝大乘論釋》中是這樣解釋無著菩薩所造的《攝大乘論》：

【（無著菩薩）論曰：若有於此非等引地，沒已生時，依中有位意起，染污意識結生相續，此染污意識，於中有中滅；於母胎中，識（本識阿賴耶識）、羯羅藍更相和合。若即意識與彼（羯羅藍——受精卵）和合，既和合已依止此識，於母胎中有意識轉；若爾，即應有二意識，於母胎中同時而轉。又即與彼和合之識是意識性，不應道理，依染污故，時無斷故，意識所緣不可得故（五色根尚未生起或圓滿，故尚不能有六塵存在，故意識所緣之六塵仍不可得）。設和合識即是意識，爲此和合意識即是一切種子識？爲依止此識所生餘意識是一切種子識？若此和合識是一切種子識，即是阿賴耶識，汝以異名立爲意識。若能依止識是一切種子識，是則所依因識非一切種子識，能依果識是一切種子識，不應道理。是故，成就此和合識非是意識，但是異熟識，是一切種子識。

（世親菩薩）釋曰：非等引地，即是欲界；沒者，死也；染污意識，即是煩惱俱行意識。結生相續者，謂攝受自體。此染污意識，緣生有爲境，於中有中滅。言和合者，識與赤白（受精卵或胎身）同一安危；若和合識即是意識，依此復生所餘意識，是則一時二意識轉，謂所依止和合意識，及能依止所餘意識。又和合識是意識性，不應道理，何以故？依染污故，時無斷故。謂此意識貪等煩惱所染污，意爲所依止，緣**生有**境故，是染污即此爲依，名依染污；於此位中所依**異熟**不容染污，是無記故；此和合識**常**、**無間斷**，任業轉故。意識所緣不可得故者，意識所緣明了可得，所謂諸法；此和合識無有如

是明了所緣，是故此識是意識性，不應道理。】[3]

無著菩薩於論中說「依中有位意起，染污意識結生相續」，「結生相續」四字是指中有位時之意識，與捨報前之意識是同一個，是由於結使而轉生到中陰身境界來，仍與生前所知聯結而屬於同一個意識；也與生前所造業因聯結，因此說「染污意識結生相續」。綜觀無著及世親菩薩所造的本論及釋論中，都未曾言此意識可以住胎而與餘生結生相續，故蓮花戒與宗喀巴引作意識可以持種而指爲未來世餘生的結生相續心，用來證明意識是常住不壞的本住心，屬於曲解附會之說。由於尚未證得解脫的中有境界染污意識仍有結使煩惱，也是與死前五色根中的染污意識記憶相聯結，故中有位之有情認得捨報後已壞之色身及親眷，經中世尊也說中陰「見所棄屍，云：此是我前生之身」，可以證明此一事實。無著菩薩論中最重要的反證是「此染污意識，於中有中滅」；世親菩薩並且重引一遍，又特地加上說明：「此染污意識，緣生有爲境，於中有中滅」，說此染污意識是緣於生有（生前的人間五陰）作爲所緣的境界，轉入中有而入胎以後就永滅了。意識雖然於中有位與生前的業及記憶可以結生相續，然而入於母胎時中有身即同時滅失，此染污意識即隨著中有身滅而滅失；既然意識已滅，必定要待後世五色根具足的因緣才能圓滿生起，故在住胎初期三、四個月中都無意識出生。因為，本識造色所成的五色根尚未圓滿形成而不具備基本功能，故無六塵出生，此時雖有意根得以為緣，但仍缺乏六塵或具足的法塵為緣，意識仍然不能生起；在後世意識未能生起，而前世意識已滅之狀況下，住胎之前期如何能有意識存在？不存在的意識，如何有能力承擔結生相續之功德？如何能造色出生五色根？如何能出生五塵、法塵？如何能使意識存在？

又入胎以後，倘若是由前世意識與羯羅藍和合者，必須是沒有過失，才可說是由意識與餘生結生相續。然而，從無著菩薩於論中所說及世親菩薩之釋義，都說與羯羅藍和合者若是意識，不應道理；有諸多過失故。倘若入胎時是由意識與羯羅藍和合，而不是由本識如來藏與羯羅藍和合，則住於母胎時，名色就應該是依止住胎意識而轉，由此住胎意識造色而出生眼、耳、鼻、舌、身、意識，就應該於處胎前期每天了了分明而知自己處於母胎中，亦應處胎後期及出生以後都有兩個意識心同時運轉：一個是諸法所依止而與羯羅藍和合之入胎、住胎意識，另一為能依止住胎意識而被住胎意識所生之意識，如此則不應道理。

又與羯羅藍和合之識倘若具有意識的體性，則該識即是意識，乃是染污意識，原已依止染污之意根故，我見、我執、貪等煩惱必定相應，並非無記性之異熟心，則不可能於母胎中安住而無煩亂；而此意識又是造色而能出生色身者，既能了知諸法，則應能知如何造色，即應一切有情之色身皆是飽滿莊嚴，不應有殘缺不全、諸根不具足者；亦應都能清楚住胎而了知自己何時以及如何造色的全部過程，則應當所有人皆無胎昧。然而，現見事實並非如此，故說與羯羅藍和合而住胎造色之識絕非有記性之意識。故與羯羅藍和合之識應是無記性之異熟識（本識阿賴耶識），方能無所偏黨，不擇善惡，如實依業種之內涵親生諸般可愛與不可愛異熟果報，而為各各有情所各自承受，無可逃逭。故說此能持胎住胎、結生相續之識，若屬有染污之意識，不應道理，引證不成。

又異熟識常，無有間斷，性屬無記而無偏黨，方得受持一切善惡業種及無漏有為法種任運而轉，實現因果律；於捨報轉入中陰時，乃至中陰滅而入胎執取受精卵（也就是羯羅藍）時都能任運而轉，猶如長途急行之乘馬者棄一乘一，從無間斷；而意識於眠熟、悶絕、正死位、無想天（無想定）、滅盡定五位中同皆斷滅故（作者案：《成唯識論述記》卷四：【凡間斷者，共經部師有五位故，謂即無心睡眠、悶絕、無想、滅定、無想異熟。其大乘中命終、受生悶絕中攝故，此等諸位轉識不行，唯第八識相續不斷。】《瑜伽師地論》卷十三：【分位建立者，謂除六位，當知所餘名有心地。何等爲六？謂無心睡眠位，無心悶絕位，無想定位，無想生位，滅盡定位，及無餘依涅槃界位，如是六位，名無心地。】），不是常無間斷者，不能持業種及諸法種任運而轉，故與羯羅藍和合之識若具有意識性，不應道理，故說入胎之住胎識非意識。意識之所緣乃是因緣所生法之六塵境界，而若說此意識與羯羅藍和合，又成爲羯羅藍所依止之識，則其所緣爲業種與所攝取之羯羅藍，其中無有意識出生必具之所緣六塵或具足的法塵境界可得，此意識即不可能存在，故蓮花戒、宗喀巴主張與羯羅藍和合之識是意識，不應道理。

假如該和合識就是意識，則此和合意識應爲一切種子之所依止；也就是說，該和合意識所生之另一意識亦應同樣是一切種子識。又若無一切種子識（如來藏異熟識）而唯有意識，則眼等十八界種子功能必不得現行，業果必不得實現。是故，若該和合識就是意識，又是持種識；該和合識住胎而出生了五色根及六塵時，於住胎後期將會另生一意識，該後期所生之意識亦應同樣具有持種及造色功能，方得同名爲意識；則一身具二意識，各能持種、各能造色，必將展轉出生無量過失，**故說與羯羅藍和合而住胎造色之識絕非意識**，蓮花戒與宗喀巴之主張不應正理。若說一切種子識不應由他而生，則與羯羅藍和合之識就是一切種子識，那麼此和合識就一定是阿賴耶識，經中世尊已說母胎中最初期是一切種子阿賴耶識與羯羅藍和合並執受之。[4]有異執者（譬如假藏傳佛教應成派、自續派等中觀師）緣於見取見而以不同之名稱主張和合識是意識，倘若說母胎中之和合識是意識，成爲一切種子識之所依，則所依止之因緣不是一切種子識，能依之果識卻是一切種子識，不應道理。因此說：**能夠成就和合識功德者**，**只有一切種子識阿賴耶識**（異熟識），並非意識，蓮花戒與宗喀巴之主張不應正理。

再者，若應成派中觀師月稱、蓮花戒、宗喀巴等，聲稱彼所說者是細意識，此亦不應道理。若意識可有粗細多心，則眼等五識亦應各有粗細多心；若意識多心中之細意識能住胎，則眼識多心中之細眼識等亦應能住胎，六識體性相同故，同屬假借根塵二法爲緣生故，同屬了境識故。如是，則應有六個細識能夠各別與羯羅藍和合，則與現量不合，全違正義，故其細意識說不應成立。故彼等所說之細意識實則仍應是阿賴耶識，只因彼等已經主張不許有阿賴耶識，故而改以異名細意識而稱之，本質仍是阿賴耶識；彼等如斯違於經量、現量而增上建立具有阿賴耶性之細意識後，卻又辯稱沒有阿賴耶識，藉以迴避自身尚未實證阿賴耶識的事實，詭辯自宗的法義勝善上妙，自高於顯教及餘諸宗；實則處處邪謬，本質上只不過是凡夫所思所說，都無勝善之處。

又一切粗細意識皆是意法為緣所生，絕無例外；世尊於阿含中說：【意、法因緣意識生，所以者何？**諸所有意識**，彼一切皆意法因緣生故。】[5] 此中「諸所有意識」五字已含攝一切粗細意識，**聖說一切粗細意識皆是意法因緣所生**之有生法性，有生則必有滅，不是常而不間斷者，不可能具有無記性之持種功德，亦不可能具有住胎造色之功德。意識依止染污之意根而轉，必與我見、貪等煩惱相應，必定不屬於無記性心，則不能忠實履行因果業種，亦不能無記而住胎。意識所緣者是所取之一切六塵境界，並非業種、身根與器世間，故意識不能勝任與羯羅藍和合而被羯羅藍所依止之使命，道理極成。主張意識心能與餘生結生相續，不能免於無著菩薩「依染污故，時無斷故，意識所緣不可得」三因之所破，故假藏傳佛教應成派中觀所說墮於無量過失中，意識能與餘生結生相續之說，理不應成。

二、意識之一分明瞭分 仍然是意識

月稱、宗喀巴等不許意識以外另有一心體稱為阿賴耶識，故主張意識心中有一分明瞭分，是離於語言文字而能取境者，將此意識中之一分功能立為阿賴耶識；也就是主張：阿賴耶識僅是由意識中之一分—彼等稱為細意識—假名安立而說。故應成派中觀以其虛妄想而說彼「細意識阿賴耶識」非實有，故無自性；卻又說：雖然非實有，能作與所作皆得成立。這樣的說法仍應該再予以檢驗：由意識之一分心相假名而說阿賴耶識，也就是彼等所說之細意識；此細意識能夠持種入母胎與羯羅藍和合，而被羯羅藍所依止，是否理上可無過失？

月稱、宗喀巴所說的細意識，是意識心中的一分明瞭分，這個明瞭分其實只是意識心的證自證分，屬於意識心的五別境心所法所成就的功能，並非心體，如何能夠建立為心呢？故不可建立為細意識。明瞭分既然只是意識心的五別境心所法的功能，不是心體，當然不具有持種、造色的功能，即無可能是結生相續的住胎識，亦無可能是與羯羅藍和合之識，亦無可能製造五色根而使生死相續、結生相續，**心所法不能擁有大種性自性故**，唯有心體方能擁有大種性自性而能與色法羯羅藍和合爲一故；擁有大種性自性的心，才有能力造生色身及受持一切種子，才能成爲結生相續的心故。

假如細意識能夠入母胎成爲和合識，祂在未入母胎前就應該具有與色法和合之功德，那麼該細意識應該即是造身識、持身識，應是在意識出現之前就已存在，不該是由意識細分出來的，也因爲人間意識是造身識入胎出生了五色根及六塵以後才能出生的生滅心。又細意識既然是由意識之一分假名而說，應該是同一意識心之體性，而世尊說諸所有意識皆意法因緣生；既是因緣所生法，必定隨緣缺而滅，則中陰身入胎而使微細根身及意識斷滅時，細意識亦應同時斷滅，即無可能成爲住胎識而與羯羅藍和合而住，不可能成爲結生相續而聯貫三世的心。

又眠熟位稱爲無心睡眠位，也就是意識心斷滅不現前，故而稱爲無心位。彌勒菩薩於《瑜伽師地論》中說：【若遇不生心因緣故，心則不生，名無心地……轉識滅故，名無心地。】[6]現法中，於眠熟無夢時，意識心缺意根作意之因緣故不現前，故吾人眠熟無夢時不覺不知；現代醫學界研究者亦證明，人類每天之睡眠正常狀況約有兩小時之無夢沉睡期；既言沉睡無夢，此時就連夢中之獨頭意識亦不現前；當意識不現前時，則從意識細分的細意識必定隨著不現前。倘若細意識是和合識，則必是持身識；則於眠熟位中細意識不現前時，身根必定敗壞，猶如壽命終了時本識不執受身根後隨即爛壞一樣。現見人人夜夜皆有睡著無夢的粗細意識皆不現前時，身根卻不隨著意識不現前而敗壞，故知必定另有非意識所攝的識體是持身識，於眠熟、悶絕……等五無心位中，仍然持身令不敗壞，故細意識不是持身識。

細意識既然於現法中已經證明不是持身識，不具有大種性自性的造色功能，則不能入母胎與羯羅藍和合，故非和合識，故月稱與宗喀巴所說錯誤；又意識於中有入胎時永滅，則附屬於意識之細意識必然隨著意識滅而同滅。倘若假藏傳佛教應成派中觀諸傳承者與修學者，主張「細意識與意識不是同一識體，故不隨著意識滅而滅」，則彼等所謂入胎結生相續之細意識，必然是意識以外之另一識體，則不應主張此細意識是從意識中細分而出者，亦不應追隨宗喀巴所說「離意識外無有異體名阿賴耶識」的邪見。所以，必定有阿賴耶識執持身根、業種入胎結生相續故，得使三世因果不混亂以及不墮於外道斷見中。故知假藏傳佛教應成派中觀師，只因不能親證阿賴耶識而不信受佛語，另創細意識常住說，指稱可以持業種入胎結生相續，由是當知其道理不得成立。

又，假如細意識是應成派中觀師月稱、宗喀巴等人所說住母胎中之和合識，說是能與羯羅藍和合而造生色身之識，則此細意識必定是實相心，得以與餘生結生相續故，能住胎造色而出生萬法故；倘若如是，能夠細分出一分細意識之意識本體更應該是實相，因爲月稱、宗喀巴說細意識是由意識之一分明瞭分而有故；則實相有二，違背實相絕待之理，亦違背現量、至教量、比量。又意識既是實相，而意識乃是藉意法爲緣所生，故意根與法塵亦應是實相，意識由阿賴耶識心體藉彼二緣所生故，意根及與意根相應之法塵皆先於此意識而有故，則實相應有四，更是違背實相絕待之理。引申據實而說，則五塵亦應是實相，法塵不離五塵故，法塵由五塵所顯故；則五色根亦應是實相，五塵藉五色根爲緣而出生故；則成爲實相眾多，全違實相絕待、唯一之理；若眞如是，則假藏傳佛教應成派中觀所說，應有眾多實相，皆是古今一切應成派中觀師之所未知、未解、未說者，則實相不是唯一，違反三界唯心、萬法唯識之聖教與理證。

又實相者必是常住不壞之法，持一切法種故，唯有無生亦無滅之法才是實相，意識自身及從其細分出來之細意識，皆非無生無滅之本住法，故知皆非實相心。又實相無相，亦須永無意識心相，方得稱爲無相之相，才是實相；今者應成派中觀所說之細意識則有能取境之心相，具足三界心相，並非無相法，又是有生有滅可壞之法，夜夜眠熟時即告暫斷，故意識及細意識不是實相。意識緣於有生之五塵而有色、聲、香、味、觸相，五根則有眼、耳、鼻、舌、身等色相，皆是有生有滅可壞之法，都不是實相之法，依於五根、五塵而起的粗意識、細意識當然更無可能是實相。無著菩薩與世親菩薩早已於《攝大乘論》及《攝大乘論釋》中，破斥此類誤將阿賴耶識以異名立爲意識者；而宗喀巴一方面攀附無著菩薩爲其理論車軸之一，然而卻處處墮於無著菩薩所破之邪見中，其於佛法正見之無知與愚癡可見一斑。

倘若應成派中觀師計著意識之一分明瞭分爲細意識我，假名爲阿賴耶識，而說此細意識我能持業種入胎與羯羅藍和合而結生相續；則此細意識我既是由意識之一分細分而得，然意識攝屬識蘊，爲五蘊中法，則「細意識我」理當是即蘊我，仍屬識陰所攝的生死法，無可狡辯。而識蘊無常，非常、非實有性，此建立之細意識即成生滅法，故應成派中觀師此計不應道理。若說細意識我能持業種入胎結生相續，則此細意識我應是常住不壞之法；若我常者，無有變異，方是常法之相；而應成派所計著之細意識我倘若無變異，則將有其不應道理之處：一者，我是常，則我不應有生、老、病、死，不應此世是人、他世是天或者傍生等。二者，此我是常，必屬異熟性、無記性，則於現法中不應隨於愛、非愛境界而有苦、樂、喜愛、厭惡等變異受，也不應隨於貪、瞋等煩惱而有心行之變異。此常我不應受喜樂所饒益，也不應受諸煩惱所染污，亦不應因饒益或染污而行任何如法之清淨行、或者不如法之染污行，則於現法中當與染污行、清淨行皆不能相應。既然如是，此細意識常我與當來世之可愛或不可愛異熟果報身，應皆無任何因緣，自能持種又能檢查、簡擇故；因此應成派中觀計著細意識我能持業種入母胎結生相續之說邪謬，道理極成。[7]

若說細意識我僅是假名而說，則同於緣諸蘊假立之**即蘊我**，此假立之**即蘊我**並非實有，非常、非一、非實有性，諸蘊無常故；此乃是一切修學佛教正法者首要斷除之我見窠窟，號稱最勝妙之應成派中觀竟然無智而不能知此，令人深覺意外。若此細意識我是實有而非名言施設有，則應可實證；然應成派中觀師始自佛護，中如月稱、安慧、寂天，末如阿底峽、宗喀巴、印順，都無人實證，無人能予以宣揚，顯示彼等所建立之細意識為施設法而非實有法——性空唯名；既是施設法之純屬名言而非可以實證之法，即是假名施設之非佛法，即屬戲論而非般若中道觀。彼細意識我既非實有——唯名無法，既非常住法、實有法，不可知亦不可證，就不是實相法，又怎能持業種入母胎與羯羅藍和合，成為羯羅藍之所依止而增長成就蘊處界諸法？因此，應成派中觀師月稱、宗喀巴等所妄計之細意識我說為常住法，所說不能成就；其謂細意識我能取後有、能結生相續，所說亦不能成就，道理極成。

三、意識非離蘊之別體

應成派中觀認為意識是離蘊之別體——離五蘊而有；若有質疑應成派

中觀墮於斷見者，彼等即主張意識之一分明瞭分即是阿賴耶識，言此阿賴耶識乃是由意識之一分明瞭分（細意識）所假名而說，主張細意識具取後有及與餘生結生相續之功能；因此彼等心中所知之阿賴耶識是假名而說，本質仍然是意識細分出來的，不脫意識範疇，不離意法因緣生的生滅自性。因此，應成派中觀守護生滅性的細意識，欲使之成爲不可摧破之本住法；甚至不惜自違前語，故有時說細意識並非意識所攝，乃離蘊而有。但在實證上，他們所說的細意識卻只是離念靈知的異稱而已，仍然是粗意識。彼等推崇、寶愛的細意識唯是離於表義名言位之取境心，雖離表義名言，猶自將此住於顯境名言中之意識心（離念靈知）認作常住法，將此意識所有之「想」心所法認爲彼等自宗所許之勝義空性——細意識；此將於下一節辨別無分別法時申論之，此處暫略。

總結來說，倘若細意識僅是以意識細分之一分假名而說，無有眞實心體，則彼等所謂之本住法細意識，本質上仍是生滅性的意識心；認定有生有滅的意識心爲常住的本住法，即墮於虛妄法中，不離常見與斷見：細意識與外道五現涅槃見中所說的欲界離念靈知並無二致，故墮常見中；若入涅槃時，意識所攝之一切粗細意識皆必須滅除，則墮斷見。而應成派中觀一向不許離於意識外別有異體稱爲阿賴耶識，但在本質上卻又認爲細意識乃是離於五蘊之外另有別體，故應成派中觀主張此細意識不隨於諸蘊之生滅而毀壞，反成自語相違，事實昭然，無可抵賴。因此，宗喀巴這麼說：【假立之理（補特伽羅唯於蘊假立），如分別熾然論云：「我等於名言中，亦於識上設立我名，謂識是我，取後有故。」又說於身及諸根上亦假立故。次引經說，如依支聚假立名車，如是依蘊設立有情……其能立理，謂**能取蘊者即說爲我**，識取後有故立識爲我，此師不許阿賴耶識，故**取身之識許是意識**。世間名言無觀察者，義如前說，此宗安立補特伽羅之理，以於**離蘊別體**及於唯蘊聚等安立補特伽羅，定非世間名言義故。】8

宗喀巴於《辨了不了義善說藏論》中所說上文之義，語譯如下：【有情只能依於五蘊假立的道理，就好像《分別熾然論》中所說：「我們應成派中觀於世俗言說中，也是於意識能取境之細意識心假立我之名稱，而說細意識是真我，此細意識能夠結生相續而攝取後有的緣故。」同時又說於身及眼等諸根也假立爲我故。又引經文所說，就像依木柴各支合聚而假立其名爲車，同樣的依於五蘊而假立爲有情……其能夠假立的道理，也就是說能攝取五蘊者就說爲眞我；由於細意識能夠攝取後有而結生相續，因此緣故而建立細意識爲眞我；這佛護、月稱等中觀派論師都不許有阿賴耶識的存在，因此他們所說攝取身根的識就是意識。……世間的名言所說種子生苗芽者，就像先前說的（都是沒有經過觀察此生苗芽爲從自生或他生等而說），我們這個應成派中觀宗所安立有情的道理，由於是在離蘊而有的別體，以及於純粹依蘊集聚合的五蘊上面來安立有情，這種道理決定不同於世間人所說的眞我純屬名言而無實質意涵的緣故。】

應成派中觀的佛護、月稱、宗喀巴等論師，都是不許離於意識別有異體阿賴耶識存在者；又同時主張從意識細分出來的細意識是離識蘊而有，處心積慮要將攝屬於識蘊中之意識妄立爲不生不滅、能持身根及取後有結生相續之識；這是將意識出生之眾緣中之意根與色蘊及諸法反說爲被意識所生之法，自相矛盾。況且諸蘊是意識出生之助緣，本就先於意識而存在，若無諸蘊先存在，意識就不可能出生；如今應成派中觀卻顚倒說：能生意識之諸蘊是意識所生，由意識攝取而存在。甚至於對我見所緣之我，都說不是五取蘊，故不許緣於五取蘊而生我見，卻又另創一個緣於蘊聚而安立之有情人我，以及另一緣於離蘊別體之有情法我，取代本有而可實證的阿賴耶識心；以此施設建立之實質上不存在的有情法我，來攝取有情人我，因此說能取蘊者爲我，妄想意識能生、能取後有名色，所以建立意識爲眞實我，這是彼等能立與所立之邏輯。從宗喀巴這一段文字的演述，可以看出古今一切應成派中觀之傳承者嚴重的缺乏佛法知見，連最基礎的阿含解脫道——五蘊我與無我、五蘊空的道理，全都一無所知；對於四阿含解脫道聖教中所說，五取蘊、五取蘊我之實質內涵，全不理會而僅取名相更曲解之，這正是我見凡夫所墮之見取見與邪見的典型例子。

五取蘊所說乃是色取蘊、受取蘊、想取蘊、行取蘊、識取蘊，能取種種法故；由於意識覺知心緣於五取蘊而生起「我在色中、色在我中，我在受中、受在我中……」等邪見，以爲意識自心能見、能聞、能覺、能知，取此見聞覺知相爲自我，自認爲常住不壞，轉而取餘諸蘊爲我所有，這就是緣於五取蘊所生之我見。於五取蘊中取見聞覺知心相爲我的是意識，執著五蘊而住於五蘊中者也是意識；但是能執持五蘊者卻不是意識，因爲意識乃是於五根觸五塵、意根觸法塵時，由意法爲緣方得生起，意識乃藉根塵方能生起之生滅心，生起之後亦必須依附六根六塵或意根法塵方能存在之心，既是附屬而存之心，尚且不能遍於五根觸五塵之處，又有何能力、功德執持身根？身根都無法執持又如何能夠執持五蘊？故能執持五蘊者，必定是入母胎與羯羅藍和合之識，而意識於入胎時已捨中陰身之微細五根，必然隨著中陰身滅而同時斷滅，故意識不能入住母胎中，不是結生相續之識，於此節之開頭已充分辨正。

凡屬入母胎與羯羅藍和合之識，得要是一切種子識，有親生自果之功能差別者方得爲和合識，此識就是本識如來藏阿賴耶識（異熟識）；以有大種性自性故，方能執持羯羅藍（受精卵）而與之和合，方能執取母血中的四大而將羯羅藍造成色身五根，方有親生自果之功能差別，故能親生蘊處界；反觀五蘊乃是本識執取羯羅藍而造色方生，一切粗細意識皆攝在五蘊中的識蘊內，乃是本識阿賴耶識幻化所生，故意識不可能是與羯羅藍和合之本識。由本識阿賴耶識恆住而且有大種性自性，故本識能夠執持五蘊使之增長乃至變異及壞滅，但是本識不於所生之五蘊妄執有我與我所；而第八識本識於阿賴耶識位及異熟識位皆屬無記性故，無記性者方得如實將業種之內涵變異成熟而實現一切果報故。意識既是由本識所生之五色根及意根、六塵爲緣，方得生起，焉能返過來執持五色根、意根、六塵而說爲能取五蘊之別體？故說應成派中觀是自生顚倒而又無慧自省己過之邪見。

我見也不是緣於本識而生，乃緣於色受想行識諸蘊計著爲實有的見解，是由於無明而錯認五取蘊實有而生我見，故我見緣於五取蘊而生。古今所有應成派中觀師都不知五取蘊皆非實有自體之法，乃是因於虛妄計著而分別五取蘊爲我與我所；**四阿含解脫道聖教中，世尊說一切我見皆緣於五取蘊而生故**。若有親證本識如來藏阿賴耶識（異熟識）者，能夠現前觀察與領受本識之功德法時，也不會因此而分別本識爲世間我，因爲現觀本識與五取蘊和合運作之每一刹那，皆是不作主、恆隨順於七轉識之作意，如實顯現六塵境而不取不捨，全無五蘊我的自性，每一刹那皆以其眞如無我性無微不至地攝持有根身，以成熟果報；如是非唯不生我見，反而必然斷除妄以五取蘊爲眞實我之我見，故說我見不緣於本識阿賴耶識而生。

親證本識以後，相較於意識心自我之虛妄不實而更深入現觀五取蘊自我的虛妄，意識心也同時領受到本識之無我眞如法性及眞實不壞性，所生之智慧乃是人無我以及法無我，因此說我見不是緣於眞實無我之本識而生。於此，應成派中觀所有隨學者皆應體認清楚，彼等應成派中觀師所主張我見之所緣是細意識我，即是因爲細意識我從來都有我相的緣故；凡有我相者皆是五蘊中之法，不可妄將細意識我排除於五蘊法之外而另立爲常住之別體。倘若常住之本住法具有蘊我（意識我）之相，而需要種種遮遣才能得到無我之法相，則此無我相絕非眞實本有，而是由於所作之法然後方有；則此無我相乃是有生之法相，不是本來無我之法相，則未來意識滅時，此無我相即隨之而滅，即非眞實無我。又應成派中觀如此之無我相，其實於諸法中並非全然如如不動，仍有從意識心中細分出來之細意識故，仍屬意識所攝而不外於識陰我；又應成派中觀師承認意識爲生滅法時，以別立之意識明瞭分爲眞實法，自稱爲已斷我見，實質上仍然墮入意識中，未斷我見；如是以不可知、不可證之細意識自稱爲離蘊眞我，非唯尚未脫識陰範疇，反而更增我見，墮入想像之細意識自我中，成爲想像之法，即非是如；既非眞實，又非如如，即非眞如，故非眞如法性，非眞正的無我，不能稱爲眞如。是故憑空想像建立而仍有我相之細意識無有眞如法性，乃是五蘊所攝之有生有滅法，這才是大乘佛法斷我見者應有之正知見。

如今應成派中觀師佛護、月稱、宗喀巴等人，將佛法如是混淆而說，在未能親證本識如來藏阿賴耶識（異熟識）的情況下，不能於經中世尊所說第一義諦法義如理作意思惟之，卻極力否定第一義諦法阿賴耶識之存在，另外妄計與本識阿賴耶識完全不同之細意識心欲取代之，欲將阿賴耶識的功德攝入細意識中，企圖使自宗不墮於斷見中，結果卻反墮意識我見中，因此處處違背聖教量與理證，凡有所說無不處處顯露其具足我見與見取見，具足妄想顛倒；復又極其自動地將自身之邪謬寫成文字，用以質難他宗他派而披露於佛子眼前，自無檢點之智慧而妄行評論他宗他派，不僅招來歷代賢聖之辨正，未來恐將難免漸趨沒落。如今經由實證中觀者加之以法義辨正，已褪下其名相粉飾與攀附大乘之外衣，彼外道本質已無所遁形。

又應成派中觀緣於五蘊之和合相，安立補特伽羅人我（即是彼等所謂之初分補特伽羅無我），以實質歸屬於五蘊中識蘊所攝之意識心，說爲離蘊別體而安立爲補特伽羅法我（即是彼等所謂之微細補特伽羅無我）。按照這樣的理論，有兩法同時皆稱爲補特伽羅（有情），也就是由五蘊和合相而說爲有情，又計著有不生不滅之細意識可與餘生結生相續而取後有，說此細意識爲假說有情。色等五蘊雖實物有，但以因緣所生法故，是生滅法，非眞實有；緣於五蘊和合相所假說之有情，也僅是假名而非實有；而月稱、宗喀巴所說能取後有、能攝取五根身之「意識」應當不是生滅法，彼等又主張此一離蘊別體之意識可以假說爲有情，認爲此細意識之有情一名是假說，卻形成必定有被稱爲有情之實體法存在。然而，世尊於經中說一切有情都非實有，指的是被稱爲有情（補特伽羅）之五蘊色心虛假不實，由因緣所生故，無自體性故，是被本識出生、被本識執持之法故。世尊這麼說：【我觀身心猶如幻夢，中無有實，念念衰老，其息出已更不復入。由善惡因隨業受報，是身無常速起速滅，是身虛假終不久停。如是身中無我我所、無有情、無命者、無養育者、無士夫者、無補特伽羅者、無作業者、無童兒者；如是等相本來空寂，猶如虛空，亦如泡沫。常應念念作如是觀，一切恐怖皆得解脫。】[9]

無補特伽羅者也就是說無數取趣者，補特伽羅又稱爲數取趣者故，意謂於現法中造作諸多引生後有之業，導致趣生於酬償業報之人趣、天趣、傍生趣……等處。補特伽羅、我、有情、命者等，皆是緣於五取蘊色心假名而說；

五取蘊身心中無有實法，無常、生滅、變異、不住，因此說五取蘊身心中無補特伽羅（無數取趣者）、無我、無命者、無有情等。然而應成派中觀亦於其所主張能取後有之離蘊別體意識安立為補特伽羅（有情），顯然與佛所說不符，蓋任一有情都將變成有二有情故：既有虛妄五蘊之即蘊有情，同時又有另一離蘊之眞實有情故。假如應成派中觀之傳承者強辯說，彼等所說之補特伽羅與佛所說補特伽羅相同，那就應該每一有情都是只有一補特伽羅，應非離蘊而可假名建立另一有情（能出生有情之本識離見聞覺知，並無蘊我之有情體性，不應稱爲有情），那麼該能取後有之細意識就應攝屬識蘊，非離蘊之別體。既攝屬識蘊，即屬於無常虛假而非眞實之本住法，那麼意識就不是能與餘生結生相續之識，就不是能住胎造色之識，就不是五蘊之所依而不能攝持五蘊；意識於中有入胎後必隨中有壞滅而滅故，來世意識並非此世意識故。

倘若應成派中觀傳承者又主張說「彼等能入胎結生相續之識，乃是意識之一分明瞭分，與識蘊中之意識體性不同」，那麼該意識細分而出之一分意識（細意識）應是無記性；倘若如是，該意識應於出生時即是無記性；然而不論何種狀況下的意識都是有善、不善、無記等三性隨時轉換不停，該意識不論如何細分之，所分出之任何細意識亦應同樣俱有此三性；故若謊說從意識分出之細意識是無記性，理不應成。又假設彼等主張「補特伽羅人我是緣於五蘊和合相而假說安立，與離蘊別體能取後有細意識所安立之補特伽羅是一非二」，理亦不成，何以故？離蘊別體則應無身，應無蘊相，即無能在六塵中覺知之心相，亦應無造業相；無身、無蘊相、無覺知相、無造業相之法而稱名爲我、補特伽羅（有情），不應道理；不能與諸苦樂受、煩惱法、清淨法相應故，違背世尊聖教所說有補特伽羅行布施持戒等業，有身有蘊之補特伽羅方得造作諸業故。因此，有情乃是緣於五蘊色心而假說，每一有情都是唯一有情，都沒有同時擁有二補特伽羅，故宗喀巴主張有一離蘊別體可以另行安立爲能取後有之細意識有情法我，不應道理。

四、意識不是一切染淨法種之所依所緣

宗喀巴又主張（細）意識是一切染淨法之所緣，明確指稱細意識是執持一切染淨法種子之眞實不壞心；然而此說不當，謂意識心不論粗細，皆不可能成爲一切染淨法種子之所依心。假設宗喀巴所主張之理得以成立，猶如第

八識本識爲一切染淨法種子之所緣，亦即不僅我見、貪等染法應當緣於細意識我而生，即便無生智、空智、一切種智等清淨法亦應當緣於細意識我而生，乃至我見、貪等染法亦應是緣於細意識而斷除，才可說細意識是一切染淨法之所緣。然應成派中觀佛護、月稱、宗喀巴等傳承者，自始至終都是以意識之一分明瞭分，也就是以意識離於表義名言而能取境或能返觀時，說爲細意識，視爲能貫穿三世、不生不滅之實相心，所以主張（細）意識能夠結生相續、能夠取後有身、是一切染淨法種子之所緣。本節所說敘述至此，已檢驗其意識乃至細意識結生相續、取後有之道理不應成立之處，接著應再檢驗其所說意識成爲一切染淨法種子所緣之道理應否成立及其過失。

一切染淨法，各有種子位與現行位。種子名爲功能差別，在尚未現行的種子位中並無作用，於現行位中方能使其作用產生出來。一切染淨法於種子位，都由無記性心執持；若非無記性心即不可能執持種子，必有善惡性及分別性而能簡擇善惡業種子，即使三惡道有情異熟果報不能成立故，由此故說一切染淨法種子唯緣於無記性心，不能緣於有記性心。唯識一切種智增上慧學中亦說，唯有不分別善惡之無記性心方能持種，即是唯識學中所說「**恆而不審**」之第八識本識如來藏心。當一切染淨法種子從如來藏心中現行以後，即與具有分別性之有善有惡之有記性心相應，此等心即是意識等六識心（於此暫且不論意根，與一切染淨法種子之執藏無關故，宗喀巴不說意根是一切染淨法種子之執藏者故），是故意識現行時，恆與善、惡、無記等三性相應，無有不緣善、惡、無記位之一切染淨法時。然而一切染淨法之種子位及現行位，應成派中觀師都不明確界定，含糊而言；宗喀巴主張（細）意識是一切染淨法之所緣而說爲「**能與餘生結生相續**」之心，其意已明確指稱細意識是執持一切染淨法**種子**之心；以此緣故而建立意識心爲常住不壞心，方能使其所弘揚之男女雙身合修之淫樂觸覺樂空雙運意識境界，得以建立爲佛法。然而意識心不論粗細，亦不論細至何種程度，終究不能成爲一切染淨法種子之執持者，極細意識仍屬意識故，必與現象界中已經存在之三惡道有情受苦事實相違背故。

所緣之法，是由能緣之法緣之而說，例如色塵境是眼識及意識所緣之法，眼識及意識能夠攝取色塵境並予以分別，故色塵境成爲眼識及意識之所緣、所取；聲塵及耳識等餘塵與餘識，同理可知。六塵是識陰六識生起的所緣緣，若無六塵，則六識即不能生起；這六塵是六識心外之法，是相對於六識心而由六識所攝取了別的對象，並非己心所有之法，與己不親，是故名為「疏所緣緣」。心所法是識所緣之自內功能，是識心所有的功能差別，是識心自己本身的功能；六識心都緣於自己所有的功能差別才能運作，這種內緣自己所有的功能差別之所緣，與己極親，就名為「親所緣緣」（心所有法亦簡稱為心所法）。例如意識能憶持所曾經歷過之境界，就是意識念心所之法相；意識於所觀之境界能專注一緣，就是定心所之法相；意識於所觀之境界，能簡擇其為如理或不如理，就是慧心所之法相（這些心所法都是意識的親所緣緣）。同樣的道理，意識於所觀之五取蘊，以慧心所加以觀察時，由於無明而不如理作意，執為實我與實有我所，不知此等五取蘊都屬生滅有為之法，這種將我執為實有的見解就是惡見之首——薩迦耶見（我見）之法相，而此我見與意識完全相應，現見宗喀巴等應成派中觀師之覺知心意識都與此我見相應故，故說染污心所法我見是意識心之所緣，而此我見屬於染法，攝屬現行位而非種子。當意識經過熏習佛法正知見，破壞了無明而能如理思惟並觀察五取蘊是一大苦蘊，是因緣所生法而有無常過失，無有堅牢相；其中無有眞能主宰者，了知意識覺知心自我不能常住，現法中夜夜都於眠熟時即暫時斷滅，故五取蘊無我，無我故空；故五蘊空、無我之空智是清淨法，也是意識之所緣，如是清淨法仍屬現行位故爲意識之所緣。

一般而言，應說一切染淨法爲意識之所緣，意識爲能緣者，一切染淨法爲所緣；相對而言，一切染淨法若不緣於意識心，其**種子**即無從生起，即無一切染淨法；然而若是就果說因，亦說意識爲一切染淨法之所緣。若是從意識細分出來之細意識，果眞是能與餘生結生相續之眞實我，則應不爲一切染淨法現行時之所緣，唯應執藏一切染淨法**種子**，不與一切染淨法之現行相應；而細意識亦將始自無量劫前即不緣於一切染淨法，於今現在及流轉至無量劫後，仍將不緣於一切染淨法，方能建立爲能執持一切染淨法**種子**之心，方能建立爲能與餘生結生相續之眞實我、非蘊我。如是不緣於現行位之一切染淨法，不爲一切染淨法所緣而運作不輟之無記性心，觀察於八識心王時，則唯有第八識本識阿賴耶識方有如是體性，方能成爲一切染淨法**種子**之所緣；反觀意識心，不論粗細（最細意識爲非想非非想定中之極細意識），都不可能執持一切染淨法之**種子**，故說意識不是一切染淨法種之所緣，不可能成爲能與餘生結生相續之眞實我。然宗喀巴指稱意識爲一切染淨法（種子）之所緣，顯非事實；既違教證，亦悖理證。

復次，意識雖爲一切染淨法之所緣，但意識及其所緣一切染淨法之種子，都必須另有所緣（所依存）的如來藏才能存在，才能生起現行而與意識相應；能取六塵諸法的意識及其所取的一切染淨法種子，若無另一所緣的如來藏識，則意識自身與所取的六塵境界及一切染淨法種子，即不可能存在、出生及現行，則能取此等諸法的意識能取之心，亦不可能生起及存在；所以說，一切染淨法皆是意識之所緣，意識是能緣、能取之心；能取六塵中的一切境界法、一切染污法，故亦能捨一切染污法而取種種清淨法；而能取的意識及意識所取的一切法，都必須同時有另一共同所緣之法，而此共同所緣之法—**如來藏本住心恆時存在而不斷運作**—方能流注意識及一切染淨法種子而源源不絕地現行。但如來藏本住心不僅絕無意識能取之自性，亦無意識所取的六塵自性、染淨法自性，遠離能取與所取而常住不斷的運作不輟，方能使能取的意識及所取的一切法、一切境界繼續存在，意識方得成就能取功能，方得成就所取與所捨而成爲一切染淨法之所緣；是故意識爲能取之假有心，並非常住而離取捨之心，即非遠離能取、所取二邊之萬法所緣本住心，即非一切法之共同所緣；是故應成派中觀說意識是一切染淨法種之所緣，道理不應成。

再者，倘若意識是一切染淨法種之所緣（所依存），意識即應當是一切種子識；一切種子識能持一切染淨法種，才可說是一切染淨法之所緣。而意識若是一切種子識，應當就是能與餘生結生相續之識，應是能取羯羅藍而造後世色身，成為執持後有身之本住識，是能親生後世異熟果而酬償業報者；然而經過前面之種種檢驗，已經證明意識欲成為結生相續之識，完全無所堪能；因為意識僅有一期生死之存續故，不能持異熟法種去至後世故；也因為意識夜夜眠熟時斷滅，所持異熟法種必將散失故。縱然應成派中觀月稱、宗喀巴等人強辯而以細意識我假說為阿賴耶識，但細意識仍然是意識所攝，屬於識蘊中意法為緣所生之生滅識，故其所說細意識永遠不是阿賴耶識；阿賴耶識也不是依六識中之某一識所假說者，而是能出生六識的本住法，能生之法不可能從所生之法中細分而有，是故應成派中觀主張持種心細意識是從意識中細分而有，既違邏輯亦悖聖教。茲舉經論所說，幫助被應成派中觀所誤導之學人建立正確知見：【諸仁者！阿賴耶識恒與一切染淨之法而作所依，是諸聖人現法樂住三昧之境；人天等趣、諸佛國土悉以爲因，常與諸乘而作種性，若能了悟即成佛道。諸仁者！一切眾生有具功德威力自在，乃至有生險難之處，阿賴耶識恒住其中作所依止；此是眾生無始時界，諸業習氣能自增長，亦能增長餘之七識，由是凡夫執爲所作能作內我。】[10]

略釋經文如下：「諸仁者！阿賴耶識從無始劫以來，恆常不斷的執持一切染淨法種，作爲一切染淨法的依止，一切染淨法依止於阿賴耶識而得以增減、消長，此阿賴耶識的境界就是諸多大乘聖人現前實證佛法以後，樂於安住的三昧境界（諸親證阿賴耶識之聖者於現法中安住轉依於阿賴耶識的三昧法樂之境界）。人天等五趣六道有情的親生自果酬償業報，都是以阿賴耶識爲根本因；十方諸佛昔爲菩薩時，都因親證阿賴耶識而發起般若實相智慧，次第修證，斷除阿賴耶識性、斷除異熟識性，最後成爲純善淨之無垢識，成就含攝凡聖同居土、方便有餘土、實報莊嚴土、常寂光淨土之國土，這些修證也都是以阿賴耶識爲因，才能成就。阿賴耶識心體乃是佛所說一相一味法—**解脫相離相滅相**、**究竟乃至一切種智**—之法體，具足聲聞、緣覺、如來種性等種子，三乘聖人依阿賴耶識心體而熏習長養成爲聲聞、緣覺、菩薩，都依阿賴耶識心體執藏的種子而發起，所證的二乘涅槃解脫果位或大乘涅槃菩薩果位，皆依於此一相一味之道、之行跡而證得，所以阿賴耶識心體含藏的一切種子，永遠都能作爲三乘聖人種性之所依乃至佛位極果亦是依阿賴耶識心體而證得無上安隱涅槃。倘若菩薩能夠了知並悟入此阿賴耶識之一相一味法，即能次第修證成就佛道。諸仁者！一切眾生無論生至欲界諸天、色界諸天，而具種種莊嚴及威德之正報及自在受用之依報，乃至生於傍生、餓鬼及純苦之地獄等險難之處，阿賴耶識住於眾生身中恆不間斷，執持一切種子而作爲彼等苦樂五蘊之依止，永不遺棄。這個阿賴耶識是眾生自無始劫以來即已存在之諸法種子的根源，眾生依阿賴耶識流轉生死所造的善惡業及種種無記業熏習而增減的習氣種子，都由阿賴耶識心體收藏，才能經由熏習而增長，也才能增長其餘七個識的功能或習性；正因爲這個緣故，所以凡夫眾生將阿賴耶識的種種功能差別，錯認爲所作及能作的意識心自己的內我功能。」

經中世尊說阿賴耶識是一切四聖與六凡眾生之出生及存在之根本因，說阿賴耶識心體是無始劫以來就存在之根本法界，常恆而不曾間斷，能執持一切染淨法種而能親生自果酬償業報，以此緣故能令眾生在三界六道中或生或死、輪轉不已；然於眾生輪轉生死之中，識體本具解脫相、離一切煩惱繫縛相、本來無生之寂滅相，是一切種子識故，亦是究竟佛地圓滿一切種智之法體；菩薩於因地修行時若能夠具足正知見，並悟入阿賴耶識而次第修證，轉依阿賴耶識之一味一相眞如法性，斷除阿賴耶識性及異熟性，具足一切種智時即可成就佛道。阿賴耶識是能親生蘊處界法的心體，而識蘊含攝於蘊處界法中，意識更屬識蘊所攝，如何可將被生的意識之一分假說爲能生意識的阿賴耶識？這是對於能生與所生妄生分別而產生的顚倒之見。意識是所生法，阿賴耶識是能生法，能生法方能含攝所生法，所生法的意識不可能含攝能生法阿賴耶識，故不可說能生的阿賴耶識含攝在所生的識蘊意識中。

又細意識是假說而有者，不是常恆不斷的眞實之法；一切粗細意識都不是眞實法，當然不能執持各類法種，有何功德體性能成爲眾生之無始時來界？（無始時來界：無始劫以來的功能差別）如何能有功德「常與諸乘而作種性」？故阿賴耶識不是應成派中觀師月稱、宗喀巴等人所妄計由意識之一分所假名而說者。阿賴耶識是無始劫以來本自無生、本有無始常恆不斷而能生蘊處界萬法者，是十八界法的生因，意識要依祂才能生起及存在；祂也是三界六凡四聖之因，是一切種子識，祂才是一切染淨法之所依，才是一切法的共同所緣，意識亦必須同時緣於阿賴耶識的功德才能生起及存在。意識是隨著蘊處界法之生起而有，隨著蘊處界法之壞滅而無，是沒有自體性、不自在之法，不能持業種、不能結生相續，故意識、細意識乃至極細意識，皆不是染淨法種之所依與所緣。

凡夫執能作與所作爲內我，並非直接緣於阿賴耶識心體之眞如法性功德，而是緣於阿賴耶識心體所生積聚而有之五根身、七轉識爲自內我，也執著阿賴耶識的種種功德爲自內我，但卻不知阿賴耶識的所在與功德，日用而不知。凡愚之七轉識，因爲無明所遮障，不能如實了知因爲有阿賴耶識作爲依止方得有五取蘊之法相與自性，而於五取蘊執取爲眞實而生貪愛，因此於五取蘊生起我與我所見，這就是緣於五取蘊所生之我見，然而並非如應成派中觀所誤解「**我見之所緣是離蘊之別體阿賴耶識我**（彼等稱爲細意識我）」。阿賴耶識心體不即是五蘊亦非離於五蘊存在虛空，阿賴耶識心體與所生之五蘊不即不離、非一非異，乃是阿羅漢、辟支佛所不可思議的，更非古今未斷我見的所有應成派中觀諸傳承者所能想像與思議的，故彼等無法確實理解世俗諦解脫道，更無法理解第一義諦佛菩提道，當知絕對無法理解二道之間的異同所在；當他們主張世俗諦與勝義諦是一體之異分的同時，爲免於落於五蘊中之過失，又主張細意識乃是離蘊之別體，已明顯墮於自相矛盾之難處了。

當來下生成佛的彌勒菩薩於《瑜伽師地論》中說：【阿賴耶識與諸轉識作二緣性：一、爲彼種子故，二、爲彼所依故。爲種子者，謂所有善、不善、無記轉識轉時，一切皆用阿賴耶識爲種子故。爲所依者，謂由阿賴耶識執受色根，五種識身依之而轉，非無執受。……由此識是有情世間生起根本，能生諸根、根所依處及轉識等故，亦是器世間生起根本。】11

即將成佛的妙覺位菩薩彌勒，他所說的這一段論文，語譯如下：【阿賴耶識具有給與五蘊、七轉識作爲二緣的自性：第一、這是因爲阿賴耶識含藏著七轉識種子作爲七轉識出生因緣的緣故，第二、阿賴耶識心體於七轉識出生後作爲七轉識運作時所依之等無間緣的緣故。作爲七轉識種子的意思，是說所有會與善心行、不善心行、無記性心行的轉識（前七識）運轉之時，一切的運作全部都是由阿賴耶識執藏的一切功能來運作的緣故。阿賴耶識作爲五蘊、七轉識所依的意思，是說由阿賴耶識來執受五色根，然後眼等五識及五色根身體，再依阿賴耶識心體的各種功能而運轉，阿賴耶識心體並非全無執受。……由於這個阿賴耶識是有情世間（五蘊）生起的根本，祂能出生五色根、能出生五色根所依的處所（意根），以及出生六轉識等法的緣故；不但如此，阿賴耶識也是器世間生起的根本。】

當來下生成佛的彌勒菩薩，亦說阿賴耶識是有情世間生起之根本，有情世間即是五蘊世間，五蘊中之色蘊——眼、耳、鼻、舌、身五根，識蘊——眼、耳、鼻、舌、身、意識，六識相應之受、想、行（思）蘊，以及五色根所依處——意根末那識，皆是由阿賴耶識直接、間接乃至展轉而生起。意識之現行是由意根的作意，從阿賴耶識所執持之意識種子流注而生；假如意識分出之一分細意識是一切種子識，則應是執持一切法種之心，則意識應該是細意識之一分，應說意識是從細意識中分出，而不應說細意識是意識之一分明瞭分。實質上意識或者細意識皆是阿賴耶識所生五蘊世間之一法，攝屬識蘊，不可能成爲識蘊自己之生緣，否則即有「自生」之過失；細意識既是意識所生，攝屬識蘊中法，也不能成爲識蘊以及意根運行之所依緣，所以細意識非但不是一切染淨法之所緣，更不是一切染淨法之所依，仍屬識蘊及意識所攝故；是故月稱、宗喀巴等主張意識之一分明瞭分是阿賴耶識，不應道理；子乃母所生，不可翻說母爲子法中之一法故。

眼等五識依阿賴耶識所生之五色根而轉，由於阿賴耶識執受五色根故，眼等五識方能生起及運轉；倘若阿賴耶識不執受五色根，則五色根隨即成爲屍體而不能運轉，則五識即不再依於彼屍體現起，此乃現象界中眾所週知之常識。倘若意識或者細意識是一切種子識而可名爲阿賴耶識，說是一切染淨法之所緣，則意識或者細意識應能夠生起有情之五蘊世間，並且執受五色根，則有情應於眠熟無心位之意識不現前時成爲屍體。但現象界中有情卻於夜夜意識斷滅時沉睡，因五色根不壞而朝朝復於意識與五識俱現前時而醒來，故應知執受五色根者不是意識或者細意識。因此應成派中觀師月稱、宗喀巴等主張意識或者細意識是一切染淨法種之所緣、是能取後有之識、是能與餘生結生相續之識，道理不應成。

第二節　應成派中觀以意識能取、能捨之行相僞證大乘之無分別智

大乘般若中觀，有另一法體能夠讓親證者之意識覺知心觀察，除了具有

非斷非常等中道體性外，尚有《維摩詰經》所說「知是菩提，了眾生心行故；不會是菩提，諸入不會故」的非知非不知、於無分別中能廣分別之中道體性。此一法體即是有情五蘊世間生起之根本，即是「常與諸乘而作種性」之阿賴耶識；阿賴耶識心體如來藏，於無分別中能廣分別；參禪之菩薩親證而能現觀此一境界性時，即能發起實相般若智慧三昧，即是經中所說「是諸聖人現法樂住三昧之境」。色等六入是眼等六識心相應之境界，故六識心能分別、能見聞覺知此等六塵；阿賴耶識不與六入相應，故阿賴耶識不分別六塵、不見聞覺知六塵，因此說不會六入者是菩提心阿賴耶識，並非能知六塵的意識。然而阿賴耶識從無始劫以來，了別其所執持之種子、所親生之有根身及器世間，未曾中斷過；這樣的了知性不是六識心在六塵上之見聞覺知，乃是菩提心阿賴耶識執持一切法種、隨業種親生異熟果、成滿業報之菩提性，故說「知是菩提」（阿賴耶識並非猶如木石全無所知）。

以阿賴耶識離六塵中之見聞覺知、不會六入而說為無分別心，阿賴耶識心體亦因遍於一切蘊處界等法之中，永遠是眞如法性、無差別性而說為無分別心；但六塵以外諸法中，阿賴耶識卻能了別所執持之一切法種、有根身、器世間，能隨緣任運而說能廣分別；如是不分別六塵而又能分別六塵外之一切法，此等非知非不知、無分別中能廣分別、於一切法中無差別之眞如體性，只有親證阿賴耶識現量之般若正觀者，才能以其意識覺知心來眞實了知阿賴耶識這種不可思議的自住現量境界，非是未親證者以意識心思議而可得知。二乘聖人未證阿賴耶識（異熟識），故不能知；未斷我見的凡夫，譬如佛護、清辨、月稱、安慧、寂天、蓮花生、阿底峽、宗喀巴、克主杰、歷代達賴、印順……等假名中觀師，當然更不能知。經中如是說：

【心王菩薩言：「尊者！我無得阿耨多羅三藐三菩提，何以故？菩提性中無得無失，無覺無知，無分別相；無分別中即清淨性，性無間雜，無有言說；非有非無，非知非不知。」】[12]

具有菩提性（六塵外之本覺性）之心才是眞實菩提心，阿賴耶識（異熟識）於三界六塵之中從來無得無失、無覺無知、無分別相；無分別故即無貪瞋癡相，亦無善惡不定之間雜性，亦從來不墮於言說相中，亦不墮於色相中而又確實有其性用而名爲非有亦非無；如是無分別中卻能廣分別六塵以外之一切法，如是分別性卻不分別六塵中之一切法而不起貪瞋癡性，故說「**無分別中**

即清淨性」；如是具有「非知非不知、無分別中能廣分別、本來清淨性」的特性，才是眞菩提心。此心不於六塵中見聞覺知，故說無覺無知，於一切法中無差別之清淨無我眞如法性永無間雜，人我空、法我空故無得無失，離一切言語道與尋思故無有言說。

又此菩提性非爲三界蘊處界「有」之法，亦非緣起性空不實之「無」法，故非有非無。而親證菩提心、轉依菩提心之無我菩提性者，凡有所修、所證皆是意識邊事，與祂無直接相關；而意識亦以轉依此心菩提性故而說無所得，無所得故無所失，法乃現成故；現觀菩提性一向無得無失、於六塵無覺無知、於一切法中眞如無差別相，亦無忽有忽無或者忽而清淨忽而染污之間斷性及間雜性，是一向無間斷、恆無得無失、於六塵無覺無知、無分別相之清淨性。相較於意識心對於六塵之分別了知行相，菩提性不與六塵法相應而說非知，菩提性能執持並了別一切法種、有根身、器世間故說非不知。如是修證者方是佛菩提正法的實修、實證，不應以假藏傳佛教應成派中觀的意識境界作爲佛法的修證。

一、無分別非從意識之作意中得

假藏傳佛教應成派中觀以三界有法、不離言說相、體性有間斷、染淨間雜、一向有得有失、具足分別了知行相、有取有捨之意識覺知心能變相，僞稱爲已證大乘之無分別智，並且顛倒黑白而毀謗禪宗所悟無分別之菩提心阿賴耶識。茲舉示彼等之主張，一一檢驗假藏傳佛教所說是否符合佛所說之教理？宗喀巴說：【又無分別心有無明了之力者，是因三摩地有無沉沒之差別，以此爲止觀之差別，極不應理，以一切奢摩他定皆須離沉，凡離沉沒三摩地中，心皆定有明淨分故。故緣如所有性之定慧，是就內心證與未證二無我性隨一而定，非就其心住與不住明了安樂無分別相（「明了安樂無分別相」，謂假藏傳佛教喇嘛們住於男女樂空雙運時，心中清楚覺知淫樂是否保持在性高潮中說爲「明了」，安心領受淫樂說爲「安樂」，專心領受淫樂而不生起語言文字分別時的狀態爲「無分別相」），而爲判別，以心未趣向無我眞實者，亦有無量明樂無分別三摩地故。雖未獲得實性見解，但若執心令無分別，現可生起。故未解空性，生無分別定無少相違，若能由此久攝其心，以攝心力風生堪能，身心法爾能生喜樂，故生喜樂亦不相違。喜樂生已，即由喜樂受相明了力令心明了，故說一切明了安樂無分別定，皆證眞性全無確證。諸證空性妙三摩地，雖有明樂無所分別，諸未趣向空性之定，亦有極多明了安樂及無分別，故應善辨二定差別。】13

宗喀巴於《廣論》此段所說，可歸結爲以下幾項論點：

（一）、又有人說：「無分別心意識是否有明了之能力，是由靜坐中清楚分明或昏沈而定。」這是非常不正確的說法，因爲一切定境中都必須遠離昏沈；凡是離昏沈的定中，意識覺知心都有明淨分的緣故，所以定中的意識覺知心不是常住心、不是本住法。所以假藏傳佛教所謂的無分別心，乃是以能分別之意識明瞭分透過作意，令意識心住於所安立之一切法無自性之無差別，以靜坐時的意識心不對五塵相中之差別相生起語言文字的分別，稱爲無分別心，稱爲證得無分別性。

（二）、宗喀巴認爲，學佛人是否具有緣於如所有性之定慧，不是依行者是否能住於雙身法樂空雙運當中之無分別性而判定，而是從是否已瞭解假藏傳佛教密宗所說的「人無我、法無我」來判定；因爲世人雖然未具有假藏傳佛教密宗這二種「無我」的修證，卻仍然可以住於淫行的安樂無分別定中，但是世人仍未趣向無我之眞實，卻同樣擁有「無量明樂無分別三摩地（無量的性高潮中一心受樂而無分別的「定、慧」）」。所以假藏傳佛教密宗行者是否具有緣於如所有性之定慧，是依有無實證假藏傳佛教密宗所說的二種無我來判定，而不依是否證得樂空雙運的一心受樂而無分別的「定境、智慧」來判定。因爲世俗人雖然還沒有獲得「眞實空性」的見解，但是若執著意識覺知心及淫樂而住於性高潮中，使覺知心不生起語言分別時，無量樂受、了了分明而無分別的定境還是現前就可以生起的。所以說，單單從「一切明了安樂無分別定」來判定已得樂空雙運的人「皆證眞性」，那是「全無確證」的；因爲身心同受淫樂、一心受樂，是人類身心法爾而有的功能，世俗人都有此功能，故不能以此作爲判定標準。

（三）、宗喀巴認爲，意識覺知心以「無自性差別之無分別心」來領受雙身法中的身心喜樂，若已同時證得假藏傳佛教密宗的人無我或法無我，才是緣如所有性之定慧，就是證空性定。

假藏傳佛教密宗的人無我與法無我，如前所舉，是不解佛法人無我與法無我的自設二種無我；再以意識心作意並住於所安立之一切法無自性之無差別中，以爲能捨離五塵相之差別分別時即是無分別性；這時的意識雖已無語言文字生起，但仍然是具足意識心的分別性與了知性等識性，不因爲心中無語言文字的思惟，就不能分別青黃赤白、美醜、淨垢，故於離念靈知境界中，看到狗屎時仍然能分別是淨、是垢而避免踩上去；所以離念靈知中，仍然具足分別性，並非宗喀巴所說的無分別。又，意識之現起乃是藉意根、法塵爲緣而生，因此意識現起及存在時必定有所緣之意根與所分別之法塵作爲俱有依，並非無我性的空性。又分別與了知乃是意識之本事，縱然處於非想非非想定中，意識仍然不失對於定境法塵之分別性，故意識沒有堪能性成爲對六塵不分別之無分別心。況且宗喀巴所謂的「無分別」之意識心，僅是處於欲界雙身法中專注於身心樂受，同時明了所受之喜樂覺受及受樂之心都無物質，故說爲空性時之最粗意識；但意識分別雙身法中身觸之快樂覺受時，必定與身識同時同處緣於同樣之觸塵境，縱然許其捨掉香塵、味塵之分別，仍然是對淫觸具足分別性之意識心；若是眞的如同佛經所說的**眞識無分別性**，則當時之意識應是不觸六塵、不了知樂受的。然而，雙身法中之意識心仍是有覺亦有知，有分別相、有取捨相、有得失相，不是經中世尊所說本無分別之眞菩提心，故宗喀巴說可以執意識心令生起無分別，乃是意識心所法之變異境界，隨所取之差別境界而仍有差別的了知與分別；故宗喀巴及所有假藏傳佛教應成派中觀者主張能令意識生起無分別性，無有是處；意識心一旦生起時，必定有別境心所法同時運作故。

假藏傳佛教應成派中觀除了主張以有分別之意識，透過作意能使其生起所謂之無分別性以外，爲了攀附般若經及唯識方廣經中所說，親證本識無覺無知、無分別相、無所得相之無分別智，又妄想將意識心修成空性心、菩提心。彼等住於意識之能取境界性中，妄計爲種種阿賴耶識心體之體性：首先令意識心住於雙身法，取著身觸樂受中生起所謂的「無分別」；又編造意識心不於繩上作蛇之分別，稱爲「甚深無分別」，宣稱安住於這樣的「甚深無分別」就是修空性心、菩提心，實質上仍未超脫於意識分別性。茲舉證如下：

【所言甚深無分別者，深義云何？爲由觀慧正見決定，次於其上無分別住耶？抑不思擇無分別住耶？初者吾等亦許如此即是空三摩地。若汝許此，則應分別有無實性見解二類，若有彼見補特伽羅，次住見上修無分別，是修甚深空三摩

地。若無彼見補特伽羅，唯不分別而修，則非修習甚深空性。】[14]

宗喀巴在這裡說：有「實性見解」的意思，就是指能夠分別繩上無蛇以及無蛇之自性的見解——也就是說，於五陰觀察僅有假立之我及我之自性，意即意識心住於「五陰假立之我非眞實我，則無『我』之自性」的無自性觀慧正見中，繼而作意讓意識心生起無語言文字分別的自知境界，以攝心力讓身心生起明了安樂，意識又以一切法無自性故無差別之認知，遣除所受雙身法淫行樂觸之分別，主張如是就是修習甚深空性。這樣的說法從表面上看似有少分道理，然而我等需依佛法正理，檢驗其是否符合世尊所說之般若空性無分別智。

於繩上計蛇乃至不於繩上計蛇，所計之法都不離五陰之範圍；五陰是因緣所生法，是緣生緣滅之法，因此說五陰之本質是無常、苦、空、無我之法。於生滅無常之五陰計著我與我所，是由於無明與顚倒所致；而宗喀巴是在生滅無常的五陰法中，妄計五陰中的某一法、某一觀念爲眞菩提心，是妄計虛妄法爲眞實法，是施設建立虛妄法中的局部爲眞實法，正是無明妄想顚倒所計。縱使能遠離宗喀巴如此邪見妄計，認清五陰全部之本質是空、無我之法，以此等斷除分別我見之初分解脫知見，繼而修斷對於五陰自性之執著，最後證得自覺涅槃、自知不受後有之解脫果，仍然屬於二乘所修之解脫道，與佛菩提道中的實證空性無關，即是與大乘般若中道無關；空性心是指第八識如來藏故，《勝鬘經》中說：【**如來藏者，是如來境界，非一切聲聞、緣覺所知。**】[15] 二乘聖人未知菩提心本識、如來藏阿賴耶識（異熟識），故二乘聖人未能親證而無力觀察如來藏之甚深空性；但宗喀巴連我見都無法斷，妄將五陰中的意識計爲本住、常住法，尚且未證聲聞初果斷我見的智慧，更無法了知阿羅漢所不知的佛教所說人無我、法無我。

能親證甚深空性、無分別相之菩提心者，是意識心；然而意識心本身卻不是甚深空性無分別相之菩提心，而是能證空性菩提心的能證者；勝義菩提心即是空性如來藏，但如來藏是意識心所證之標的，故不許如宗喀巴等假藏傳佛教應成派中觀者，將所證的菩提心與能證的意識心混同爲一心。意識心是屬於五陰中之識陰所含攝，若能現觀五陰一一陰中之全部都是因緣所生法，都是無常故空，是屬於五陰無常空之人我空的實證者，是證得解脫道的初果乃至四果，仍未證得佛菩提果的般若中道。必須以意識心親證菩提心第八識以後，觀察領受所證得的菩提心對六塵無覺無知，觀察菩提心永遠顯現眞如法性的無分別相、中道相，由此所得之智慧才能稱爲無分別智，才是大乘佛法中道的實證智慧。能了知眾生皆有如來藏，並親證如來藏之所在而逮得般若正觀，並觀察此甚深空性心如來藏，於無分別中廣分別六塵外一切法之菩提性及無量的中道性，轉依此菩提性、中道性而修道者，才是眞正的菩薩道行者。再舉如下所舉經中世尊之開示證明之：

【我說道者，說何等道？道有二種：謂聲聞道及菩薩道。彼聲聞道者謂八聖道，菩薩道者謂一切眾生皆有如來藏。】[16]

【爾時梵行長者，從本際起，而白佛言：「尊者！生義不滅，滅義不生；如是如義，即佛菩提。菩提之性，則無分別；無分別智，分別無窮；無窮之相，唯分別滅。如是義相不可思議，不思議中乃無分別。」】[17]

第一段經文思之即解，不必再作解釋，今略釋第二段經文如下：「爾時，梵行長者從自心如來本際而起，向佛稟白說：『世尊！能生之眞義是說不會壞滅，能滅之眞義是說本來不生；如是不生與不滅的眞實而如如的眞義，就是佛菩提。佛菩提的法性，則是本來就無分別；這個無分別之法的本覺智慧，卻是對無量事物具有無窮的分別性；這種無窮分別的法相，卻是完全要依靠能分別的心，藉自己能分別的功能來分別這種無分別性的菩提心，而生起了實相智慧，才能進入無餘涅槃而滅除這種無窮分別的法相。這種能分別與無分別的法義眞相，非是思惟而知，也是不可經由互相議論而了知的，在這種不可思量、不可議論的境界中，才是眞正的無分別。』

經文中明確地指出，能出生五陰的本識是不壞滅的，能壞滅五陰的本識是從來都不生的；要具有如此不生不滅體性「如如常住」的心，才是佛說的菩提心——能出生也能壞滅五陰的常住本識、如如本識。唯有此菩提心之菩提法性才具有無分別義相，此心即是梵行長者之本際，就是一切眾生皆有之如來藏阿賴耶識（異熟識）；菩提心之無分別性，是其本然具足之體性，不是經由修行來改變祂，也不是經由意識覺知心作意或者修斷煩惱轉變成爲祂，也不是意識修行以後才出生這種無分別性，而是未親證本際之凡夫與二乘聖人都同樣有此本來已經無分別性的菩提心，這是凡夫及二乘愚人之意識覺知心所不能思議的。一切凡夫眾生之如來藏阿賴耶識（異熟識）於每一刹那中，皆以此無分別之菩提性而隨順著意識分別心及處處作主之意根來配合運作，凡夫及二乘聖人卻都沒有這種實相智慧，被無始無明所遮障而無法了知這個實相。當意識覺知心分別六塵萬法時，或者有時作意不分別（但仍然是分別）時，由於離念之時仍然了別六塵故，非真無分別之菩提心；真菩提心從無始劫來於六塵都無分別，在無分別中卻能對六塵外之種種法分別無窮，卻仍然是無分別心，因為從來不對六塵中的一切法生起任何分別故；因為真菩提心雖然了知及分別其所執受之業種、有根身及器世間，而其體性恆是無我、真實、如如而無差別性，從來不生起人我好惡之分別，因此梵行長者向世尊說此不思議之無分別中卻能分別無窮，乃是無分別之菩提性。

意識覺知心所具有者乃是緣生緣滅相，不具有菩提心之本來無分別性，不具有真實常住性，不是本來已在、本來無生之法，不是對六塵永遠如如不動之菩提心，因此不是不生不滅而永遠是「如」的佛菩提心；意識覺知心受無明遮障時會分別五陰執為實我，於了知五陰之虛妄而破除無明時不再分別五陰為實我，乃至斷除五陰自性之執著，捨掉顛倒想、轉取正見而不再執著五陰為我，才能成為阿羅漢；於此不同階位中之意識覺知心仍然是生滅變異之分別心，不因為成為聖人之後就會使意識成為真的無分別心，否則一切聖人都將成爲不能了別善惡、美醜、淨垢的白癡了。證得阿羅漢果以後，此時所得之智慧乃是解脫智慧，是解脫於五陰世間繫縛之智慧，而不是親證菩提心無覺無觀、無分別相所得之**無分別智**，這一點是假藏傳佛教應成派中觀者月稱、宗喀巴、印順等人所不知的，也成爲他們曲解阿含四部及般若諸經所說，而誤導所有假藏傳佛教應成派中觀學人最嚴重之處。更何況月稱、宗喀巴、印順是以意識之明瞭分作爲常住法，乃是墮於具足我見之常見、斷見中人，違背了聲聞解脫道之智慧；再妄想令意識心生起無分別性，誤以爲如此即是安住於不分別五陰有我與我之自性。月稱與宗喀巴更於有種種差別相之雙身法中，將能分別、能領受身心淫樂之意識覺受等受陰，妄想修行轉變爲其所妄計之無分別性，仍屬離語言文字而能分別六塵苦樂受之意識分別心；竟以意識心及淫樂觸覺都非物質之法，而妄說即是空性，妄稱這樣修習雙身法樂空雙運就是修習甚深空性。彼等所說所證，實質上只有加深我見與我執之染污，更加重欲界淫貪而不免死後下墮夜叉鬼神道中。在此種完全違背世尊解脫道法教的情況下，大談佛菩提之甚深空性，純粹是愚癡及誑惑學人之戲論而已！

二、意識緣起性空無自體性非菩提心甚深空性

假藏傳佛教應成派中觀者所理解之菩提心甚深空性，純粹停留在想像與妄想中，何以故？上一段宗喀巴說，令意識生起無分別性，住於不分別五陰有我之見解中而修無分別，主張如此即是修甚深空性（甚深空性應屬於菩提心之體性）；但於說修菩提心時，卻又另外有互相矛盾之說法與修法，以維護其所貪愛之意識能取境界之明瞭分，而不許他人摧破。舉證如下：【若謂修菩提心，雖是已得了義正見補特伽羅所修之事，然於爾時，非憶彼見，安住見上而修習故。若爾，已得正見補特伽羅於修行時，若憶彼見安住見上所有修習，縱是修空，然彼一切無分別住，云何皆爲修習正見。故得見已，於修習時當憶前見所決擇義而修眞空，唯悶然住無所分別，非修空義。此中自宗言全不分別，前奢摩他及此科中，多數宣說，謂不多觀察此是此非，執一所緣而便安住，非離分別。……故以正見善觀察已，住所決擇無自性義，次略延長便失其見，全無分別安住其心，亦非修空。故當令自分別敏捷，住不住見相續觀察而善修習。】[18]

宗喀巴於此段中更是明說，假藏傳佛教應成派中觀所謂之全不分別、全

無分別、無分別等，都是不離能覺能觀之意識覺知心之分別分位異名而說，因此完全不同於世尊於經中所說一向無覺無觀、一向無得無失、一向無分別相、一向性無間雜之菩提心。既然意識心是因緣所生法，不是不生不滅之常住法，不是菩提心，當意識觀察五陰非實有法、非實有自性時，縱使能斷除意識心對五陰實有之惡見，縱然有再多之意識變相異名而說為無分別，在解脫道及佛菩提道中，都仍然不許攀附為不可思議之甚深空性無分別智（應成派中觀主張觀察五陰非眞實有、非有眞實自性而修，能引發無分別智。）19；因為意識心是三界有法，故不可說實無；意識心是緣起性空不實之法，故不可說實有；既是無常之三界有，亦非眞實常住之空性，落於三界有無中而非常住之法，永遠都不可能變為非有非無之中道常住法，生滅法永遠都不可能變為不生不滅法故。又此段文中，宗喀巴因為不懂菩提心如來藏之無分別相，對於離六塵見聞覺知、六入不會之眞菩提心不能認同，一方面又要攀緣附會般若經中世尊所說眞菩提心之無分別智，因此自己推翻前段文中所說「**安住於不分別五陰自性差別而修無分別就是修甚深空性**」之說法，前後自相矛盾。因為意識心之自性本質就是了知、分別，並且能夠經過作意而有所取或有所捨，所以宗喀巴主張意識心住於經過決擇五陰無自性之見解，讓意識心緣於無，時間延長了就能夠去除所見之分別，以爲就能使意識住於全無分別而安住其心，以這種境界中之意識取代般若經中佛說的眞菩提心第八識。

前面宗喀巴主張，如是安住其心即是修甚深空性，於此處說修菩提心時又自己否定之，另外主張應當於分別敏捷中修習；然而當他住於不住見中相續觀察時，這般有所住、分別敏捷之心，仍是有覺有觀、有所得、有種種差異分別之意識心，絕對不是世尊所說具有菩提性之菩提心；宗喀巴未證實相智慧，不能決定何者才是菩提心甚深空性之法相，所說反反覆覆，即表示他所說是純憑想像，皆是妄計所得，皆非彼之現量證境故。

又意識若緣於無、住於無法時即落於無記中，無記就屬於沉沒相；而沉沒相之心與受用身心樂受之明了心，是異時互相違背者，因此宗喀巴以其曾經於身觸樂受之意識心，體驗假藏傳佛教所弘傳之「樂空雙運」，不許住於沉沒相之意識心是能受樂修空之狀態，實已推翻自己所想像之無分別而不自知。能分別、能觀察、能領受，再加上能清楚明了六塵境界，這意識心正是有分別心，就是假藏傳佛教應成派中觀所誤解與曲解而主張爲不可摧破、能結生相續、能取後有之常住法，明顯違背世尊所說「**諸所有意識，彼一切皆意法因緣生**」之至教。[20] 這意識是有生有滅、有所依、有所緣、不自在、五蘊法所含攝，並無常住不壞之眞實體性；而眞實菩提心是一切眾生皆有、能生蘊處界諸法之如來藏，是出生五蘊之本住心，不是五蘊中識蘊所含攝之意識。故假藏傳佛教應成派中觀思想是以生滅性的意識爲中心、爲本住法、爲能結生相續之常住心，其宗旨皆非佛所說法的證據是非常明確的。

意識心是屬於蘊處界無常空之法，以意識心所觀之蘊處界無常空及意識心自身之無常空，皆是所生法、緣起性空之法，沒有絲毫不生不滅、非斷非常、不來不去、不垢不淨、不增不減等諸多中道之功德；假藏傳佛教應成派中觀師一向都在所生法顯現之緣起性空上假說中觀，故佛護、月稱、阿底峽、宗喀巴等以意識爲中心所說的中觀皆不應成，能觀及所觀皆屬生滅法故。舉示實證如下：【其決擇正見之法，即無間所說雙於二諦獲決定解，除中觀師，任何補特伽羅皆見相違，無慧宣說無違之理。唯具深細賢明廣大觀慧中觀智者，善巧方便通達二諦，決擇令無相違氣息能得諸佛究竟密意。由此因緣，於自大師及佛聖教，生起希有最大恭敬，發清淨語，以大音聲數數宣告：「諸

具慧者應知性空之空義，是緣起義，非作用空無事之義。」】[21]

宗喀巴於《廣論》中，不僅主張意識心之一分明瞭分是細意識，以此細意識妄想能取後有而假說為阿賴耶識，企圖矇混為世尊經中所說能取後有之菩提心如來藏阿賴耶識，並且主張意識心之明瞭分別就是菩提心之無分別智、本覺智。如今更明確地違背世尊所說之甚深空性、般若空，以其我見、斷見大言不慚地說諸佛究竟密意就是緣起性空，這樣將聲聞解脫道及大乘佛菩提道推向無因論及戲論（假藏傳佛教應成派中觀不許細意識是可以摧破之法，也就是說細意識可以觀察其緣起故無我，但是不許說為可滅之法，此乃非因計因之無因論，墮於斷見故；藉緣生起之意識既是有生之法，即無可能成為不滅之法故；以生滅無常、能覺能觀之心假說為不生不滅、無覺無觀之菩提心，不能成就絲毫之佛菩提功德法，故所說皆是戲論），並宣稱如是非佛所說之自創謬法為佛說，是最嚴重的毀壞佛法與誹謗諸佛者，佛陀所說與其所說迥然相悖故。

蘊處界諸法完全屬於十二因緣流轉之法及可還滅之法，世尊於阿含中說「**此有故彼有，此滅故彼滅**」，說的就是含攝意識之五蘊名色，是因緣而起、緣散則滅，因此說五蘊名色之體性是無常故空，空故無我，非真實法、非常住法故。然意識心不論粗細，乃識蘊所含攝，是意法爲緣所生之法，故意識心亦是緣起性空之法；此等緣起性空乃是蘊處界無常空，僅屬於世俗諦之範疇，乃菩提心如來藏阿賴耶識（異熟識）藉眾緣所生諸法之無常法相，並非八不中道之常住空性菩提心。假藏傳佛教密宗如是緣起性空之法，未曾絲毫觸及勝義諦第一義心、菩提心之諸多中道功德法；而假藏傳佛教應成派中觀諸傳承者建立生滅無常之細意識爲常住法，顯違自己所說蘊處界緣起性空之理；復全然不知緣起性空世俗諦，必須要有菩提心如來藏阿賴耶識（異熟識）之諸多中道功德法，才得以不墮於無因論與戲論。彼等只因自身不能親證菩提心如來藏之眞實不虛，故予以否定；於極力否定菩提心如來藏阿賴耶識之時，又大力推崇已墮於無因論之緣起性空觀，說爲眞實常住之空性，故又墮於斷見；爲離斷見故，乃又建立意識心或細意識心爲本住法、常住心，妄想取代諸佛究竟密意所說之空性心如來藏，用以欺騙世人說假藏傳佛教密宗已經實證諸佛之般若密意；並宣稱如是修行者即是證得顯教的佛果，方許進一步轉入密宗道中，於書中處處貶抑顯教一切實修實證者。假藏傳佛教一切中觀師皆墮於意識境界中，以如是不住中道之能觀之心，以如是緣起性空之生滅無常心，妄想比擬諸佛究竟密意之中道心——菩提心如來藏；如是妄稱粗意識、細意識爲無始以來即不墮於能觀、所觀之實相心如來藏，指鹿爲馬、顚倒黑白，實非愚癡二字所能具體形容。

假藏傳佛教應成派中觀一方面否定中道心如來藏阿賴耶識，另一方面又將意識心領受種種境界相之變相執爲眞實心，公然違背世尊所說；並曲解佛意，將生滅無常墮於六塵境界相的意識心說爲菩提心、般若實相心，凡有所引用之經文或者菩薩論文，皆僅是作爲依附狡辯之用，乃至斷章取義、斷句取義來夤緣經論文句，故其引用並無實義，利用眾生對經論的仰信，讓眾生以爲其所說與經論相同，其實只是藉經論來誤導他人對他們生信而已（就像盜印百年信譽可靠之招牌貼在自家黑心仿製品上一樣），彼等實際上仍以常見外道所誤認爲常住不壞的意識心作爲中道心，與經論中所述第八識中道心之意可說完全是背道而馳。下面將分別以（一）彼等將意識心觀察蘊處界空套用爲般若空、（二）揭露《吐蕃僧諍記》之法義事實、（三）彼等錯用奢摩他之無分別影像作爲證得無分別之根據等三個項目，再次證明假藏傳佛教應成派中觀所說與佛菩薩之經論眞義南轅北轍之事實。

三、應成派中觀以意識心觀察蘊處界空，套用為般若空

純粹蘊處界法之眞實內涵就是「**此有故彼有，此滅故彼滅**」，是中道心如來藏阿賴耶識（異熟識）藉眾緣所生之法。若未能親證並觸及此中道心之法性者，縱然信受善知識所說之了義正法，具足正知正見而如實觀察、明瞭蘊處界法之虛妄不實（包括意識心自我之無常生滅性），也從善知識處聽聞熏習得知有一與意識心之了知、分別、覺觀體性完全不同之中道心，是離諸六塵覺觀之無分別相，是具足諸多中道功德法之本識心體，存在各各有情身中，遍蘊處界而與蘊處界非一非異（世尊在阿含中所說之非我、不異我、不相在），仍然不能現前得知此本識心體之無分別相，只能本於信受聖言量與具正知見而安住。倘若長期參禪下來，仍然沒有機緣可以親證自身之菩提心，雖然意識心已斷除緣於五陰之我見及對五陰自性之執著，包括對意識心自我能見聞覺知之貪愛也已斷除，也只是斷我見、斷分別我執，仍舊未得般若無分別智；因爲般若無分別智得要由意識心參禪而親證本識如來藏阿賴耶識（異熟識）以後，般若正觀現在前，才得以領受菩提心無分別之眞如法

相而發起般若智慧。故無分別智之智體是第八識本識菩提心，能修行、能證得無分別智之心則是意識心，而意識心本身之種種差別分別，或經作意所棄捨而不予分別之相似無分別，皆非無分別智之智體。但假藏傳佛教應成派中觀卻以意識心自身作爲無分別智之智體，將佛陀所說不生不滅的第八識菩提心般若主體，公然更換爲生滅無常之第六識意識心；是以李作桃而欺瞞佛教界的惡行，我等正信佛子應對此種魚目混珠者嚴格檢驗。茲舉示證據如下：【又聖無分別智，是已現證二我執境空無我義，爲生彼故現當思擇我執之境，通達彼無而善修習。彼雖亦是分別，然是無分別智極隨順之因，如前所引三摩地王經云：「若於諸法觀無我。」修次下篇（也就是蓮花戒之《中觀修次第》三論）云：「此修雖是分別爲性，然是如理作意自性，故能出生無分別智，樂此智者當依彼修。」若作是念，般若經說若於色等空無我行，亦是相行，故觀察空不應道理。如是等類，是說於空執爲實有，非說取空，前已廣說。若不爾者，即彼經云：「菩薩摩訶薩，若行般若波羅蜜多，修習般若波羅蜜多，如是觀察如是思惟：何爲般若波羅蜜多？即此般若波羅蜜多，是誰所有？若無何法，若不可得，是名般若波羅蜜多耶？

若如是觀察如是思惟。」此說正修般若度時，當須觀察。】[22]

假藏傳佛教應成派中觀之蓮花戒、宗喀巴等，皆不隱諱彼等確實是以意識心之分別性，期望經過意識心本身之作意而能出生無分別性，以此爲般若無分別智；其所觀察者，乃是蘊處界無人我；然而在彼等不許五取蘊爲我見所緣的情況下，實質上卻主張意識心之一分明瞭分－細意識－才是我見之所緣；但該細意識又是彼等所守護，視爲不可摧破之法，彼等因此而認爲事實上不應將之建立爲我見之所緣；若建立爲我見之所緣，則應將之承認爲生滅法故。依照彼等所建立之邏輯，意識心之一分細意識是能夠執持業種、結生相續之識；然而此細意識乃是意識之一分明瞭分，故細意識仍屬依附於意識心而存在者，其主體仍是意識心本身。所以宗喀巴及蓮花戒說，意識心如理作意的觀察自身，不分別意識心自身有我及五取蘊我之自性，那麼當時之意識心緣於意識自身就出生了無分別智，仍然違背他們所自豪的因明學正理。換句話說，假藏傳佛教應成派中觀是以意識心爲無分別智之智體，完全不理會般若經中世尊所說「無得無失、無覺無知、無分別相之心，是具菩提性之本識如來藏阿賴耶識（異熟識）」。事實上意識心一向有得有失、有覺有知、有分別相，乃是本識如來藏藉緣展轉所生之法，故意識心無任何堪能性可成爲無分別智之智體。意識心是因緣所生法，是緣起而性空之法，此空屬於五蘊空、無常空、不自在空等之人我空；意識心自身經過觀行證得此等人我空，其前提乃是體認意識心自身是無常、可滅之法；此等證得包括意識心在內之五取蘊人我空之智慧，僅屬於二乘解脫道之八聖道修證內涵，與實相般若之實證無涉；世尊說能證得一切眾生皆有如來藏者，才能發起實相般若智慧，才屬於菩薩道之修證故，而假藏傳佛教應成派中觀所主張者卻與世尊所說之聖教背道而馳。假藏傳佛教等六識論者改以意識心之緣起性空說爲空性，取代如來藏之甚深般若空性；又妄稱意識心具有本住法性，是不可摧破之法；故假藏傳佛教應成派中觀見者全都不能斷除我見，不僅違背世尊所教導解脫道之八聖道法教，又否定涅槃本際如來藏阿賴耶識，將造成二乘聖者於捨報不再出生後有五陰，而使來世之緣起性空亦不復存在時，無餘涅槃法即成爲斷滅法，同時也是在非毀十方諸佛所說依第八識如來藏漸次修行成就的成佛之道，使成佛之道成爲紙上談兵、永遠無佛可證、無佛可成之戲論，證據十分明確。

假藏傳佛教應成派中觀的蓮花戒、宗喀巴等人，把自己誤會聲聞道的緣起性空當作佛菩提道的般若空；彼等閱讀般若經時，若發現自己所說與般若經不能契合，爲免除他人提出質疑，就以自問自答方式，隨意扭曲轉變經文之實質意涵，以掩飾其過失。例如上文中所舉：「若作是念，般若經說若於色等空無我行，亦是相行，故觀察空不應道理。如是等類，是說於空執爲實有，非說取空，前已廣說。」但彼等所說一切空之觀察，從未離開過蘊處界之緣起性空；因此縱然彼等能於色受想行識五取蘊如實觀察無常、苦、空、無我，亦都屬於有生滅、有苦樂、有散壞之法相；相較於般若經中所說不生不滅、無苦無樂、無得無失、無覺無觀、無分別相之不垢不淨菩提心之觀行，仍然屬於有生滅相、有苦樂相、有垢淨相之有相行；故純粹觀察蘊處界空，確實不能契合般若經所說之無相甚深空性。而宗喀巴等雖然發現到自己的學說具有這種不符般若經之矛盾，卻不知反省而更以隨意轉計扭曲之方式，將般若經中依實相心如來藏阿賴耶識空有不二之中道性所說「**不取緣起性空之蘊處界萬法，亦不取緣起性空之空**」等確實可證之法，扭曲爲般若經所說僅是「不於緣起性空執爲實有」。爲揭穿彼等曲解經意誤導學人之惡行，舉示般若經相關之法句如下，以爲辨正：【「復次，舍利子！尊者所問『**何謂般若波羅蜜多**』者，舍利子！有勝妙慧，於一切法能如實覺，遠有所離，故名般若波羅蜜多。」時，舍利子問善現言：「此於何法而能遠離？」善現答言：「此於諸蘊、諸處、諸界、緣起等法皆能遠離，故名般若波羅蜜多。」】[23]

《大般若經》中，具壽善現菩薩於世尊面前回答舍利弗：所謂般若波羅蜜多，就是要有勝妙之智慧，此勝妙智慧絕非二乘聖者緣於蘊處界所修所證之八聖道智慧。八聖道智慧不離蘊處界空之範疇，二乘聖者捨報入無餘涅槃，蘊處界泯滅以後，八聖道智慧亦隨之泯沒，故這樣的智慧不能稱爲勝妙，不能超越於蘊處界及緣生緣滅之緣起性空故，不能及於勝義諦故。親證本識如來藏阿賴耶識（異熟識）之菩薩，能夠現前觀察本識之甚深空性遠離三界六道一切有情之蘊處界過失，以及蘊處界等緣起性空之無常空過失，於未滅蘊處界之時即能了知二乘聖者所證無餘涅槃本際的相貌，這是二乘聖人之所不知，此種智慧才得稱爲勝妙慧。此勝妙慧非緣於蘊處界空、緣起性空而生，依於此勝妙慧，能如實覺了：一切法之根源乃是本識如來藏阿賴耶識（異熟識），而本識恆處無得無失、無覺無觀、無分別相之眞如菩提性中，不依託於蘊處界，亦不依託於蘊處界之緣起性空，故得「於諸蘊、諸處、諸界、緣起等法皆能遠離」之勝妙慧，才能稱爲般若波羅蜜多。而假藏傳佛教應成派中觀都是六識論者，將依於蘊處界之緣才能生起的意識心，以及意識心在觀察自身及五蘊乃是緣起性空之法時，若能不執著此緣起性空之空相法，若能不分別五蘊及「意識我」有我，認爲此時之意識心即已出生無分別智，即是證得勝妙慧，這就是假藏傳佛教應成派中觀師「繪聲繪影」所說之般若方便。若將假藏傳佛教所說與《大般若經》中所說互相比對，便知假藏傳佛教應成派中觀所謂之「般若方便」，其實是以落入有所得的意識我見境界作爲方便，不是佛說的修習般若的正方便；因爲意識心或者其一分明瞭分本身之緣起性空法性，皆不能遠離於諸蘊、諸處、諸界、緣起等法，意識心乃是意法爲緣所生之法故；欲界及色界之意識心，更要藉五根（或三根）之緣方得現起，所以意識心實際上是墮於諸蘊、諸處、諸界、緣起等生滅法中，與實相般若所證之不生不滅法迥異，不能到無生無死之彼岸，故假藏傳佛教應成派中觀之意識有所得法，不得稱爲般若波羅蜜多。

般若經中世尊所教導於菩薩者，皆是以本識如來藏阿賴耶識（異熟識）

之無得無失等眞如無我無所得菩提性爲方便；倘若是墮於蘊處界法中者，即稱爲無方便，也就是無般若方便。再舉示經文證明之：【世尊！如菩薩摩訶薩欲行般若波羅蜜，無方便故，以吾我心於色中住，是菩薩作色行；以吾我心於受想行識中住，是菩薩作識行。若菩薩作行者，不受般若波羅蜜，亦不具足般若波羅蜜；不具足般若波羅蜜故，不能得成就薩婆若。】24

經文中所說，乃是指已親證本識如來藏阿賴耶識（異熟識）者，倘若緣於五取蘊之我見未斷，縱然了知何謂般若波羅蜜多，仍不能以本識之眞如無我、無所得菩提性爲方便；亦不能進而觀察自身或者他身蘊處界法之生起與運爲，皆不離於本識之種種性自性功德，而不能生起人我空與法我空之第一義空性勝解。不能以本識如來藏無所得之般若方便而如是觀者，受到我見之牽引，必不能轉依於本識之無我、無所得眞如法性，而以意識吾我心處於色受想行識中安住；已經親證本識之菩薩若仍隨順於如此行法，就不能具足般若波羅蜜，不能領受般若波羅蜜之勝妙智慧故。不能具足般若波羅蜜之菩薩，無般若方便故，以吾我心安住於色受想行識中，縱然經過思惟觀察而體悟蘊處界空，仍然屬於意識心緣於五取蘊之有所得法，非以如來藏無我、無所得之般若為方便故。更何況假藏傳佛教應成派中觀月稱、蓮花戒、宗喀巴、印順等傳承者，在未能親證的情況下，否定本識如來藏阿賴耶識，以墮於我見與斷見之意識心或細意識之緣起性空，及以意識吾我心安住於色受想行識中，而大談無分別智、般若方便，乃屬狂妄無知者及緣木求魚之愚癡人。恐怕假藏傳佛教應成派中觀之學人還不能完全信服，故再舉示般若經中世尊之教誨作為釋義之根據：【善現！若菩薩摩訶薩修行般若波羅蜜多時，離應一切智智心，觀眼處內空乃至無性自性空，於觀眼處空，有所得有所恃，以有所得為方便故；離應一切智智心，觀耳鼻舌身意處內空乃至無性自性空，於觀耳鼻舌身意處空，有所得有所恃，以有所得為方便故。善現！如是菩薩摩訶薩修行般若波羅蜜多時，無方便善巧，聞說如是甚深般若波羅蜜多，其心有驚、有恐、有怖。】[25]

《大般若經》中世尊所說之「一切智智心」，乃是指能持業種之一切種子識，種子識才是能使有情結生相續之識。究竟了知如來藏所含藏一切種子功能差別之智慧，即是一切智智；世間、出世間、世出世間之一切智慧，皆依此種子識心體含藏之種子而得證，故一切種子識即是一切智智之智體。而所謂「應一切智智心」，即是能觀、能思惟、能證種子識、能證悟般若之意識心，證悟本識而發起般若時能與一切智智相應故；當此意識心證悟般若而與一切智智相應時，即是「應一切智智心」。在此顯示意識心的二種智境：一者是尚未與一切智智相應的凡夫意識境界，或二乘聖者愚於一切智智的意識境界；二者已經與一切智智相應的證悟菩薩意識境界，對於一切蘊處界法之觀察與思惟，皆以能與蘊處界同時同處、不一不異、不即不離之「一切智智心」如來藏相應，此時之意識即是「應一切智智心」。（詳續中冊。）

1 宗喀巴疏，法尊法師譯，《入中論善顯密意疏》卷七，成都西部印務公司代印，頁十五。

2 《阿毘達磨俱舍論》卷十〈分別世品〉第三之三，《大正藏》冊二十九，頁五十六。

3 《攝大乘論釋》卷三〈所知依分〉第二之三，《大正藏》冊三十一，頁三三二～三三三。

4 《解深密經》卷一〈心意識相品〉第三，《大正藏》冊十六，頁六九二。

於六趣生死彼彼有情，墮彼彼有情眾中，或在卵生、或在胎生、或在濕生、或在化生，身分生起；於中最初一切種子心識成熟、展轉和合增長廣大，依二執受：一者有色諸根及所依執受，二者相、名、分別言說戲論習氣執受。有色界中具二執受，無色界中不具二種。廣慧！此識亦名阿陀那識，何以故？由此識於身隨逐執持故。亦名阿賴耶識，何以故？由此識於身攝受藏隱、同安危義故。亦名爲心，何以故？由此識，色聲香味觸等積集滋長故。

5 《雜阿含經》卷九，第二三八經，《大正藏》冊二，頁五七。
佛告比丘：「眼因緣色，眼識生。所以者何？若眼識生，一切眼色因緣故，耳聲因緣、鼻香因緣、舌味因緣、意法因緣意識生。所以者何？諸所有意識，彼一切皆意法因緣生故，是名比丘眼識因緣生，乃至意識因緣生。」

6 《瑜伽師地論》卷十三，本地分中〈有心無心二地〉第八、第九，《大正藏》冊三十，頁三四五。

7 此段辨正參考《瑜伽師地論》卷六十五，攝決擇分中〈思所成慧地〉之一，《大正藏》冊三十，頁六五五九。

8 宗喀巴著，《辨了不了義善說藏論》卷四，大千出版社（台北），一九九八年三月，頁一五六—頁一六三。

9 《大乘本生心地觀經》卷六〈離世間品〉第六，《大正藏》冊三，頁三一九。

10 《大乘密嚴經》卷二〈阿賴耶建立品〉第六，《大正藏》冊十六，頁七三八。

11 《瑜伽師地論》卷五十一，攝決擇分中〈五識身相應地〉意地之一，《大正藏》冊三十，頁五八〇—五八一。

12 《金剛三昧經》〈無生行品〉第三，《大正藏》冊九，頁三六七。

13 宗喀巴著，法尊法師譯，《廣論》卷十四，福智之聲出版社（台北），頁三四〇。

14 同前註之書，卷十六，頁三八七。

15 《勝鬘師子吼一乘大方便方廣經》〈如來藏章〉第七，《大正藏》冊十二，頁二二一。

16 《央掘魔羅經》卷四，《大正藏》冊二，頁五三九。

17 《金剛三昧經》〈如來藏品〉第七，《大正藏》冊九，頁三七一。

18 《廣論》卷二十三，頁五三九－五四〇。

19 《廣論》卷二十四，頁五四四。如下：

如是應於有事無事決定全無塵許實性引生定解，及當安住所決斷義，迭次而修，乃能引發無分別智。非於境界全不觀察，唯攝作意所能引發，以不能斷諦實執故。唯於執有，不起分別，非是通達無諦實故。

20 《雜阿含經》卷九，第二三八經，《大正藏》冊二，頁五十七。

21 《廣論》卷十七，頁四一二。

22 《廣論》卷二十四，頁五四五。

23 《大般若波羅蜜多經》卷四九七〈第三分善現品〉第三之十六，《大正藏》冊七，頁五三一。

24《摩訶般若波羅蜜經》卷三〈集散品〉第九，《大正藏》冊八，頁二三五。
25《大般若波羅蜜多經》卷四十四〈初分譬喻品〉第十一之三，《大正藏》冊五，頁二四八。

佛菩提二主要道次第概要表——二道並修，以外無別佛法

佛菩提道——大菩提道

遠波羅蜜多

十信位修集信心——一劫乃至一萬劫

資糧位

初住位修集布施功德（以財施為主）。

二住位修集持戒功德。

三住位修集忍辱功德。

四住位修集精進功德。

五住位修集禪定功德。

六住位修集般若功德（熏習般若中觀及斷我見，加行位也）。

外門廣修六度萬行

見道位

七住位明心般若正觀現前，親證本來自性清淨涅槃。

八住位起於一切法現觀般若中道。漸除性障。

十住位眼見佛性，世界如幻觀成就。

一至十行位，於廣行六度萬行中，依般若中道慧，現觀陰處界猶如陽焰，至第十行滿心位，陽焰觀成就。

一至十迴向位熏習一切種智；修除性障，唯留最後一分思惑不斷。第十迴向滿心位成就菩薩道如夢觀。

內門廣修六度萬行

初地：第十迴向位滿心時，成就道種智一分（八識心王一一親證後，領受五法、三自性、七種第一義、七種性自性、二種無我法）復由勇發十無盡願，成通達位菩薩。復又永伏性障而不具斷，能證慧解脫而不取證，由大願故留惑潤生。此地主修法施波羅蜜多及百法明門。證「猶如鏡像」現觀，故滿初地心。

二地：初地功德滿足以後，再成就道種智一分而入二地；主修戒波羅蜜多及一切種智。滿心位成就「猶如光影」現觀，戒行自然清淨。

解脫道：二乘菩提

← 斷三縛結，成初果解脫

← 薄貪瞋癡，成二果解脫

← 斷五下分結，成三果解脫

入地前的四加行令煩惱障現行悉斷，成四果解脫，留惑潤生。分段生死已斷，煩惱障習氣種子開始斷除，兼斷無始無明上煩惱。

近波羅蜜多

修道位

三地：二地滿心再證道種智一分，故入三地。此地主修忍波羅蜜多及四禪八定、四無量心、五神通。能成就俱解脫果而不取證，留惑潤生。滿心位成就「猶如谷響」現觀及無漏妙定意生身。

四地：由三地再證道種智一分故入四地。主修精進波羅蜜多，於此土及他方世界廣度有緣，無有疲倦。進修一切種智，滿心位成就「如水中月」現觀。

五地：由四地再證道種智一分故入五地。主修禪定波羅蜜多及一切種智，斷除下乘涅槃貪。滿心位成就「變化所成」現觀。

六地：由五地再證道種智一分故入六地。此地主修般若波羅蜜多——依道種智現觀十二因緣一一有支及意生身化身，皆自心眞如變化所現，「非有似有」，成就細相觀，不由加行而自然證得滅盡定，成俱解脫大乘無學。

七地：由六地「非有似有」現觀，再證道種智一分故入七地。此地主修一切種智及方便波羅蜜多，由重觀十二有支一一支中之流轉門及還滅門一切細相，成就方便善巧，念念隨入滅盡定。滿心位證得「如犍闥婆城」現觀。

七地滿心斷除故意保留之最後一分思惑時，煩惱障所攝色、受、想三陰有漏習氣種子同時斷盡。

大波羅蜜多

八地：由七地極細相觀成就故再證道種智一分而入八地。此地主修一切種智及願波羅蜜多。至滿心位純無相觀任運恆起，故於相土自在，滿心位復證「如實覺知諸法相意生身」故。

九地：由八地再證道種智一分故入九地。主修力波羅蜜多及一切種智，成就四無礙，滿心位證得「種類俱生無行作意生身」。

十地：由九地再證道種智一分故入此地。此地主修一切種智——智波羅蜜多。滿心位起大法智雲，及現起大法智雲所含藏種種功德，成受職菩薩。

等覺：由十地道種智成就故入此地。此地應修一切種智，圓滿等覺地無生法忍；於百劫中修集極廣大福德，以之圓滿三十二大人相及無量隨形好。

煩惱障所攝行、識二陰無漏習氣種子任運漸斷，所知障所攝上煩惱任運漸斷。

圓滿波羅蜜多

究竟位

妙覺：示現受生人間已斷盡煩惱障一切習氣種子，並斷盡所知障一切隨眠，永斷變易生死無明，成就大般涅槃，四智圓明。人間捨壽後，報身常住色究竟天利樂十方地上菩薩；以諸化身利樂有情，永無盡期，成就究竟佛道。

斷盡變易生死
成就大般涅槃

圓滿成就究竟佛果

佛子蕭平實 謹製
（二〇〇九、〇二 修訂）
（二〇一二、〇二 增補）

佛教正覺同修會〈修學佛道次第表〉

第一階段

* 以憶佛及拜佛方式修習動中定力。
* 學第一義佛法及禪法知見。
* 無相拜佛功夫成就。
* 具備一念相續功夫—動靜中皆能看話頭。
* 努力培植福德資糧，勤修三福淨業。

第二階段

* 參話頭，參公案。
* 開悟明心，一片悟境。
* 鍛鍊功夫求見佛性。
* 眼見佛性〈餘五根亦如是〉親見世界如幻，成就如幻觀。
* 學習禪門差別智。
* 深入第一義經典。
* 修除性障及隨分修學禪定。
* 修證十行位陽焰觀。

第三階段

* 學一切種智真實正理—楞伽經、解深密經、成唯識論…。
* 參究末後句。
* 解悟末後句。
* 透牢關—親自體驗所悟末後句境界，親見實相，無得無失。
* 救護一切衆生迴向正道。護持了義正法，修證十迴向位如夢觀。
* 發十無盡願，修習百法明門，親證猶如鏡像現觀。
* 修除五蓋，發起禪定。持一切善法戒。親證猶如光影現觀。
* 進修四禪八定、四無量心、五神通。進修大乘種智，求證猶如谷響現觀。

佛教正覺同修會 共修現況 及 招生公告 2014/11/23

一、共修現況：（請在共修時間來電，以免無人接聽。）

台北正覺講堂 103 台北市承德路三段 277 號九樓 捷運淡水線圓山站旁
Tel..總機 02-25957295（晚上）（分機：九樓辦公室 10、11；知客櫃檯 12、13。 十樓知客櫃檯 15、16；書局櫃檯 14。 五樓辦公室 18；知客櫃檯 19。二樓辦公室 20；知客櫃檯 21。）
Fax..25954493

第一講堂 台北市承德路三段 277 號九樓

禪淨班：週一晚上班、週三晚上班、週四晚上班、週五晚上班、週六下午班、週六上午班（皆須報名建立學籍後始可參加共修，欲報名者詳見本公告末頁）

增上班：瑜伽師地論詳解：每月第一、三、五週之週末 17.50～20.50 平實導師講解（僅限已明心之會員參加）

禪門差別智：每月第一週日全天 平實導師主講（事冗暫停）。

佛藏經詳解 平實導師主講。已於 2013/12/17 開講，歡迎已發成佛大願的菩薩種性學人，攜眷共同參與此殊勝法會聽講。詳解 釋迦世尊於《佛藏經》中所開示的眞實義理，更爲今時後世佛子四眾，闡述佛陀演說此經的本懷。眞實尋求佛菩提道的有緣佛子，親承聽聞如是勝妙開示，當能如實理解經中義理，亦能了知於大乘法中：如何是諸法實相？善知識、惡知識要如何簡擇？如何才是清淨持戒？如何才能清淨說法？於此末法之世，眾生五濁益重，不知佛、不解法、不識僧，唯見表相，不信眞實，貪著五欲，諸方大師不淨說法，各各將導大量徒眾趣入三塗，如是師徒俱堪憐憫。是故，平實導師以大慈悲心，用淺白易懂之語句，佐以實例、譬喻而爲演說，普令聞者易解佛意，皆得契入佛法正道，如實了知佛法大藏。

此經中，對於實相念佛多所著墨，亦指出念佛要點：以實相爲依，念佛者應依止淨戒、依止清淨僧寶，捨離違犯重戒之師僧，應受學清淨之法，遠離邪見。本經是現代佛門大法師所厭惡之經典：一者由於大法師們已全都落入意識境界而無法親證實相，故於此經中所說實相全無所知，都不樂有人聞此經名，以免讀後提出問疑時無法回答；二者現代大乘佛法地區，已經普被藏密喇嘛教滲透，許多有名之大法師們大多已曾或繼續在修練雙身法，都已失去聲聞戒體及菩薩戒體，成爲地獄種姓人，已非眞正出家之人，本質只是身著僧衣而住在寺院中的世俗人。這些人對於此經都是讀不懂的，也是極爲厭惡的；他們尙不樂見此經之印行，何況流通與講解？今爲救護廣大學佛人，兼欲護持佛教血脈永續常傳，特選此經宣講之。每逢週二 18.50~20.50 開示，不限制聽講資格。會外人士需憑身分證件換證入內聽講（此是大樓管理處之安全規定，敬請見諒)。桃園、台中、台南、高雄等地講堂，亦於每週二晚上播放平實導師所講本經之 DVD，不必出示身分證件即可入內聽講，歡迎各地善信同霑法益。

第二講堂　台北市承德路三段 267 號十樓。

禪淨班：週一晚上班、週四晚上班、週六下午班。

進階班：週三晚上班、週五晚上班（禪淨班結業後轉入共修)。

佛藏經詳解：平實導師講解。每週二 18.50~20.50(影像音聲即時傳輸)。本會學員憑上課證進入聽講，會外學人請以身分證件換證進入聽講（此爲大樓管理處安全管理規定之要求，敬請諒解)。

第三講堂　台北市承德路三段 277 號五樓。

進階班：週一晚上班、週三晚上班、週四晚上班、週五晚上班、週六下午班。

佛藏經詳解：平實導師講解。每週二 18.50~20.50(影像音聲即時傳輸)。本會學員憑上課證進入聽講，會外學人請以身分證件換證進入聽講（此爲大樓管理處安全管理規定之要求，敬請諒解)。

第四講堂　台北市承德路三段 267 號二樓。

進階班：週三晚上班、週四晚上班（禪淨班結業後轉入共修)。

佛藏經詳解：平實導師講解。每週二 18.50~20.50(影像音聲即時傳輸)。本會學員憑上課證進入聽講，會外學人請以身分證件換證進入聽講（此爲大樓管理處安全管理規定之要求，敬請諒解)。

第五、第六講堂　爲**開放式講堂**，不需以身分證件換證即可進入聽講，台北市承德路三段 267 號地下一樓、地下二樓。已規劃整修完成，每逢週二晚上講經時段開放給會外人士自由聽經，請由大樓側面梯階逕行進入聽講。**聽講者請尊重講者的著作權及肖像權，請勿錄音錄影，以免違法；若有錄音錄影被查獲者，將依法處理**。

正覺祖師堂　大溪鎮美華里信義路 650 巷坑底 5 之 6 號（台 3 號省道 34 公里處 妙法寺對面斜坡道進入）電話 03-3886110　傳眞 03-3881692 本堂供奉 克勤圓悟大師，專供會員每年四月、十月各二次精進禪三共修，兼作本會出家菩薩掛單常住之用。除禪三時間以外，每逢單月第一週之週日 9:00~17:00 開放會內、外人士參訪，當天並提供午齋結緣。教內共修團體或道場，得另申請其餘時間作團體參訪，務請事先與常住確定日期，以便安排常住菩薩接引導覽，亦免妨礙常住菩薩之日常作息及修行。

桃園正覺講堂（第一、第二講堂)：桃園市介壽路 286、288 號 10 樓（陽明運動公園對面）電話：03-3749363(請於共修時聯繫，或與台北聯繫)

禪淨班：週一晚上班、週三晚上班、週四晚上班、週五晚上班。

進階班：週六上午班、週五晚上班。

佛藏經詳解：平實導師講解 每逢週二晚上，以台北正覺講堂所錄 DVD 放映；歡迎會外學人共同聽講，不需出示身分證件。

新竹正覺講堂 新竹市東光路 55 號二樓之一　電話 03-5724297（晚上）

第一講堂：

禪淨班：週一晚上班、週三晚上班、週五晚上班、週六上午班。

進階班：週三晚上班、週四晚上班（由禪淨班結業後轉入共修）。

佛藏經詳解：平實導師講解，每週二晚上。以台北正覺講堂所錄 DVD 放映。歡迎會外學人共同聽講，不需出示身分證件。

第二講堂：

禪淨班：週三晚上班、週四晚上班。

佛藏經詳解：每週二晚上與第一講堂同時播放佛藏經詳解 DVD。

台中正覺講堂 04-23816090（晚上）

第一講堂 台中市南屯區五權西路二段 666 號 13 樓之四（國泰世華銀行樓上。鄰近縣市經第一高速公路前來者，由五權西路交流道可以快速到達，大樓旁有停車場，對面有素食館）。

禪淨班：週三晚上班、週四晚上班、週五晚上班、週六早上班。

進階班：週一晚上班（由禪淨班結業後轉入共修）。

增上班：單週週末以台北增上班課程錄成 DVD 放映之，限已明心之會員參加。

佛藏經詳解：平實導師講解。以台北正覺講堂所錄 DVD 放映。每週二晚上放映，歡迎會外學人共同聽講，不需出示身分證件。

第二講堂 台中市南屯區五權西路二段 666 號 4 樓

禪淨班：週一晚上班。

進階班：週五晚上班、週六早上班（由禪淨班結業後轉入共修）。

佛藏經詳解：每週二晚上與第一講堂同時播放佛藏經詳解 DVD。

第三講堂、第四講堂：台中市南屯區五權西路二段 666 號 4 樓。

嘉義正覺講堂 嘉義市友愛路 288 號八樓之一　電話：05-2318228

第一講堂：

禪淨班：預定 2014 /10/23 週四開課，歡迎報名參加共修。

佛藏經詳解：自 2014/10/28 起每週二晚上 18:50～20:50 播放台北講堂錄製的講經 DVD。

第二講堂 嘉義市友愛路 288 號八樓之二。

台南正覺講堂

第一講堂 台南市西門路四段 15 號 4 樓。06-2820541（晚上）

佛藏經詳解：平實導師講解。以台北正覺講堂所錄 DVD 放映。每週二晚上放映，歡迎會外學人共同聽講，不需出示身分證件。

禪淨班：週一晚上班、週三晚上班、週六下午班。

進階班：雙週週末下午班（由禪淨班結業後轉入共修）。

增上班：單週週末下午，以台北增上班課程錄成 DVD 放映之，限已明心之會員參加。

第二講堂　台南市西門路四段 15 號 3 樓。

佛藏經詳解：每週二晚上與第一講堂同時播放佛藏經詳解 DVD。

第三講堂　台南市西門路四段 15 號 3 樓。

佛藏經詳解：每週二晚上與第一講堂同時播放佛藏經詳解 DVD。

禪淨班：週四晚上班、週六晚上班。

進階班：週五晚上班、週六早上班（由禪淨班結業後轉入共修）。

高雄正覺講堂　高雄市新興區中正三路 45 號五樓 07-2234248（晚上）

第一講堂（五樓）：

佛藏經詳解：平實導師講解。以台北正覺講堂所錄 DVD 放映。每週二晚上放映，歡迎會外學人共同聽講，不需出示身分證件

禪淨班：週三晚上班、週四晚上班、週末上午班。

進階班：週一晚上班（由禪淨班結業後轉入共修）。

增上班：單週週末下午，以台北增上班課程錄成 DVD 放映之，限已明心之會員參加。

第二講堂（四樓）：

佛藏經詳解：每週二晚上與第一講堂同時播放佛藏經詳解 DVD。

禪淨班：週三晚上班、週四晚上班。

進階班：週四晚上班（由禪淨班結業後轉入共修）。

第三講堂（三樓）：（尚未開放使用）。

香港正覺講堂　香港新界葵涌大連排道 21-33 號，宏達工業中心 7 樓 10 室（葵興地鐵站 A 出口步行約 10 分鐘）。電話：(852)23262231。英文地址：Unit 10, 7/F, Vanta Industrial Centre, No.21-33, Tai Lin Pai Road, Kwai Chung, New Territories）

禪淨班：週六班 14:30-17:30，已經額滿。
週日班 14:40-17:40，已經額滿。
新班開始報名，4 月底開課。

妙法蓮華經詳解：平實導師講解 以台北正覺講堂所錄 DVD，每逢週六 18:40-20:40、週日 19:00-21:00 放映；歡迎會外學人共同聽講，不需出示身分證件。

美國洛杉磯正覺講堂　**☆已遷移新址☆**

825 S. Lemon Ave Diamond Bar, CA 91798 U.S.A.
Tel. (909) 595-5222（請於週六 9:00~18:00 之間聯繫）
Cell. (626) 454-0607

禪淨班：每逢週末 15：30~17：30 上課。

進階班：每逢週末上午 10：00 上課。

佛藏經詳解：平實導師講解 以台北正覺講堂所錄 DVD，每週六下午放映(13：00~15：00)，歡迎各界人士共享第一義諦無上法益，不需報名。

二、招生公告　本會台北講堂及全省各講堂，每逢四月、十月中旬開新班，每週共修一次（每次二小時。開課日起三個月內仍可插班）；但美國洛杉磯共修處得隨時插班共修。各班共修期間皆爲二年半，欲參加者請向本會函索報名表（各共修處皆於共修時間方有人執事，非共修時間請勿電詢或前來洽詢、請書），或直接從成佛之道網站下載報名表。共修期滿時，若經報名禪三審核通過者，可參加四天三夜之禪三精進共修，有機會明心、取證如來藏，發起般若實相智慧，成爲實義菩薩，脫離凡夫菩薩位。

三、新春禮佛祈福　農曆年假期間停止共修：自農曆新年前七天起停止共修與弘法，正月 8 日起回復共修、弘法事務。新春期間正月初一～初七 9.00～17.00 開放台北講堂、大溪禪三道場（正覺祖師堂），方便會員供佛、祈福及會外人士請書。美國洛杉磯共修處之休假時間，請逕詢該共修處。

密宗四大派修雙身法，是外道性力派的邪法；又以生滅的識陰作為常住法，是常見外道，是假的藏傳佛教。

西藏覺囊巴以他空見弘揚第八識如來藏勝法，才是真藏傳佛教

佛教正覺同修會　弘法行事表　2014/08/19

1、**禪淨班**　以無相念佛及拜佛方式修習動中定力，實證一心不亂功夫。傳授解脫道正理及第一義諦佛法，以及參禪知見。共修期間：二年六個月。每逢四月、十月開新班，詳見招生公告表。

2、**《佛藏經》詳解**　平實導師主講。已於 2013/12/17 開講，歡迎已發成佛大願的菩薩種性學人，攜眷共同參與此殊勝法會聽講。詳解釋迦世尊於《佛藏經》中所開示的眞實義理，更爲今時後世佛子四眾，闡述 佛陀演說此經的本懷。眞實尋求佛菩提道的有緣佛子，親承聽聞如是勝妙開示，當能如實理解經中義理，亦能了知於大乘法中：如何是諸法實相？善知識、惡知識要如何簡擇？如何才是清淨持戒？如何才能清淨說法？於此末法之世，眾生五濁益重，不知佛、不解法、不識僧，唯見表相，不信眞實，貪著五欲，諸方大師不淨說法，各各將導大量徒眾趣入三塗，如是師徒俱堪憐憫。是故，平實導師以大慈悲心，用淺白易懂之語句，佐以實例、譬喻而爲演說，普令聞者易解佛意，皆得契入佛法正道，如實了知佛法大藏。每逢週二 18.50~20.50 開示，不限制聽講資格。會外人士需憑身分證件換證入內聽講（此是大樓管理處之安全規定，敬請見諒）。桃園、新竹、台中、台南、高雄等地講堂，亦於每週二晚上播放平實導師講經之 DVD，不必出示身分證件即可入內聽講，歡迎各地善信同霑法益。

有某道場專弘淨土法門數十年，於教導信徒研讀《佛藏經》時，往往告誡信徒曰：「後半部不許閱讀。」由此緣故坐令信徒失去提升念佛層次之機緣，師徒只能低品位往生淨土，令人深覺愚癡無智。由有多人建議故，平實導師開始宣講《佛藏經》，藉以轉易如是邪見，並提升念佛人之知見與往生品位。此經中，對於實相念佛多所著墨，亦指出念佛要點：**以實相爲依，念佛者應依止淨戒、依止清淨僧寶，捨離違犯重戒之師僧，應受學清淨之法，遠離邪見**。本經是現代佛門大法師所厭惡之經典：**一者由於大法師們已全都落入意識境界而無法親證實相，故於此經中所說實相全無所知，都不樂有人聞此經名，以免讀後提出問疑時無法回答；二者現代大乘佛法地區，已經普被藏密喇嘛教滲透，許多有名之大法師們大多已曾或繼續在修練雙身法，都已失去聲聞戒體及菩薩戒體，成爲地獄種姓人，已非眞正出家之人，本質上只是身著僧衣而住在寺院中的世俗人**。這些人對於此經都是讀不懂的，也是極爲厭惡的；他們尚不樂見此經之印行，何況流通與講解？今爲救護廣大學佛人，兼欲護持佛教血脈永續常傳，特選此經宣講之，主講者平實導師。

3、**瑜伽師地論**詳解　詳解論中所言凡夫地至佛地等 17 師之修證境界與理論，從凡夫地、聲聞地……宣演到諸地所證一切種智之眞實正理。由平實導師開講，每逢一、三、五週之週末晚上開示，僅限已明心之會員參加。

4、**精進禪三**　主三和尚：平實導師。於四天三夜中，以克勤圓悟大師及大慧宗杲之禪風，施設機鋒與小參、公案密意之開示，幫助會員剋期取證，親證不生不滅之眞實心——人人本有之如來藏。每年四月、十月各舉辦二個梯次；平實導師主持。僅限本會會員參加禪淨班共修期滿，報名審核通過者，方可參加。並選擇會中定力、慧力、福德三條件皆已具足之已明心會員，給以指引，令得眼見自己無形無相之佛性遍佈山河大地，眞實而無障礙，得以肉眼現觀世界身心悉皆如幻，具足成就如幻觀，圓滿十住菩薩之證境。

5、**阿含經**詳解　選擇重要之阿含部經典，依無餘涅槃之實際而加以詳解，令大眾得以現觀諸法緣起性空，亦復不墮斷滅見中，顯示經中所隱說之涅槃實際—如來藏—確實已於四阿含中隱說；令大眾得以聞後觀行，確實斷除我見乃至我執，證得**見到**眞現觀，乃至**身證**……等眞現觀；已得大乘或二乘見道者，亦可由此聞熏及聞後之觀行，除斷我所之貪著，成就慧解脫果。由平實導師詳解。不限制聽講資格。

6、**大法鼓經**詳解　詳解末法時代大乘佛法修行之道。佛教正法消毒妙藥塗於大鼓而以擊之，凡有眾生聞之者，一切邪見鉅毒悉皆消殞；此經即是大法鼓之正義，凡聞之者，所有邪見之毒悉皆滅除，見道不難；亦能發起菩薩無量功德，是故諸大菩薩遠從諸方佛土來此娑婆聞修此經。由平實導師詳解。不限制聽講資格。

7、**解深密經**詳解　重講本經之目的，在於令諸已悟之人明解大乘法道之成佛次第，以及悟後進修一切種智之內涵，確實證知三種自性性，並得據此證解七眞如、十眞如等正理。每逢週二 18.50~20.50 開示，由平實導師詳解。將於《大法鼓經》講畢後開講。不限制聽講資格。

8、**成唯識論**詳解　詳解一切種智眞實正理，詳細剖析一切種智之微細深妙廣大正理；並加以舉例說明，使已悟之會員深入體驗所證如來藏之微密行相；及證驗見分相分與所生一切法，皆由如來藏—阿賴耶識—直接或展轉而生，因此證知一切法無我，證知無餘涅槃之本際。將於增上班《瑜伽師地論》講畢後，由平實導師重講。僅限已明心之會員參加。

9、**精選如來藏系經典**詳解　精選如來藏系經典一部，詳細解說，以此完全印證會員所悟如來藏之眞實，得入不退轉住。另行擇期詳細解說之，由平實導師講解。僅限已明心之會員參加。

10、**禪門差別智**　藉禪宗公案之微細淆訛難知難解之處，加以宣說及剖析，以增進明心、見性之功德，啓發差別智，建立擇法眼。每月第一週日全天，由平實導師開示，僅限破參明心後，復又眼見佛性者參加（事冗暫停）。

11、**枯木禪**　先講智者大師的《小止觀》，後說《釋禪波羅蜜》，詳解四禪八定之修證理論與實修方法，細述一般學人修定之邪見與岔路，及對禪定證境之誤會，消除枉用功夫、浪費生命之現象。已悟般若者，可以藉此而實修初禪，進入大乘通教及聲聞教的三果心解脫境界，配合應有的大福德及後得無分別智、十無盡願，即可進入初地心中。親教師：平實導師。未來緣熟時將於大溪正覺寺開講。不限制聽講資格。

註：本會例行年假，自 2004 年起，改爲每年農曆新年前七天開始停息弘法事務及共修課程，農曆正月 8 日回復所有共修及弘法事務。新春期間（每日 9.00~17.00）開放台北講堂，方便會員禮佛祈福及會外人士請書。大溪鎮的正覺祖師堂，開放參訪時間，詳見〈正覺電子報〉或成佛之道網站。本表得因時節因緣需要而隨時修改之，不另作通知。

佛教正覺同修會　贈閱書籍 目錄　2014/05/14

1.**無相念佛**　平實導師著　回郵 10 元
2.**念佛三昧修學次第**　平實導師述著　回郵 25 元
3.**正法眼藏—護法集**　平實導師述著　回郵 35 元
4.**真假開悟簡易辨正法&佛子之省思**　平實導師著　回郵 3.5 元
5.**生命實相之辨正**　平實導師著　回郵 10 元
6.**如何契入念佛法門**（**附**：印順法師否定極樂世界）平實導師著 回郵 3.5 元
7.**平實書箋**—答元覽居士書　平實導師著　回郵 35 元
8.**三乘唯識**—如來藏系經律彙編　平實導師編　回郵 80 元
（精裝本　長 27 cm　寬 21 cm　高 7.5 cm　重 2.8 公斤）
9.**三時繫念全集**—修正本　回郵掛號 40 元（長 26.5 cm×寬 19 cm）
10.**明心與初地**　平實導師述　回郵 3.5 元
11.**邪見與佛法**　平實導師述著　回郵 20 元
12.**菩薩正道**—回應義雲高、釋性圓…等外道之邪見　正燦居士著 回郵 20 元
13.**甘露法雨**　平實導師述　回郵 20 元
14.**我與無我**　平實導師述　回郵 20 元
15.**學佛之心態**—修正錯誤之學佛心態始能與正法相應 孫正德老師著 回郵35元
附錄：平實導師著**《略說八、九識並存…等之過失》**
16.**大乘無我觀**—《悟前與悟後》別說　平實導師述著　回郵 20 元
17.**佛教之危機**—中國台灣地區現代佛教之真相（附錄：公案拈提六則）
平實導師著　回郵 25 元
18.**燈　影**—燈下黑（覆「求教後學」來函等）平實導師著　回郵 35 元
19.**護法與毀法**—覆上平居士與徐恒志居士網站毀法二文
張正圜老師著　回郵 35 元
20.**淨土聖道**—兼評選擇本願念佛　正德老師著　由正覺同修會購贈 回郵 25 元
21.**辨唯識性相**—對「紫蓮心海《辯唯識性相》書中否定阿賴耶識」之回應
正覺同修會 台南共修處法義組 著　回郵 25 元
22.**假如來藏**—對法蓮法師《如來藏與阿賴耶識》書中否定阿賴耶識之回應
正覺同修會 台南共修處法義組 著　回郵 35 元
23.**入不二門**—公案拈提集錦 第一輯（於平實導師公案拈提諸書中選錄約二十則，
合輯爲一冊流通之）平實導師著　回郵 20 元
24.**真假邪說**—西藏密宗索達吉喇嘛《破除邪說論》真是邪說
釋正安法師著　回郵 35 元
25.**真假開悟**—真如、如來藏、阿賴耶識間之關係　平實導師述著　回郵 35 元
26.**真假禪和**—辨正釋傳聖之謗法謬說　孫正德老師著　回郵 30 元

27.**眼見佛性**—駁慧廣法師眼見佛性的含義文中謬說
游正光老師著　回郵 25 元

28.**普門自在**—公案拈提集錦 第二輯（於平實導師公案拈提諸書中選錄約二十則，合輯爲一冊流通之）平實導師著　回郵 25 元

29.**印順法師的悲哀**—以現代禪的質疑為線索　恒毓博士著　回郵 25 元

30.**識蘊真義**—現觀識蘊內涵、取證初果、親斷三縛結之具體行門。
—依《成唯識論》及《唯識述記》正義，略顯安慧《大乘廣五蘊論》之邪謬
平實導師著　回郵 35 元

31.**正覺電子報** 各期紙版本　免附回郵　每次最多函索三期或三本。
（已無存書之較早各期，不另增印贈閱）

32.**現代人應有的宗教觀**　蔡正禮老師 著　回郵 3.5 元

33.**遠惑趣道**—正覺電子報般若信箱問答錄　第一輯　回郵 20 元

34.**遠惑趣道**—正覺電子報般若信箱問答錄　第二輯　回郵 20 元

35.**確保您的權益**—器官捐贈應注意自我保護　游正光老師 著　回郵 10 元

36.**正覺教團電視弘法三乘菩提 DVD 光碟（一）**
由正覺教團多位親教師共同講述錄製 DVD 8 片，MP3 一片，共 9 片。有二大講題：一爲「三乘菩提之意涵」，二爲「學佛的正知見」。內容精闢，深入淺出，精彩絕倫，幫助大眾快速建立三乘法道的正知見，免被外道邪見所誤導。有志修學三乘佛法之學人不可不看。（製作工本費 100 元，回郵 25 元）

37.**正覺教團電視弘法 DVD 專輯（二）**
總有二大講題：一爲「三乘菩提之念佛法門」，一爲「學佛正知見（第二篇）」，由正覺教團多位親教師輪番講述，內容詳細闡述如何修學念佛法門、實證念佛三昧，以及學佛應具有的正確知見，可以幫助發願往生西方極樂淨土之學人，得以把握往生，更可令學人快速建立三乘法道的正知見，免於被外道邪見所誤導。有志修學三乘佛法之學人不可不看。（一套 17 片，工本費 160 元。回郵 35 元）

38.**佛藏經** 燙金精裝本　每冊回郵 20 元。正修佛法之道場欲大量索取者，請正式發函並蓋用大印寄來索取（2008.04.30 起開始敬贈）

39.**喇嘛性世界**—揭開假藏傳佛教譚崔瑜伽的面紗　張善思 等人合著
由正覺同修會購贈　回郵 20 元

40.**假藏傳佛教的神話**—性、謊言、喇嘛教　張正玄教授編著　回郵 20 元
由正覺同修會購贈　回郵 20 元

41.**隨　緣**—理隨緣與事隨緣　平實導師述　回郵 20 元。

42.**學佛的覺醒**　正枝居士 著　回郵 25 元

43.**導師之真實義**　蔡正禮老師 著　回郵 10 元

44.**淺談達賴喇嘛之雙身法**—兼論解讀「密續」之達文西密碼
吳明芷居士 著　回郵 10 元

45.**魔界轉世**　張正玄居士 著　回郵 10 元

46.**一貫道與開悟**　蔡正禮老師 著　回郵 10 元

47.**博愛**—愛盡天下女人　正覺教育基金會 編印　回郵 10 元

48.**意識虛妄經教彙編**—實證解脫道的關鍵經文　正覺同修會編印　回郵25元
49.**廣論三部曲**　郭正益老師著　回郵 20 元
50.**邪箭囈語**—破斥藏密外道多識仁波切《破魔金剛箭雨論》之邪說
陸正元老師著　上、下冊回郵各 30 元，預定 2014/03 出版
51.**真假沙門**—依　佛聖教闡釋佛教僧寶之定義
蔡正禮老師著　俟正覺電子報連載後結集出版
52.**真假禪宗**—藉評論釋性廣《印順導師對變質禪法之批判
及對禪宗之肯定》以顯示真假禪宗
附論一：凡夫知見　無助於佛法之信解行證
附論二：世間與出世間一切法皆從如來藏實際而生而顯
余正偉老師著　俟正覺電子報連載後結集出版　回郵未定
53.**假鋒虛焰金剛乘**—揭示顯密正理，兼破索達吉師徒《般若鋒兮金剛焰》。
釋正安 法師著　俟正覺電子報連載後結集出版

★ 上列贈書之郵資，係台灣本島地區郵資，大陸、港、澳地區及外國地區，請另計酌增（大陸、港、澳、國外地區之郵票不許通用）。尚未出版之書，請勿先寄來郵資，以免增加作業煩擾。

★ 本目錄若有變動，唯於後印之書籍及「成佛之道」網站上修正公佈之，不另行個別通知。

函索書籍請寄：佛教正覺同修會　103 台北市承德路 3 段 277 號 9 樓
台灣地區函索書籍者請附寄郵票，無時間購買郵票者可以等值現金抵用，但不接受郵政劃撥、支票、匯票。大陸地區得以人民幣計算，國外地區請以美元計算（請勿寄來當地郵票，在台灣地區不能使用）。欲以掛號寄遞者，請另附掛號郵資。

親自索閱：正覺同修會各共修處。　★請於共修時間前往取書，餘時無人在道場，請勿前往索取；共修時間與地點，詳見書末正覺同修會共修現況表（以近期之共修現況表爲準）。

註：正智出版社發售之局版書，請向各大書局購閱。若書局之書架上已經售出而無陳列者，請向書局櫃台指定洽購；若書局不便代購者，請於正覺同修會共修時間前往各共修處請購，正智出版社已派人於共修時間送書前往各共修處流通。 郵政劃撥購書及 大陸地區 購書，請詳別頁正智出版社發售書籍目錄最後頁之說明。

成佛之道 網站：http://www.a202.idv.tw　正覺同修會已出版之結緣書籍，多已登載於 成佛之道 網站，若住外國、或住處遙遠，不便取得正覺同修會贈閱書籍者，可以從本網站閱讀及下載。　書局版之《宗通與說通》亦已上網，台灣讀者可向書局洽購，成本價 200 元。《狂密與眞密》第一輯~第四輯，亦於 2003.5.1.全部於本網站登載完畢；台灣地區讀者請向書局洽購，每輯約 400 頁，賠本流通價 140 元（網站下載紙張費用較貴，容易散失，難以保存，亦較不精美）。

＊＊假藏傳佛教修雙身法，非佛教＊＊

正智出版社 籌募弘法基金發售書籍目錄　2015/1/1

1.**宗門正眼**—公案拈提 第一輯 重拈　平實導師著　500 元
因重寫內容大幅度增加故，字體必須改小，並增爲 576 頁 主文 546 頁。比初版更精彩、更有內容。初版《禪門摩尼寶聚》之讀者，可寄回本公司免費調換新版書。免附回郵，亦無截止期限。（2007 年起，每冊附贈本公司精製公案拈提〈超意境〉CD 一片。市售價格 280 元，多購多贈。）
2.**禪淨圓融**　平實導師著　200 元（第一版舊書可換新版書。）
3.**真實如來藏**　平實導師著　400 元
4.**禪—悟前與悟後**　平實導師著　上、下冊，每冊 250 元
5.**宗門法眼**—公案拈提 第二輯　平實導師著　500 元
（2007 年起，每冊附贈本公司精製公案拈提〈超意境〉CD 一片）
6.**楞伽經詳解**　平實導師著　全套共 10 輯　每輯 250 元
7.**宗門道眼**—公案拈提 第三輯　平實導師著　500 元
（2007 年起，每冊附贈本公司精製公案拈提〈超意境〉CD 一片）
8.**宗門血脈**—公案拈提 第四輯　平實導師著　500 元
（2007 年起，每冊附贈本公司精製公案拈提〈超意境〉CD 一片）
9.**宗通與說通**—成佛之道 平實導師著 主文 381 頁 全書 400 頁售價 300 元
10.**宗門正道**—公案拈提 第五輯　平實導師著　500 元
（2007 年起，每冊附贈本公司精製公案拈提〈超意境〉CD 一片）
11.**狂密與真密 一～四輯**　平實導師著　西藏密宗是人間最邪淫的宗教，本質不是佛教，只是披著佛教外衣的印度教性力派流毒的喇嘛教。此書中將西藏密宗密傳之男女雙身合修樂空雙運所有祕密與修法，毫無保留完全公開，並將全部喇嘛們所不知道的部分也一併公開。內容比大辣出版社喧騰一時的《西藏慾經》更詳細。並且函蓋藏密的所有祕密及其錯誤的中觀見、如來藏見……等，藏密的所有法義都在書中詳述、分析、辨正。每輯主文三百餘頁　每輯全書約 400 頁　售價每輯 300 元
12.**宗門正義**—公案拈提 第六輯　平實導師著　500 元
（2007 年起，每冊附贈本公司精製公案拈提〈超意境〉CD 一片）
13.**心經密意**—心經與解脫道、佛菩提道、祖師公案之關係與密意　平實導師述　300 元
14.**宗門密意**—公案拈提 第七輯　平實導師著　500 元
（2007 年起，每冊附贈本公司精製公案拈提〈超意境〉CD 一片）
15.**淨土聖道**—兼評「選擇本願念佛」　正德老師著　200 元
16.**起信論講記**　平實導師述著　共六輯　每輯三百餘頁　售價各 250 元
17.**優婆塞戒經講記**　平實導師述著 共八輯 每輯三百餘頁 售價各 250 元
18.**真假活佛**—略論附佛外道盧勝彥之邪說（對前岳靈犀網站主張「盧勝彥是證悟者」之修正）　正犀居士（岳靈犀）著　流通價 140 元
19.**阿含正義**—唯識學探源　平實導師著　共七輯　每輯 300 元

20.**超意境** CD 以平實導師公案拈提書中超越意境之頌詞，加上曲風優美的旋律，錄成令人嚮往的超意境歌曲，其中包括正覺發願文及平實導師親自譜成的黃梅調歌曲一首。詞曲雋永，殊堪翫味，可供學禪者吟詠，有助於見道。內附設計精美的彩色小冊，解說每一首詞的背景本事。每片 280 元。【每購買公案拈提書籍一冊，即贈送一片。】

21.**菩薩底憂鬱** CD 將菩薩情懷及禪宗公案寫成新詞，並製作成超越意境的優美歌曲。 1.主題曲〈菩薩底憂鬱〉，描述地後菩薩能離三界生死而迴向繼續生在人間，但因尚未斷盡習氣種子而有極深沈之憂鬱，非三賢位菩薩及二乘聖者所知，此憂鬱在七地滿心位方才斷盡；本曲之詞中所說義理極深，昔來所未曾見；此曲係以優美的情歌風格寫詞及作曲，聞者得以激發嚮往諸地菩薩境界之大心，詞、曲都非常優美，難得一見；其中勝妙義理之解說，已印在附贈之彩色小冊中。 2.以各輯公案拈提中直示禪門入處之頌文，作成各種不同曲風之超意境歌曲，值得玩味、參究；聆聽公案拈提之優美歌曲時，請同時閱讀內附之印刷精美說明小冊，可以領會超越三界的證悟境界；未悟者可以因此引發求悟之意向及疑情，眞發菩提心而邁向求悟之途，乃至因此眞實悟入般若，成眞菩薩。 3.正覺總持咒新曲，總持佛法大意；總持咒之義理，已加以解說並印在隨附之小冊中。本 CD 共有十首歌曲，長達 63 分鐘。每盒各附贈二張購書優惠券。每片 280 元。

22.**禪意無限** CD 平實導師以公案拈提書中偈頌寫成不同風格曲子，與他人所寫不同風格曲子共同錄製出版，幫助參禪人進入禪門超越意識之境界。盒中附贈彩色印製的精美解說小冊，以供聆聽時閱讀，令參禪人得以發起參禪之疑情，即有機會證悟本來面目而發起實相智慧，實證大乘菩提般若，能如實證知般若經中的眞實意。本 CD 共有十首歌曲，長達 69 分鐘，每盒各附贈二張購書優惠券。每片 280 元。

23.**我的菩提路**第一輯　釋悟圓、釋善藏等人合著　售價 300 元

24.**我的菩提路**第二輯　郭正益、張志成等人合著　售價 300 元

25.**鈍鳥與靈龜**—考證後代凡夫對大慧宗杲禪師的無根誹謗。

平實導師著 共 458 頁 售價 350 元

26.**維摩詰經講記** 平實導師述 共六輯 每輯三百餘頁 售價各 250 元

27.**真假外道**—破劉東亮、杜大威、釋證嚴常見外道見　正光老師著　200 元

28.**勝鬘經講記**—兼論印順《勝鬘經講記》對於《勝鬘經》之誤解。

平實導師述　共六輯　每輯三百餘頁　售價 250 元

29.**楞嚴經講記** 平實導師述 共 **15** 輯，每輯三百餘頁 售價 300 元

30.**明心與眼見佛性**—駁慧廣〈蕭氏「眼見佛性」與「明心」之非〉文中謬說

正光老師著　共 448 頁　售價 300 元

31.**見性與看話頭** 黃正倖老師 著，本書是禪宗參禪的方法論。

內文 375 頁，全書 416 頁，售價 300 元。

32.**達賴真面目**—玩盡天下女人 白正偉老師 等著 中英對照彩色精裝大本 800 元

33.**喇嘛性世界**—揭開假藏傳佛教譚崔瑜伽的面紗　張善思 等人著　200 元
34.**假藏傳佛教的神話**—性、謊言、喇嘛教　正玄教授編著　200 元
35.**金剛經宗通**　平實導師述　共九輯　每輯售價 250 元。
36.**空行母**—性別、身分定位，以及藏傳佛教。
珍妮·坎貝爾著 呂艾倫 中譯 售價 250 元
37.**末代達賴**—性交教主的悲歌　張善思、呂艾倫、辛燕編著 售價 250 元
38.**霧峰無霧**—給哥哥的信　辨正釋印順對佛法的無量誤解
游宗明 老師著　售價 250 元
39.**第七意識與第八意識？**—穿越時空「超意識」
平實導師述　每冊 300 元
40.**黯淡的達賴**—失去光彩的諾貝爾和平獎
正覺教育基金會編著　每冊 250 元
41.**童女迦葉考**—論呂凱文〈佛教輪迴思想的論述分析〉之謬。
平實導師 著　定價 180 元
42.**人間佛教**—實證者必定不悖三乘菩提
平實導師 述，定價 400 元
43.**實相經宗通**　平實導師述　共八輯　每輯 250 元
2014 年 1 月 31 日出版第一輯，每二個月出版一輯
44.**中觀金鑑**—詳述應成派中觀的起源與其破法本質
孫正德老師著　分爲上、中、下三冊，每冊 250 元
45.**佛法入門**—迅速進入三乘佛法大門，消除久學佛法漫無方向之窘境。
○○居士著　將於正覺電子報連載後出版。售價 250 元
46.**藏傳佛教要義**—《狂密與真密》之簡體字版　平實導師 著 上、下冊
僅在大陸流通　每冊 300 元
47.**法華經講義**　平實導師述　每輯 300 元
俟《實相經宗通》出版完畢後開始逐輯出版，大約 25 輯。
48.**廣論之平議**—宗喀巴《菩提道次第廣論》之平議　正雄居士著
約二或三輯　俟正覺電子報連載後結集出版　書價未定
49.**末法導護**—對印順法師中心思想之綜合判攝　正慶老師著　書價未定
50.**菩薩學處**—菩薩四攝六度之要義　陸正元老師著　出版日期未定。
51.**八識規矩頌**詳解　○○居士 註解　出版日期另訂　書價未定。
52.**印度佛教史**—法義與考證。依法義史實評論印順《印度佛教思想史、佛教史地考論》之謬說　正偉老師著　出版日期未定　書價未定
53.**中國佛教史**—依中國佛教正法史實而論。○○老師 著　書價未定。
54.**中論正義**—釋龍樹菩薩《中論》頌正理。
孫正德老師著　出版日期未定　書價未定
55.**中觀正義**—註解平實導師《中論正義頌》。
○○法師（居士）著　出版日期未定　書價未定
56.**佛藏經講記**　平實導師述　出版日期未定　書價未定

57.**阿含經講記**—將選錄四阿含中數部重要經典全經講解之，講後整理出版。
平實導師述　約二輯　每輯300元　出版日期未定
58.**寶積經講記**　平實導師述　每輯三百餘頁 優惠價300元 出版日期未定
59.**解深密經講記**　平實導師述 約四輯　將於重講後整理出版
60.**成唯識論略解**　平實導師著　五～六輯　每輯300元　出版日期未定
61.**修習止觀坐禪法要講記**　平實導師述　每輯三百餘頁
將於正覺寺建成後重講、以講記逐輯出版　出版日期未定
62.**無門關**—《無門關》公案拈提　平實導師著　出版日期未定
63.**中觀再論**—兼述印順《中觀今論》謬誤之平議。正光老師著 出版日期未定
64.**輪迴與超度**—佛教超度法會之真義。
〇〇法師（居士）著　出版日期未定　書價未定
65.**《釋摩訶衍論》平議**—對偽稱龍樹所造《釋摩訶衍論》之平議
〇〇法師（居士）著　出版日期未定　書價未定
66.**正覺發願文**註解—以真實大願為因 得證菩提
正德老師著　出版日期未定　書價未定
67.**正覺總持咒**—佛法之總持　正圜老師著　出版日期未定　書價未定
68.**涅槃**—論四種涅槃　平實導師著　出版日期未定　書價未定
69.**三自性**—依四食、五蘊、十二因緣、十八界法，說三性三無性。
作者未定　出版日期未定
70.**道品**—從三自性說大小乘三十七道品　作者未定　出版日期未定
71.**大乘緣起觀**—依四聖諦七真如現觀十二緣起 作者未定　出版日期未定
72.**三德**—論解脫德、法身德、般若德。　作者未定　出版日期未定
73.**真假如來藏**—對印順《如來藏之研究》謬說之平議　作者未定 出版日期未定
74.**大乘道次第**　作者未定　出版日期未定　書價未定
75.**四緣**—依如來藏故有四緣。　作者未定　出版日期未定
76.**空之探究**—印順《空之探究》謬誤之平議　作者未定 出版日期未定
77.**十法義**—論阿含經中十法之正義　作者未定　出版日期未定
78.**外道見**—論述外道六十二見　作者未定　出版日期未定

正智出版社有限公司 書籍介紹

禪淨圓融：言淨土諸祖所未曾言，示諸宗祖師所未曾示；禪淨圓融，另闢成佛捷徑，兼顧自力他力，闡釋淨土門之速行易行道，亦同時揭櫫聖教門之速行易行道；令廣大淨土行者得免緩行難證之苦，亦令聖道門行者得以藉著淨土速行道而加快成佛之時劫。乃前無古人之超勝見地，非一般弘揚禪淨法門典籍也，先讀為快。平實導師著 200元。

宗門正眼—**公案拈提**第一輯：繼承克勤圜悟大師碧巖錄宗旨之禪門鉅作。先則舉示當代大法師之邪說，消弭當代禪門大師鄉愿之心態，摧破當今禪門「世俗禪」之妄談；次則旁通教法，表顯宗門正理；繼以道之次第，消弭古今狂禪；後藉言語及文字機鋒，直示宗門入處。悲智雙運，禪味十足，數百年來難得一睹之禪門鉅著也。平實導師著 500元（原初版書《禪門摩尼寶聚》，改版後補充為五百餘頁新書，總計多達二十四萬字，內容更精彩，並改名為《宗門正眼》，讀者原購初版《禪門摩尼寶聚》皆可寄回本公司免費換新，免附回郵，亦無截止期限）（2007年起，凡購買公案拈提第一輯至第七輯，每購一輯皆贈送本公司精製公案拈提〈超意境〉CD一片，市售價格280元，多購多贈）。

禪—悟前與悟後：本書能建立學人悟道之信心與正確知見，圓滿具足而有次第地詳述禪悟之功夫與禪悟之內容，指陳參禪中細微淆訛之處，能使學人明自眞心、見自本性。若未能悟入，亦能以正確知見辨別古今中外一切大師究係眞悟？或屬錯悟？便有能力揀擇，捨名師而選明師，後時必有悟道之緣。一旦悟道，遲者七次人天往返，便出三界，速者一生取辦。學人欲求開悟者，不可不讀。　平實導師著。上、下冊共500元，單冊250元。

眞實如來藏：如來藏眞實存在，乃宇宙萬有之本體，並非印順法師、達賴喇嘛等人所說之「唯有名相、無此心體」。如來藏是涅槃之本際，是一切有智之人竭盡心智、不斷探索而不能得之生命實相；是古今中外許多大師自以爲悟而當面錯過之生命實相。如來藏即是阿賴耶識，乃是一切有情本自具足、不生不滅之眞實心。當代中外大師於此書出版之前所未能言者，作者於本書中盡情流露、詳細闡釋。眞悟者讀之，必能增益悟境、智慧增上；錯悟者讀之，必能檢討自己之錯誤，免犯大妄語業；未悟者讀之，能知參禪之理路，亦能以之檢查一切名師是否眞悟。此書是一切哲學家、宗教家、學佛者及欲昇華心智之人必讀之鉅著。　平實導師著　售價400元。

宗門法眼—**公案拈提**第二輯：列舉實例，闡釋土城廣欽老和尚之悟處；並直示這位不識字的老和尚妙智橫生之根由，繼而剖析禪宗歷代大德之開悟公案，解析當代密宗高僧卡盧仁波切之錯悟證據，並例舉當代顯宗高僧、大居士之錯悟證據（凡健在者，爲免影響其名聞利養，皆隱其名）。藉辨正當代名師之邪見，向廣大佛子指陳禪悟之正道，彰顯宗門法眼。悲勇兼出，強捋虎鬚；慈智雙運，巧探驪龍；摩尼寶珠在手，直示宗門入處，禪味十足；若非大悟徹底，不能爲之。禪門精奇人物，允宜人手一冊，供作參究及悟後印證之圭臬。本書於2008年4月改版，增寫為大約500頁篇幅，以利學人研讀參究時更易悟入宗門正法，以前所購初版首刷及初版二刷舊書，皆可免費換取新書。平實導師著 500元（2007年起，凡購買公案拈提第一輯至第七輯，每購一輯皆贈送本公司精製公案拈提〈超意境〉CD一片，市售價格280元，多購多贈）。

宗門道眼—**公案拈提**第三輯：繼宗門法眼之後，再以金剛之作略、慈悲之胸懷、犀利之筆觸，舉示寒山、拾得、布袋三大士之悟處，消弭當代錯悟者對於寒山大士……等之誤會及誹謗。亦舉出民初以來與虛雲和尚齊名之蜀郡鹽亭袁煥仙夫子——南懷瑾老師之師，其「悟處」何在？並蒐羅許多眞悟祖師之證悟公案，顯示禪宗歷代祖師之睿智，指陳部分祖師、奧修及當代顯密大師之謬悟，作爲殷鑑，幫助禪子建立及修正參禪之方向及知見。假使讀者閱此書已，一時尚未能悟，亦可一面加功用行，一面以此宗門道眼辨別眞假善知識，避開錯誤之印證及歧路，可免大妄語業之長劫慘痛果報。欲修禪宗之禪者，務請細讀。平實導師著 售價500元（2007年起，凡購買公案拈提第一輯至第七輯，每購一輯皆贈送本公司精製公案拈提〈超意境〉CD一片，市售價格280元，多購多贈）。

楞伽經詳解：本經是禪宗見道者印證所悟眞僞之根本經典，亦是禪宗見道者悟後起修之依據經典；故達摩祖師於印證二祖慧可大師之後，將此經典連同佛缽祖衣一併交付二祖，令其依此經典佛示金言、進入修道位，修學一切種智。由此可知此經對於眞悟之人修學佛道，是非常重要之一部經典。此經能破外道邪說，亦破佛門中錯悟名師之謬說，亦破禪宗部分祖師之狂禪：不讀經典、一向主張「一悟即成究竟佛」之謬執。並開示愚夫所行禪、觀察義禪、攀緣如禪、如來禪等差別，令行者對於三乘禪法差異有所分辨；亦糾正禪宗祖師古來對於如來禪之誤解，嗣後可免以訛傳訛之弊。此經亦是法相唯識宗之根本經典，禪者悟後欲修一切種智而入初地者，必須詳讀。　平實導師著，全套共十輯，已全部出版完畢，每輯主文約320頁，每冊約352頁，定價250元。

宗門血脈—公案拈提第四輯：末法怪象—許多修行人自以爲悟，每將無念靈知認作眞實；崇尚二乘法諸師及其徒眾，則將外於如來藏之緣起性空—無因論之無常空、斷滅空、一切法空—錯認爲 佛所說之般若空性。這兩種現象已於當今海峽兩岸及美加地區顯密大師之中普遍存在；人人自以爲悟，心高氣壯，便敢寫書解釋祖師證悟之公案，大多出於意識思惟所得，言不及義，錯誤百出，因此誤導廣大佛子同陷大妄語之地獄業中而不能自知。彼等書中所說之悟處，其實處處違背第一義經典之聖言量。彼等諸人不論是否身披袈裟，都非佛法宗門血脈，或雖有禪宗法脈之傳承，亦只徒具形式；猶如螟蛉，非眞血脈，未悟得根本眞實故。禪子欲知佛、祖之眞血脈者，請讀此書，便知分曉。平實導師著，主文452頁，全書464頁，定價500元（2007年起，凡購買公案拈提第一輯至第七輯，每購一輯皆贈送本公司精製公案拈提〈超意境〉CD一片，市售價格280元，多購多贈）。

宗通與說通：古今中外，錯誤之人如麻似粟，每以常見外道所說之靈知心，認作眞心；或妄想虛空之勝性能量爲眞如，或錯認物質四大元素藉冥性（靈知心本體）能成就吾人色身及知覺，或認初禪至四禪中之了知心爲不生不滅之涅槃心。此等皆非通宗者之見地。復有錯悟之人一向主張「宗門與教門不相干」，此即尚未通達宗門之人也。其實宗門與教門互通不二，宗門所證者乃是眞如與佛性，教門所說者乃說宗門證悟之眞如佛性，故教門與宗門不二。本書作者以宗教二門互通之見地，細說「宗通與說通」，從初見道至悟後起修之道、細說分明；並將諸宗諸派在整體佛教中之地位與次第，加以明確之教判，學人讀之即可了知佛法之梗概也。欲擇明師學法之前，允宜先讀。平實導師著，主文共381頁，全書392頁，只售成本價300元。

宗門正道—**公案拈提**第五輯：修學大乘佛法有二果須證解脫果及大菩提果。二乘人不證大菩提果，唯證解脫果；此果之智慧，名爲聲聞菩提、緣覺菩提。大乘佛子所證二果之菩提果爲佛菩提，故名大菩提果，其慧名爲一切種智函蓋二乘解脫果。然此大乘二果修證，須經由禪宗之宗門證悟方能相應。而宗門證悟極難，自古已然；其所以難者，咎在古今佛教界普遍存在三種邪見：1.以修定認作佛法，2.以無因論之緣起性空—否定涅槃本際如來藏以後之一切法空作爲佛法，3.以常見外道邪見（離語言妄念之靈知性）作爲佛法。如是邪見，或因自身正見未立所致，或因邪師之邪教導所致，或因無始劫來虛妄熏習所致。若不破除此三種邪見，永劫不悟宗門眞義、不入大乘正道，唯能外門廣修菩薩行。平實導師於此書中，有極爲詳細之說明，有志佛子欲摧邪見、入於內門修菩薩行者，當閱此書。主文共496頁，全書512頁。售價500元（2007年起，凡購買公案拈提第一輯至第七輯，每購一輯皆贈送本公司精製公案拈提〈超意境〉CD一片，市售價格280元，多購多贈）。

狂密與真密：密教之修學，皆由有相之觀行法門而入，其最終目標仍不離顯教經典所說第一義諦之修證；若離顯教第一義經典、或違背顯教第一義經典，即非佛教。西藏密教之觀行法，如灌頂、觀想、遷識法、寶瓶氣、大聖歡喜雙身修法、喜金剛、無上瑜伽、大樂光明、樂空雙運等，皆是印度教兩性生生不息思想之轉化，自始至終皆以如何能運用交合淫樂之法達到全身受樂爲其中心思想，純屬欲界五欲的貪愛，不能令人超出欲界輪迴，更不能令人斷除我見；何況大乘之明心與見性，更無論矣！故密宗之法絕非佛法也。而其明光大手印、大圓滿法教，又皆同以常見外道所說離語言妄念之無念靈知心錯認爲佛地之眞如，不能直指不生不滅之眞如。西藏密宗所有法王與徒眾，都尚未開頂門眼，不能辨別眞僞，以依人不依法、依密續不依經典故，不肯將其上師喇嘛所說對照第一義經典，純依密續之藏密祖師所說爲準，因此而誇大其證德與證量，動輒謂彼祖師上師爲究竟佛、爲地上菩薩；如今台海兩岸亦有自謂其師證量高於 釋迦文佛者，然觀其師所述，猶未見道，仍在觀行即佛階段，尚未到禪宗相似即佛、分證即佛階位，竟敢標榜爲究竟佛及地上法王，誑惑初機學人。凡此怪象皆是狂密，不同於眞密之修行者。近年狂密盛行，密宗行者被誤導者極眾，動輒自謂已證佛地眞如，自視爲究竟佛，陷於大妄語業中而不知自省，反謗顯宗眞修實證者之證量粗淺；或如義雲高與釋性圓…等人，於報紙上公然誹謗眞實證道者爲「騙子、無道人、人妖、癩蛤蟆…」等，造下誹謗大乘勝義僧之大惡業；或以外道法中有爲有作之甘露、魔術……等法，誑騙初機學人，狂言彼外道法爲眞佛法。如是怪象，在西藏密宗及附藏密之外道中，不一而足，舉之不盡，學人宜應愼思明辨，以免上當後又犯毀破菩薩戒之重罪。密宗學人若欲遠離邪知邪見者，請閱此書，即能了知密宗之邪謬，從此遠離邪見與邪修，轉入眞正之佛道。

平實導師著 共四輯 每輯約400頁（主文約340頁）每輯售價300元。

宗門正義—公案拈提第六輯：佛教有六大危機，乃是藏密化、世俗化、膚淺化、學術化、宗門密意失傳、悟後進修諸地之次第混淆；其中尤以宗門密意之失傳，爲當代佛教最大之危機。由宗門密意失傳故，易令世尊本懷普被錯解，易令 世尊正法被轉易爲外道法，以及加以淺化、世俗化，是故宗門密意之廣泛弘傳與具緣佛弟子，極爲重要。然而欲令宗門密意之廣泛弘傳予具緣之佛弟子者，必須同時配合錯誤知見之解析、普令佛弟子知之，然後輔以公案解析之直示入處，方能令具緣之佛弟子悟入。而此二者，皆須以公案拈提之方式爲之，方易成其功、竟其業，是故平實導師續作宗門正義一書，以利學人。 全書500餘頁，售價500元（2007年起，凡購買公案拈提第一輯至第七輯，每購一輯皆贈送本公司精製公案拈提〈超意境〉CD一片，市售價格280元，多購多贈）。

心經密意—心經與解脫道、佛菩提道、祖師公案之關係與密意。二乘菩提所證之解脫道，實依第八識心之斷除煩惱障現行而立解脫之名；大乘菩提所證之佛菩提道，實依親證第八識如來藏之涅槃性、清淨自性、及其中道性而立般若之名；禪宗祖師公案所證之眞心，即是此第八識如來藏；是故三乘佛法所修所證之三乘菩提，皆依此如來藏心而立名也。此第八識心，即是《心經》所說之心也。證得此如來藏已，即能漸入大乘佛菩提道，亦可因證知此心而了知二乘無學所不能知之無餘涅槃本際，是故《心經》之密意，與三乘佛菩提之關係極爲密切、不可分割，三乘佛法皆依此心而立名故。今者平實導師以其所證解脫道之無生智及佛菩提之般若種智，將《心經》與解脫道、佛菩提道、祖師公案之關係與密意，以演講之方式，用淺顯之語句和盤托出，發前人所未言，呈三乘菩提之眞義，令人藉此《心經密意》一舉而窺三乘菩提之堂奧，迥異諸方言不及義之說；欲求眞實佛智者、不可不讀！主文317頁，連同跋文及序文…等共384頁，售價300元。

宗門密意—公案拈提第七輯：佛教之世俗化，將導致學人以信仰作爲學佛，則將以感應及世間法之庇祐，作爲學佛之主要目標，不能了知學佛之主要目標爲親證三乘菩提。大乘菩提則以般若實相智慧爲主要修習目標，以二乘菩提解脫道爲附帶修習之標的；是故學習大乘法者，應以禪宗之證悟爲要務，能親入大乘菩提之實相般若智慧中故，般若實相智慧非二乘聖人所能知故。此書則以台灣世俗化佛教之三大法師，說法似是而非之實例，配合眞悟祖師之公案解析，提示證悟般若之關節，令學人易得悟入。平實導師著，全書五百餘頁，售價500元（2007年起，凡購買公案拈提第一輯至第七輯，每購一輯皆贈送本公司精製公案拈提〈超意境〉CD一片，市售價格280元，多購多贈）。

淨土聖道—兼評日本本願念佛：佛法甚深極廣，般若玄微，非諸二乘聖僧所能知之，一切凡夫更無論矣！所謂一切證量皆歸淨土是也！是故大乘法中「聖道之淨土、淨土之聖道」，其義甚深，難可了知；乃至眞悟之人，初心亦難知也。今有正德老師眞實證悟後，復能深探淨土與聖道之緊密關係，憐憫眾生之誤會淨土實義，亦欲利益廣大淨土行人同入聖道，同獲淨土中之聖道門要義，乃振奮心神、書以成文，今得刊行天下。主文279頁，連同序文等共301頁，總有十一萬六千餘字，正德老師著，成本價200元。

起信論講記：詳解大乘起信論**心生滅門**與**心眞如門**之眞實意旨，消除以往大師與學人對起信論所說**心生滅門**之誤解，由是而得了知眞心如來藏之非常非斷中道正理；亦因此一講解，令此論以往隱晦而被誤解之眞實義，得以如實顯示，令大乘佛菩提道之正理得以顯揚光大；初機學者亦可藉此正論所顯示之法義，對大乘法理生起正信，從此得以眞發菩提心，眞入大乘法中修學，世世常修菩薩正行。平實導師演述，共六輯，都已出版，每輯三百餘頁，售價250元。

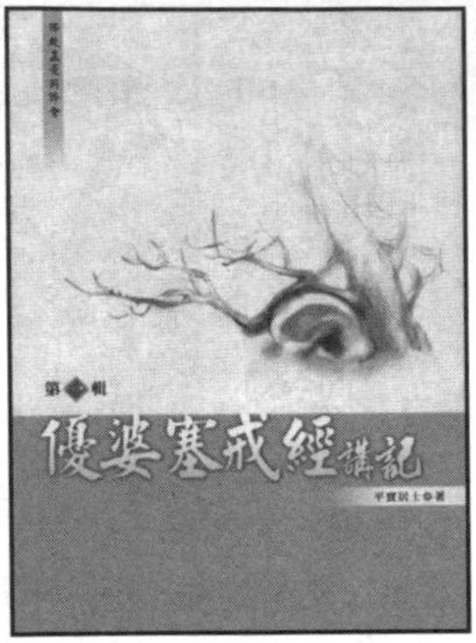

優婆塞戒經講記：本經詳述在家菩薩修學大乘佛法，應如何受持菩薩戒？對人間善行應如何看待？對三寶應如何護持？應如何正確地修集此世後世證法之福德？應如何修集後世「行菩薩道之資糧」？並詳述第一義諦之正義：五蘊非我非異我、自作自受、異作異受、不作不受……等深妙法義，乃是修學大乘佛法、行菩薩行之在家菩薩所應當了知者。出家菩薩今世或未來世登地已，捨報之後多數將如華嚴經中諸大菩薩，以在家菩薩身而修行菩薩行，故亦應以此經所述正理而修之，配合《楞伽經、解深密經、楞嚴經、華嚴經》等道次第正理，方得漸次成就佛道；故此經是一切大乘行者皆應證知之正法。平實導師講述，每輯三百餘頁，售價各250元；共八輯，已全部出版。

真假活佛—略論附佛外道盧勝彥之邪說：人人身中都有眞活佛，永生不滅而有大神用，但眾生都不了知，所以常被身外的西藏密宗假活佛籠罩欺瞞。本來就眞實存在的眞活佛，才是眞正的密宗無上密！諾那活佛因此而說禪宗是大密宗，但藏密的所有活佛都不知道、也不曾實證自身中的眞活佛。本書詳實宣示眞活佛的道理，舉證盧勝彥的「佛法」不是眞佛法，也顯示盧勝彥是假活佛，直接的闡釋第一義佛法見道的眞實正理。眞佛宗的所有上師與學人們，都應該詳細閱讀，包括盧勝彥個人在內。正犀居士著，優惠價140元。

阿含正義—唯識學探源：廣說四大部《阿含經》諸經中隱說之眞正義理，一一舉示佛陀本懷，令阿含時期初轉法輪根本經典之眞義，如實顯現於佛子眼前。並提示末法大師對於阿含眞義誤解之實例，一一比對之，證實唯識增上慧學確於原始佛法之阿含諸經中已隱覆密意而略說之，證實 世尊確於原始佛法中已曾密意而說第八識如來藏之總相；亦證實 世尊在四阿含中已說此藏識是名色十八界之因、之本—證明如來藏是能生萬法之根本心。佛子可據此修正以往受諸大師（譬如西藏密宗應成派中觀師：印順、昭慧、性廣、大願、達賴、宗喀巴、寂天、月稱、……等人）誤導之邪見，建立正見，轉入正道乃至親證初果而無困難；書中並詳說三果所證的**心解脫**，以及四果**慧解脫**的親證，都是如實可行的具體知見與行門。全書共七輯，已出版完畢。平實導師著，每輯三百餘頁，售價300元。

超意境ＣＤ：以平實導師公案拈提書中超越意境之頌詞，加上曲風優美的旋律，錄成令人嚮往的超意境歌曲，其中包括正覺發願文及平實導師親自譜成的黃梅調歌曲一首。詞曲雋永，殊堪翫味，可供學禪者吟詠，有助於見道。內附設計精美的彩色小冊，解說每一首詞的背景本事。每片280元。【每購買公案拈提書籍一冊，即贈送一片。】

鈍鳥與靈龜：鈍鳥及靈龜二物，被宗門證悟者說爲二種人：前者是精修禪定而無智慧者，也是以定爲禪的愚癡禪人；後者是或有禪定、或無禪定的宗門證悟者，凡已證悟者皆是靈龜。但後來被人虛造事實，用以嘲笑大慧宗杲禪師，說他雖是靈龜，卻不免被天童禪師預記「患背」痛苦而亡：「鈍鳥離巢易，靈龜脱殼難。」藉以貶低大慧宗杲的證量。同時將天童禪師實證如來藏的證量，曲解爲意識境界的離念靈知。自從大慧禪師入滅以後，錯悟凡夫對他的不實毀謗就一直存在著，不曾止息，並且捏造的假事實也隨著年月的增加而越來越多，終至編成「鈍鳥與靈龜」的假公案、假故事。本書是考證大慧與天童之間的不朽情誼，顯現這件假公案的虛妄不實；更見大慧宗杲面對惡勢力時的正直不阿，亦顯示大慧對天童禪師的至情深義，將使後人對大慧宗杲的誣謗至此而止，不再有人誤犯毀謗賢聖的惡業。書中亦舉證宗門的所悟確以第八識如來藏爲標的，詳讀之後必可改正以前被錯悟大師誤導的參禪知見，日後必定有助於實證禪宗的開悟境界，得階大乘眞見道位中，即是實證般若之賢聖。全書459頁，售價350元。

我的菩提路第一輯：凡夫及二乘聖人不能實證的佛菩提證悟，末法時代的今天仍然有人能得實證，由正覺同修會釋悟圓、釋善藏法師等二十餘位實證如來藏者所寫的見道報告，已爲當代學人見證宗門正法之絲縷不絕，證明大乘義學的法脈仍然存在，爲末法時代求悟般若之學人照耀出光明的坦途。由二十餘位大乘見道者所繕，敘述各種不同的學法、見道因緣與過程，參禪求悟者必讀。全書三百餘頁，售價300元。

我的菩提路第二輯：由郭正益老師等人合著，書中詳述彼等諸人歷經各處道場學法，一一修學而加以檢擇之不同過程以後，因閱讀正覺同修會、正智出版社書籍而發起抉擇分，轉入正覺同修會中修學；乃至學法及見道之過程，都一一詳述之。其中張志成等人係由前現代禪轉進正覺同修會，張志成原爲現代禪副宗長，以前未閱本會書籍時，曾被人藉其名義著文評論 平實導師（詳見《宗通與說通》辨正及《眼見佛性》書末附錄…等）；後因偶然接觸正覺同修會書籍，深覺以前聽人評論平實導師之語不實，於是投入極多時間閱讀本會書籍、深入思辨，詳細探索中觀與唯識之關聯與異同，認爲正覺之法義方是正法，深覺相應；亦解開多年來對佛法的迷雲，確定應依八識論正理修學方是正法。乃不顧面子，毅然前往正覺同修會面見平實導師懺悔，並正式學法求悟。今已與其同修王美伶（亦爲前現代禪傳法老師），同樣證悟如來藏而證得法界實相，生起實相般若眞智。此書中尚有七年來本會第一位眼見佛性者之見性報告一篇，一同供養大乘佛弟子。全書共四百頁，售價300元。

維摩詰經講記：本經係 世尊在世時，由等覺菩薩維摩詰居士藉疾病而演說之大乘菩提無上妙義，所說函蓋甚廣，然極簡略，是故今時諸方大師與學人讀之悉皆錯解，何況能知其中隱含之深妙正義，是故普遍無法爲人解說；若強爲人說，則成依文解義而有諸多過失。今由平實導師公開宣講之後，詳實解釋其中密意，令維摩詰菩薩所說大乘不可思議解脫之深妙正法得以正確宣流於人間，利益當代學人及與諸方大師。書中詳實演述大乘佛法深妙不共二乘之智慧境界，顯示諸法之中絕待之實相境界，建立大乘菩薩妙道於永遠不敗不壞之地，以此成就護法偉功，欲冀永利娑婆人天。已經宣講圓滿整理成書流通，以利諸方大師及諸學人。全書共六輯，每輯三百餘頁，售價各250元。

真假外道：本書具體舉證佛門中的常見外道知見實例，並加以教證及理證上的辨正，幫助讀者輕鬆而快速的了知常見外道的錯誤知見，進而遠離佛門內外的常見外道知見，因此即能改正修學方向而快速實證佛法。游正光老師著 。成本價200元。

勝鬘經講記：如來藏爲三乘菩提之所依，若離如來藏心體及其含藏之一切種子，即無三界有情及一切世間法，亦無二乘菩提緣起性空之出世間法；本經詳說無始無明、一念無明皆依如來藏而有之正理，藉著詳解煩惱障與所知障間之關係，令學人深入了知二乘菩提與佛菩提相異之妙理；聞後即可了知佛菩提之特勝處及三乘修道之方向與原理，邁向攝受正法而速成佛道的境界中。平實導師講述，共六輯，每輯三百餘頁，售價各250元。

楞嚴經講記：楞嚴經係密教部之重要經典，亦是顯教中普受重視之經典；經中宣說明心與見性之內涵極爲詳細，將一切法都會歸如來藏及佛性—妙眞如性；亦闡釋佛菩提道修學過程中之種種魔境，以及外道誤會涅槃之狀況，旁及三界世間之起源。然因言句深澀難解，法義亦復深妙寬廣，學人讀之普難通達，是故讀者大多誤會，不能如實理解佛所說之明心與見性內涵，亦因是故多有悟錯之人引爲開悟之證言，成就大妄語罪。今由平實導師詳細講解之後，整理成文，以易讀易懂之語體文刊行天下，以利學人。全書十五輯，全部出版完畢。每輯三百餘頁，售價每輯300元。

明心與眼見佛性：本書細述明心與眼見佛性之異同，同時顯示了中國禪宗破初參明心與重關眼見佛性二關之間的關聯；書中又藉法義辨正而旁述其他許多勝妙法義，讀後必能遠離佛門長久以來積非成是的錯誤知見，令讀者在佛法的實證上有極大助益。也藉慧廣法師的謬論來教導佛門學人回歸正知正見，遠離古今禪門錯悟者所墮的意識境界，非唯有助於斷我見，也對未來的開悟明心實證第八識如來藏有所助益，是故學禪者都應細讀之。游正光老師著　共448頁　售價300元。

菩薩底憂鬱CD將菩薩情懷及禪宗公案寫成新詞，並製作成超越意境的優美歌曲。1.主題曲〈菩薩底憂鬱〉，描述地後菩薩能離三界生死而迴向繼續生在人間，但因尚未斷盡習氣種子而有極深沈之憂鬱，非三賢位菩薩及二乘聖者所知，此憂鬱在七地滿心位方才斷盡；本曲之詞中所說義理極深，昔來所未曾見；此曲係以優美的情歌風格寫詞及作曲，聞者得以激發嚮往諸地菩薩境界之大心，詞、曲都非常優美，難得一見；其中勝妙義理之解說，已印在附贈之彩色小冊中。2.以各輯公案拈提中直示禪門入處之頌文，作成各種不同曲風之超意境歌曲，值得玩味、參究；聆聽公案拈提之優美歌曲時，請同時閱讀內附之印刷精美說明小冊，可以領會超越三界的證悟境界；未悟者可以因此引發求悟之意向及疑情，眞發菩提心而邁向求悟之途，乃至因此眞實悟入般若，成眞菩薩。3.正覺總持咒新曲，總持佛法大意；總持咒之義理，已加以解說並印在隨附之小冊中。本CD共有十首歌曲，長達63分鐘，附贈二張購書優惠券。每片280元。

禪意無限CD平實導師以公案拈提書中偈頌寫成不同風格曲子，與他人所寫不同風格曲子共同錄製出版，幫助參禪人進入禪門超越意識之境界。盒中附贈彩色印製的精美解說小冊，以供聆聽時閱讀，令參禪人得以發起參禪之疑情，即有機會證悟本來面目，實證大乘菩提般若。本CD共有十首歌曲，長達69分鐘，每盒各附贈二張購書優惠券。每片280元。

金剛經宗通：三界唯心，萬法唯識，是成佛之修證內容，是諸地菩薩之所修；般若則是成佛之道（實證三界唯心、萬法唯識）的入門，若未證悟實相般若，即無成佛之可能，必將永在外門廣行菩薩六度，永在凡夫位中。然而實相般若的發起，全賴實證萬法的實相；若欲證知萬法的眞相，則必須探究萬法之所從來，則須實證自心如來—金剛心如來藏，然後現觀這個金剛心的金剛性、眞實性、如如性、清淨性、涅槃性、能生萬法的自性性、本住性，名為證眞如；進而現觀三界六道唯是此金剛心所成，人間萬法須藉八識心王和合運作方能現起。如是實證《華嚴經》的「三界唯心、萬法唯識」以後，由此等現觀而發起實相般若智慧，繼續進修第十住位的如幻觀、第十行位的陽焰觀、第十迴向位的如夢觀，再生起增上意樂而勇發十無盡願，方能滿足三賢位的實證，轉入初地；自知成佛之道而無偏倚，從此按部就班、次第進修乃至成佛。第八識自心如來是般若智慧之所依，般若智慧的修證則要從實證金剛心自心如來開始；《金剛經》則是解說自心如來之經典，是一切三賢位菩薩所應進修之實相般若經典。這一套書，是將平實導師宣講的《金剛經宗通》內容，整理成文字而流通之；書中所說義理，迥異古今諸家依文解義之說，指出大乘見道方向與理路，有益於禪宗學人求開悟見道，及轉入內門廣修六度萬行。講述完畢後結集出版，總共9輯，每輯約三百餘頁，售價各250元。

空行母—性別、身分定位，以及藏傳佛教：本書作者爲蘇格蘭哲學家，因爲嚮往佛教深妙的哲學內涵，於是進入當年盛行於歐美的假藏傳佛教密宗，擔任卡盧仁波切的翻譯工作多年以後，被邀請成爲卡盧的空行母（又名佛母、明妃），開始了她在密宗裡的實修過程；後來發覺在密宗雙身法中的修行，其實無法使自己成佛，也發覺密宗對女性岐視而處處貶抑，並剝奪女性在雙身法中擔任一半角色時應有的身分定位。當她發覺自己只是雙身法中被喇嘛利用的工具，沒有獲得絲毫應有的尊重與基本定位時，發現了密宗的父權社會控制女性的本質；於是作者傷心地離開了卡盧仁波切與密宗，但是卻被恐嚇不許講出她在密宗裡的經歷，也不許她說出自己對密宗的教義與教制下對女性剝削的本質，否則將被咒殺死亡。後來她去加拿大定居，十餘年後方才擺脫這個恐嚇陰影，下定決心將親身經歷的實情及觀察到的事實寫下來並且出版，公諸於世。出版之後，她被流亡的達賴集團人士大力攻訐，誣指她爲精神狀態失常、說謊……等。但有智之士並未被達賴集團的政治操作及各國政府政治運作吹捧達賴的表相所欺，使她的書銷售無阻而又再版。正智出版社鑑於作者此書是親身經歷的事實，所說具有針對「藏傳佛教」而作學術研究的價值，也有使人認清假藏傳佛教剝削佛母、明妃的男性本位實質，因此洽請作者同意中譯而出版於華人地區。珍妮·坎貝爾女士著，呂艾倫 中譯，每冊250元。

霧峰無霧—給哥哥的信：本書作者藉兄弟之間信件往來論義，略述佛法大義；並以多篇短文辨義，舉出釋印順對佛法的無量誤解證據，並一一給予簡單而清晰的辨正，令人一讀即知。久讀、多讀之後即能認清楚釋印順的六識論見解，與眞實佛法之牴觸是多麼嚴重；於是在久讀、多讀之後，於不知不覺之間提升了對佛法的極深入理解，正知正見就在不知不覺間建立起來了。當三乘佛法的正知見建立起來之後，對於三乘菩提的見道條件便將隨之具足，於是聲聞解脫道的見道也就水到渠成；接著大乘見道的因緣也將次第成熟，未來自然也會有親見大乘菩提之道的因緣，悟入大乘實相般若也將自然成功，自能通達般若系列諸經而成實義菩薩。作者居住於南投縣霧峰鄉，自喻見道之後不復再見霧峰之霧，故鄉原野美景一一明見，於是立此書名爲《霧峰無霧》；讀者若欲撥霧見月，可以此書爲緣。游宗明 老師著 售價250元。

假藏傳佛教的神話—性、謊言、喇嘛教：本書編著者是由一首名叫「阿姊鼓」的歌曲為緣起，展開了序幕，揭開假藏傳佛教—喇嘛教—的神祕面紗。其重點是蒐集、摘錄網路上質疑「喇嘛教」的帖子，以揭穿「假藏傳佛教的神話」為主題，串聯成書，並附加彩色插圖以及說明，讓讀者們瞭解西藏密宗及相關人事如何被操作為「神話」的過程，以及神話背後的眞相。作者：張正玄教授。售價200元。

達賴真面目—玩盡天下女人：假使您不想戴綠帽子，請記得詳細閱讀此書；假使您不想讓好朋友戴綠帽子，請您將此書介紹給您的好朋友。假使您想保護家中的女性，也想要保護好朋友的女眷，請記得將此書送給家中的女性和好友的女眷都來閱讀。本書為印刷精美的大本彩色中英對照精裝本，為您揭開達賴喇嘛的眞面目，內容精彩不容錯過，為利益社會大眾，特別以優惠價格嘉惠所有讀者。編著者：白志偉等。大開版雪銅紙彩色精裝本。售價800元。

喇嘛性世界—揭開假藏傳佛教譚崔瑜伽的面紗：這個世界中的喇嘛，號稱來自世外桃源的香格里拉，穿著或紅或黃的喇嘛長袍，散布於我們的身邊傳教灌頂，吸引了無數的人嚮往學習；這些喇嘛虔誠地為大眾祈福，手中拿著寶杵（金剛）與寶鈴（蓮花），口中唸著咒語：「唵・嘛呢・叭咪・吽……」，咒語的意思是說：「我至誠歸命金剛杵上的寶珠伸向蓮花寶穴之中」！「喇嘛性世界」是什麼樣的「世界」呢？本書將為您呈現喇嘛世界的面貌。當您發現眞相以後，您將會唸：「噢！喇嘛・性・世界，譚崔性交嘛！」作者：張善思、呂艾倫。售價200元。

末代達賴──性交教主的悲歌：簡介從藏傳僞佛教（喇嘛教）的修行核心──性力派男女雙修，探討達賴喇嘛及藏傳僞佛教的修行內涵。書中引用外國知名學者著作、世界各地新聞報導，包含：歷代達賴喇嘛的祕史、達賴六世修雙身法的事蹟，以及《時輪續》中的性交灌頂儀式……等；達賴喇嘛書中開示的雙修法、達賴喇嘛的黑暗政治手段；達賴喇嘛所領導的寺院爆發喇嘛性侵兒童；新聞報導《西藏生死書》作者索甲仁波切性侵女信徒、澳洲喇嘛秋達公開道歉、美國最大假藏傳佛教組織領導人邱陽創巴仁波切的性氾濫；等等事件背後眞相的揭露。作者：張善思、呂艾倫、辛燕。售價250元。

第七意識與第八意識？──穿越時空「超意識」：「三界唯心，萬法唯識」是佛教中應該實證的聖教，也是《華嚴經》中明載而可以實證的法界實相。唯心者，三界一切境界、一切諸法唯是一心所成就，即是每一個有情的第八識如來藏，不是意識心。唯識者，即是人類各各都具足的八識心王──眼識、耳鼻舌身意識、意根、阿賴耶識，第八阿賴耶識又名如來藏，人類五陰相應的萬法，莫不由八識心王共同運作而成就，故說萬法唯識。依聖教量及現量、比量，都可以證明意識是二法因緣生，是由第八識藉意根與法塵二法爲因緣而出生，又是夜夜斷滅不存之生滅心，即無可能反過來出生第七識意根、第八識如來藏，當知不可能從生滅性的意識心中，細分出恆審思量的第七識意根，更無可能細分出恆而不審的第八識如來藏。本書是將演講內容整理成文字，細說如是內容，並已在〈正覺電子報〉連載完畢，今彙集成書以廣流通，欲幫助佛門有緣人斷除意識我見，跳脫於識陰之外而取證聲聞初果；嗣後修學禪宗時即得不墮外道神我之中，得以求證第八識金剛心而發起般若實智。平實導師 述，每冊300元。

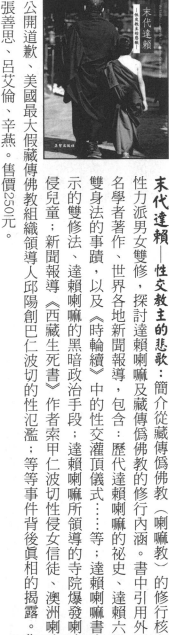

黯淡的達賴——失去光彩的諾貝爾和平獎：本書舉出很多證據與論述，詳述達賴喇嘛不爲世人所知的一面，顯示達賴喇嘛並不是眞正的和平使者，而是假借諾貝爾和平獎的光環來欺騙世人；透過本書的說明與舉證，讀者可以更清楚的瞭解，達賴喇嘛是結合暴力、黑暗、淫欲於喇嘛教裡的集團首領，其政治行爲與宗教主張，早已讓諾貝爾和平獎的光環染污了。　本書由財團法人正覺教育基金會寫作、編輯，由正覺出版社印行，每冊250元。

童女迦葉考——論呂凱文〈佛教輪迴思想的論述分析〉之謬：童女迦葉是佛世率領五百大比丘遊行於人間的歷史事實，是以童貞行而依止菩薩戒弘化於人間的大菩薩，不依別解脫戒（聲聞戒）來弘化於人間。這是大乘佛教與聲聞佛教同時存在於佛世的歷史明證，證明大乘佛教不是從聲聞法中分裂出來的部派佛教的產物，卻是聲聞佛教分裂出來的部派佛教聲聞凡夫僧所不樂見的史實；於是古今聲聞法中的凡夫都欲加以扭曲而作詭說，更是末法時代高聲大呼「大乘非佛說」的六識論聲聞凡夫極力想要扭曲的佛教史實之一，於是想方設法扭曲迦葉菩薩爲聲聞僧，以及扭曲迦葉童女爲比丘僧等荒謬不實之論著便陸續出現，古時聲聞僧寫作的《分別功德論》是最具體之事例，現代之代表作則是呂凱文先生的〈佛教輪迴思想的論述分析〉論文。鑑於如是假藉學術考證以籠罩大眾之不實謬論，未來仍將繼續造作及流竄於佛教界，繼續扼殺大乘佛教學人法身慧命，必須舉證辨正之，遂成此書。平實導師 著，每冊180元。

人間佛教——實證者必定不悖三乘菩提：「大乘非佛說」的講法似乎流傳已久，卻只是日本人企圖擺脫中國正統佛教的影響，而在明治維新時期才開始提出來的說法；台灣佛教、大陸佛教的淺學無智之人，由於未曾實證佛法而迷信日本人錯誤的學術考證，錯認爲這些別有用心的日本佛學考證的講法爲天竺佛教的眞實歷史；甚至還有更激進的反對佛教者提出「釋迦牟尼佛並非眞實存在，只是後人捏造的假歷史人物」，竟然也有少數人願意跟著「學術」的假光環而信受不疑，於是開始有一些佛教界人士造作了反對中國佛教而推崇南洋小乘佛教的行爲，使佛教的信仰者難以檢擇，導致一般大陸人士開始轉入基督教的盲目迷信中。在這些佛教及外教人士之中，也就有一分人根據此邪說而大聲主張「大乘非佛說」的謬論，這些人以「人間佛教」的名義來抵制中國正統佛教，公然宣稱中國的大乘佛教是由聲聞部派佛教的凡夫僧所創造出來的。這樣的說法流傳於台灣及大陸佛教界凡夫僧之中已久，卻非眞正的佛教歷史中曾經發生過的事，只是繼承六識論的聲聞法中凡夫僧依自己的意識境界立場，純憑臆想而編造出來的妄想說法，卻已經影響許多無智之凡夫僧俗信受不移。本書則是從佛教的經藏法義實質及實證的現量內涵本質立論，證明大乘佛法本是佛說，是從《阿含正義》尚未說過的不同面向來討論「人間佛教」的議題，證明「大乘眞佛說」。閱讀本書可以斷除六識論邪見，迴入三乘菩提正道發起實證的因緣；也能斷除禪宗學人學禪時普遍存在之錯誤知見，對於建立參禪時的正知見有很深的著墨。平實導師 述，內文488頁，全書528頁，定價400元。

見性與看話頭：黃正倖老師的《見性與看話頭》於《正覺電子報》連載完畢，今集結出版。書中詳說禪宗看話頭的詳細方法，並細說看話頭與眼見佛性的關係，以及眼見佛性者求見佛性前必須具備的條件。本書是禪宗實修者追求明心開悟時參禪的方法書，也是求見佛性者作功夫時必讀的方法書，內容兼顧眼見佛性的理論與實修之方法，是依實修之體驗配合理論而詳述，條理分明而且極爲詳實、週全、深入。本書內文375頁，全書416頁，售價300元。

實相經宗通：學佛之目的在於實證一切法界背後之實相，禪宗稱之爲本來面目或本地風光，佛菩提道中稱之爲實相法界；此實相法界即是金剛藏，又名佛法之祕密藏，即是能生有情五陰、十八界及宇宙萬有（山河大地、諸天、三惡道世間）的第八識如來藏，又名阿賴耶識心，即是禪宗祖師所說的眞如心，此心即是三界萬有背後的實相。證得此第八識心時，自能瞭解般若諸經中隱說的種種密意，即得發起實相般若——實相智慧。每見學佛人修學佛法二十年後仍對實相般若茫然無知，亦不知如何入門，茫無所趣；更因不知三乘菩提的互異互同，是故越是久學者對佛法越覺茫然，都肇因於尚未瞭解佛法的全貌，亦未瞭解佛法的修證內容即是第八識心所致。本書對於修學佛法者所應實證的實相境界提出明確解析，並提示趣入佛菩提道的入手處，有心親證實相般若的佛法實修者，宜詳讀之，於佛菩提道之實證即有下手處。平實導師述著，共八輯，每輯成本價250元。已於2014/01/31起開始出版，每二個月出版一輯。

中觀金鑑——詳述應成派中觀的起源與其破法本質：學佛人往往迷於中觀學派之不同學說，被應成派與自續派所迷惑；修學般若中觀二十年後自以爲實證般若中觀了，卻仍不曾入門，甫聞實證般若中觀者之所說，則茫無所知，迷惑不解；隨後信心盡失，不知如何實證佛法；凡此，皆因惑於這二派中觀學說所致。自續派中觀所說同於常見，以意識境界立爲第八識如來藏之境界，應成派所說則同於斷見，但又同立意識爲常住法，故亦具足斷常二見。今者孫正德老師有鑑於此，乃將起源於密宗的應成派中觀學說，追本溯源，詳考其來源之外，亦一一舉證其立論內容，詳加辨正，令密宗雙身法祖師以識陰境界而造之應成派中觀學說本質，詳細呈現於學人眼前，令其維護雙身法之目的無所遁形。若欲遠離密宗此二大派中觀謬說，欲於三乘菩提有所進道者，允宜具足閱讀並細加思惟，反覆讀之以後將可捨棄邪道返歸正道，則於般若之實證即有可能，證後自能現觀如來藏之中道境界而成就中觀。本書分上、中、下三冊，每冊250元，2014/11/30出版中冊，2015/01/30將出版下冊。

法華經講義：此書爲平實導師始從2009/7/21演述至2014/1/14之講經錄音整理所成。世尊一代時教，總分五時三教，即是華嚴時、聲聞緣覺教、般若教、種智唯識教、法華時；依此五時三教區分爲藏、通、別、圓四教。本經是最後一時的圓教經典，圓滿收攝一切法教於本經中，是故最後的圓教聖訓中，特地指出無有三乘菩提，其實唯有一佛乘；皆因眾生愚迷故，方便區分爲三乘菩提以助眾生證道。世尊於此經中特地說明如來示現於人間的唯一大事因緣，便是爲有緣眾生「開、示、悟、入」諸佛的所知所見——第八識如來藏妙眞如心，並於諸品中隱說「妙法蓮花」如來藏心的密意。然因此經所說甚深難解，眞義隱晦，古來難得有人能窺堂奧；平實導師以知如是密意故，特爲末法佛門四眾演述《妙法蓮華經》中各品蘊含之密意，使古來未曾被古德註解出來的「此經」密意，如實顯示於當代學人眼前。乃至〈藥王菩薩本事品〉、〈妙音菩薩品〉、〈觀世音菩薩普門品〉、〈普賢菩薩勸發品〉中的微細密意，亦皆一併詳述之，開前人所未曾言之密意，示前人所未見之妙法。最後乃至以〈法華大意〉而總其成，全經妙旨貫通始終，而依佛旨圓攝於一心如來藏妙心，厥爲曠古未有之大說也。平實導師述　俟《實相經宗通》出版完畢後開始逐輯出版，大約25輯。每輯300元。

佛法入門：學佛人往往修學二十年後仍不知如何入門，茫無所入漫無方向，不知如何實證佛法；更因不知三乘菩提的互異互同之處，導致越是久學者越覺茫然，都是肇因於尚未瞭解佛法的全貌所致。本書對於佛法的全貌提出明確的輪廓，並說明三乘菩提的異同處，讀後即可輕易瞭解佛法全貌，數日內即可明瞭三乘菩提入門方向與下手處。○○菩薩著　出版日期未定。

修習止觀坐禪法要講記：修學四禪八定之人，往往錯會禪定之修學知見，欲以無止盡之坐禪而證禪定境界，卻不知修除性障之行門才是修證四禪八定不可或缺之要素，故智者大師云「性障初禪」；性障不除，初禪永不現前，云何修證二禪等？又：行者學定，若唯知數息，而不解六妙門之方便善巧者，欲求一心入定，極難可得，智者大師名之爲「事障未來」：障礙未到地定之修證。又禪定之修證，不可違背二乘菩提及第一義法，否則縱使具足四禪八定，亦不能實證涅槃而出三界。此諸知見，智者大師於《修習止觀坐禪法要》中皆有闡釋。作者平實導師以其第一義之見地及禪定之實證證量，曾加以詳細解析。將俟正覺寺竣工啓用後重講，不限制聽講者資格；講後將以語體文整理出版。欲修習世間定及增上定之學者，宜細讀之。平實導師述著。

解深密經講記：本經係 世尊晚年第三轉法輪，宣說地上菩薩所應熏修之唯識正義經典，經中所說義理乃是大乘一切種智增上慧學，以阿陀那識—如來藏—阿賴耶識爲主體。禪宗之證悟者，若欲修證初地無生法忍乃至八地無生法忍者，必須修學《楞伽經、解深密經》所說之八識心王一切種智；此二經所說正法，方是眞正成佛之道；印順法師否定如來藏之後所說萬法緣起性空之法，是以誤會後之二乘解脫道取代大乘眞正成佛之道，亦已墮於斷滅見中，不可謂爲成佛之道也。平實導師曾於本會郭故理事長往生時，於喪宅中從初七至第十七，宣講圓滿，作爲郭老之往生佛事功德，迴向郭老早證八地、速返娑婆住持正法；茲爲今時後世學人故，將擇期重講《解深密經》，以淺顯之語句講畢後將會整理成文，用供證悟者進道；亦令諸方未悟者，據此經中佛語正義，修正邪見，依之速能入道。平實導師述著，全書輯數未定，每輯三百餘頁，將於未來重講完畢後逐輯出版。

阿含經講記——小乘解脫道之修證：數百年來，南傳佛法所說證果之不實，所說解脫道之虛妄，所弘解脫道法義之世俗化，皆已少人知之；從南洋傳入台灣與大陸之後，所說法義虛謬之事，亦復少人知之；今時台灣全島印順系統之法師居士，多不知南傳佛法數百年來所說解脫道之義理已然偏斜、已然世俗化、已非眞正之二乘解脫正道，猶極力推崇與弘揚。彼等南傳佛法近代所謂之證果者多非眞實證果者，譬如阿迦曼、葛印卡、帕奧禪師、一行禪師……等人，悉皆未斷我見故。近年更有台灣南部大願法師，高抬南傳佛法之二乘修證行門為「捷徑究竟解脫之道」者，然而南傳佛法縱使眞修實證，得成阿羅漢，至高唯是二乘菩提解脫之道，絕非究竟解脫，無餘涅槃中之實際尚未得證故，法界之實相尚未了知故，習氣種子待除故，一切種智未實證故，焉得謂為「究竟解脫」？即使南傳佛法近代眞有實證之阿羅漢，尚且不及三賢位中之七住明心菩薩本來自性清淨涅槃智慧境界，則不能知此賢位菩薩所證之無餘涅槃實際，仍非大乘佛法中之見道者，何況普未實證聲聞果乃至未斷我見之人？謬充證果已屬逾越，更何況是誤會二乘菩提之後，以未斷我見之凡夫知見所說之二乘菩提解脫偏斜法道，焉可高抬為「究竟解脫」？而且自稱「捷徑之道」？又妄言解脫之道即是成佛之道，完全否定般若實智、否定三乘菩提所依之如來藏心體，此理大大不通也！平實導師為令修學二乘菩提欲證解脫果者，普得迴入二乘菩提正見、正道中，是故選錄四阿含諸經中，對於二乘解脫道法義有具足圓滿說明之經典，預定未來十年內將會加以詳細講解，令學佛人得以了知二乘解脫道之修證理路與行門，庶免被人誤導之後，未證言證，干犯道禁，成大妄語，欲升反墮。本書首重斷除我見，以助行者斷除我見而實證初果為著眼之目標，若能根據此書內容，配合平實導師所著《識蘊眞義》《阿含正義》內涵而作實地觀行，實證初果非為難事，行者可以藉此三書自行確認聲聞初果為實際可得現觀成就之事。此書中除依二乘經典所說加以宣示外，亦依斷除我見等之證量，及大乘法中道種智之證量，對於意識心之體性加以細述，令諸二乘學人必定得斷我見、常見，免除三縛結之繫縛。次則宣示斷除我執之理，欲令升進而得薄貪瞋痴，乃至斷五下分結…等。平實導師述，共二冊，每冊三百餘頁。每輯300元。

★聲明★

本社於2015/01/01開始調整本目錄中部分書籍之售價，以因應各項成本的持續增加。

＊喇嘛教修外道雙身法、墮識陰境界，非佛教＊

總經銷： 飛鴻 國際行銷股份有限公司
231 新北市新店市中正路 501 之 9 號 2 樓
Tel.02－82186688（五線代表號） Fax.02-82186458、82186459

零售：1.**全台連鎖經銷書局：**
三民書局、誠品書局、何嘉仁書店
敦煌書店、紀伊國屋、金石堂書局、建宏書局

2.**台北市：**佛化人生 羅斯福路 3 段 325 號 6 樓之 4 台電大樓對面
士林圖書 士林區大東路 86 號 人人書局 大直北安路 524 號

3.**新北市：**春大地書店 蘆洲中正路 117 號 明達書局 三重五華街 129 號
一全書店 中和興南路一段 10 號

4.**桃園市縣：**誠品書局 桃園市中正路 20 號遠東百貨地下室一樓
金石堂 桃園市大同路 24 號 金石堂 桃園八德市介壽路 1 段 987 號
諾貝爾圖書城 桃園市中正路 56 號地下室 金義堂 中壢市中美路 2 段 82 號
墊腳石文化書店 中壢市中正路 89 號 巧巧屋書局 蘆竹南崁路 263 號
來電書局 大溪慈湖路 30 號 御書堂 龍潭中正路 123 號

5.**新竹市縣：**大學書局 新竹建功路 10 號 誠品書局 新竹東區信義街 68 號
誠品書局 新竹東區中央路 229 號 5 樓 誠品書局 新竹東區力行二路 3 號
墊腳石文化書店 新竹中正路 38 號 金典文化 竹北中正西路 47 號
展書堂 竹東長春路 3 段 36 號

6.**苗栗市縣：**萬花筒書局苗栗市府東路 73 號 展書堂 竹南民權街 49-2 號

7.**台中市：** 瑞成書局、各大連鎖書店。
詠春書局 台中市永春東路 884 號 文春書局 霧峰中正路 1087 號

8.**彰化市縣：**心泉佛教流通處 彰化市南瑤路 286 號
員林鎮：墊腳石圖書文化廣場 中山路 2 段 49 號（04-8338485）

9.**台南市：**博大書局 新營三民路 128 號
藝美書局 善化中山路 436 號 宏欣書局 佳里光復路 214 號

10.**高雄市：**各大連鎖書店、瑞成書局
政大書城 三民區明仁路 161 號 政大書城 苓雅區光華路 148-83 號
明儀書局 三民區明福街 2 號 明儀書局 三多四路 63 號
青年書局 青年一路 141 號

11.**宜蘭縣市：**金隆書局 宜蘭市中山路 3 段 43 號
宋太太梅鋪 羅東鎮中正北路 101 號（039-534909）

12.**台東市：**東普佛教文物流通處 台東市博愛路 282 號

13.**其餘鄉鎮市經銷書局：**請電詢總經銷飛鴻公司。

14.**大陸地區請洽：**
香港：樂文書店
旺角店 :香港九龍旺角西洋菜街 62 號 3 樓
電話 : (852) 2390 3723 email: luckwinbooks@gmail.com

銅鑼灣店 :香港銅鑼灣駱克道 506 號 2 樓
電話 : (852) 2881 1150 email: luckwinbs@gmail.com

廈門： 廈門外圖臺灣書店有限公司
地址：廈門市思明區湖濱南路809 號 廈門外圖書城3 樓 郵編：361004
電話：0592-5061658（臺灣地區請撥打 86-592-5061658）
E-mail：JKB118@188.COM

15.**美國：世界日報圖書部：** 紐約圖書部 電話 7187468889#6262
洛杉磯圖書部 電話 3232616972#202

16.**國內外地區網路購書：**

正智出版社 書香園地 http://books.enlighten.org.tw/
（書籍簡介、直接聯結下列網路書局購書）

三民 網路書局 http://www.Sanmin.com.tw
誠品 網路書局 http://www.eslitebooks.com
博客來 網路書局 http://www.books.com.tw
金石堂 網路書局 http://www.kingstone.com.tw
飛鴻 網路書局 http://fh6688.com.tw

附註： 1.請儘量向各經銷書局購買：郵政劃撥需要十天才能寄到（本公司在您劃撥後第四天才能接到劃撥單，次日寄出後第四天您才能收到書籍，此八天中一定會遇到週休二日，是故共需十天才能收到書籍）若想要早日收到書籍者，請劃撥完畢後，將劃撥收據貼在紙上，旁邊寫上您的姓名、住址、郵區、電話、買書詳細內容，直接傳眞到本公司 02-28344822，並來電 02-28316727、28327495 確認是否已收到您的傳眞，即可提前收到書籍。 2.因台灣每月皆有五十餘種宗教類書籍上架，書局書架空間有限，故唯有新書方有機會上架，通常每次只能有一本新書上架；本公司出版新書，大多上架不久便已售出，若書局未再叫貨補充者，書架上即無新書陳列，則請直接向書局櫃台訂購。 3.若書局不便代購時，可於晚上共修時間向正覺同修會各共修處請購（共修時間及地點，詳閱**共修現況表**。每年例行年假期間請勿前往請書，年假期間請見共修現況表）。 4.郵購：郵政劃撥帳號 19068241。 5.正覺同修會會員購書都以八折計價（戶籍台北市者為一般會員，外縣市為護持會員）都可獲得優待，欲一次購買全部書籍者，可以考慮入會，節省書費。入會費一千元（第一年初加入時才需要繳），年費二千元。 **6.尚未出版之書籍，請勿預先郵寄書款與本公司，謝謝您！** 7.若欲一次購齊本公司書籍，或同時取得正覺同修會贈閱之全部書籍者，請於正覺同修會共修時間，親到各共修處請購及索取；**台北市讀者**請洽：103 台北市承德路三段 267 號 10 樓（捷運淡水線 圓山站旁）請書時間：週一至週五為 18.00~21.00，第一、三、五週週六為 10.00~21.00，雙週之週六為 10.00~18.00 請購處專線電話：25957295-分機 14（於請書時間方有人接聽）。

敬告大陸讀者：

大陸讀者購書、索書捷徑（尚未在大陸出版的書籍，以下二個途徑都可以購得，電子書另包括結緣書籍）：

1.廈門外國圖書公司：廈門市思明區湖濱南路 809 號 廈門外圖書城 3F

郵編：361004　　電話：0592-5061658　　網址：JKB118@188.COM

2.電子書：正智出版社有限公司及正覺同修會在台灣印行的各種局版書、結緣書，已有『**正覺電子書**』陸續上線中，提供讀者於手機、平板電腦上購書、下載、閱讀正智出版社、正覺同修會及正覺教育基金會所出版之電子書，詳細訊息敬請參閱『正覺電子書』專頁：http://books.enlighten.org.tw/ebook

關於平實導師的書訊，請上網查閱：

成佛之道　http://www.a202.idv.tw

正智出版社 書香園地　http://books.enlighten.org.tw/

中國網採訪佛教正覺同修會、正覺教育基金會訊息：

http://big5.china.com.cn/gate/big5/fangtan.china.com.cn/2014-06/19/content_32714638.htm

http://pinpai.china.com.cn/

★ 正智出版社有限公司售書之稅後盈餘，全部捐助財團法人正覺寺籌備處、佛教正覺同修會、正覺教育基金會，供作弘法及購建道場之用；懇請諸方大德支持，功德無量。

★ 聲 明 ★

本社於 2015/01/01 開始調整本目錄中部分書籍之售價，以因應各項成本的持續增加。

＊喇嘛教修外道雙身法、墮識陰境界，非佛教＊

＊弘揚如來藏他空見的覺囊派才是真正藏傳佛教＊

售後服務—換書啓事（免附回郵） 2012/09/24

《楞嚴經講記》第 14 輯初版首刷本免費調換新書啓事：本講記第 14 輯出版前因 平實導師諸事繁忙，未將之重新閱讀而只改正校對時發現的錯別字，故未能發覺十年前所說法義有部分錯誤，於第 15 輯付印前重閱時才發覺第 14 輯中有部分錯誤尚未改正。今已重新審閱修改並已重印完成，煩請所有讀者將以前所購第 14 輯初版首刷本，寄回本社免費換新（初版二刷本無錯誤），本社將於寄回新書時同時附上您寄書回來換新時所付的郵資，並在此向所有讀者致上最誠懇的歉意。

《心經密意》初版書免費調換二版新書啓事：本書係演講錄音整理成書，講時因時間所限，省略部分段落未講。後於再版時補寫增加 13 頁，維持原價流通之。茲爲顧及初版讀者權益，自 2003/9/30 開始免費調換新書，原有初版一刷、二刷書籍，皆可寄來本來公司換書。

《宗門法眼》已經增寫改版爲 464 頁新書，2008 年 6 月中旬出版。讀者原有初版之第一刷、第二刷書本，都可以寄回本社免費調換改版新書。改版後之公案及錯悟事例維持不變，但將內容加以增說，較改版前更具有廣度與深度，將更能助益讀者參究實相。

換書者免附回郵，亦無截止期限；舊書請寄：111 台北郵政 73-151 號信箱 或 103 台北市承德路三段 267 號 10 樓 正智出版社有限公司。舊書若有塗鴨、殘缺、破損者，仍可換取新書；但缺頁之舊書至少應仍有五分之三頁數，方可換書。所有讀者不必顧念本公司是否有盈餘之問題，都請踴躍寄來換書；本公司成立之目的不是營利，只要能眞實利益學人，即已達到成立及運作之目的。若以郵寄方式換書者，免附回郵；並於寄回新書時，由本社附上您寄來書籍時耗用的郵資。造成您不便之處，再次致上萬分的歉意。

正智出版社有限公司 啓

國家圖書館出版品預行編目資料

中觀金鑑 : 詳述應成派中觀的起源與其破法本質 / 孫正德著. -- 初版. -- [臺北市] : 正智, 2014.09-
冊 ; 公分
ISBN 978-986-5655-01-3(上冊 : 平裝)
ISBN 978-986-5655-07-5(中冊 : 平裝)

1. 中觀部

222.12 103018574

中觀金鑑

——詳述應成派中觀的起源與其破法本質——

上冊

作　者：孫正德 老師
校　對：正覺同修會 編譯組
出版者：正智出版社有限公司
電話：○二 28327495　28316727（白天）
傳真：○二 28344822
111 台北郵政 73-151 號信箱
郵政劃撥帳號：一九○六八二四一
正覺講堂：總機○二 25957295（夜間）
總經銷：飛鴻國際行銷股份有限公司
231 新北市新店區中正路 501-9 號 2 樓
電話：○二 82186688（五線代表號）
傳真：○二 82186458　82186459
初版首刷：公元二○一四年九月　二千冊
初版二刷：公元二○一四年十二月　二千冊
定　價：二五○元